（暢銷紀念版）

演化占星學入門

從冥王星看你的業力使命

Evolutionary Astrology

Pluto and Your Karmic Mission

蒂瓦・格林｜Deva Green ——著
韓沁林——譯

獻辭

我願將此書獻給我摯愛的父親傑夫・格林（Jeffrey Green）及家人，感謝他們的愛和支持，讓我有決心及信念寫這本書。在父親多年的諮詢生涯中，曾經用演化占星學幫助許多人。他是啟發我生命的力量。我也想藉由此書，對偉大的尤伽南達（Yogananda）上師獻上神聖的祝福。

目次

第二章　冥王星與交點軸：本命盤的主要演化／業力趨力

第三章　靈魂的四種自然演化進程

第四章　本命盤處於不同演化階段的分析

譯序

初接觸占星學時，從坊間介紹太陽星座的書籍開始，逐一認識其他行星，無論是象徵戀愛喜悅的金星，慾望激昂的火星，恐懼侷限的土星，幸運樂觀的木星，多少都能感受到其中的能量及驅力。唯有代表靈魂核心的冥王星，總有些摸不著邊。占星家蒂瓦・格林透過這本介紹演化占星學的著作，帶領讀者探索冥王星在潛意識底端運作的真相，揭開靈魂演化的神祕面紗。

本書作者以其父親傑夫・格林的《冥王星：靈魂的演化之旅》以及《冥王星：靈魂在親密關係中的演化》兩書為基礎，透過深入淺出的方式，介紹演化占星學的哲學基礎及基本要素，其中包括冥王星及月亮南北交點的基本意涵，以及冥王星相位與靈魂演化的關係，並且在書末示範解讀星盤的基本技巧。

人的痛苦往往來自於無知。在靈魂演化的過程中，覺知及意識就如觸媒，開啟成長的機會，但自由意志才是關鍵。透過本書的介紹，讀者可以清楚地知道自己的靈魂在今生必須面對的課題及成長方向，而作者也透過美國前總統尼克森及十六世紀預言家諾斯特拉達姆士的案例告訴讀者，我們如果願意接受今生的演化功課，有意識地調整或改變自己，冥王星的趨力便會緩和平順地滲入生命，帶領靈魂走上成長的道路；我們如果選擇逃避或抗拒，一味地想維持現狀或恣意而為，冥王星的趨力就會用驟變性的事件呈現，糾正所有的扭曲及偏離。成長和演化是萬物皆然的必然趨勢，命運操之在己，如何活出這一生，全看個人的選擇。

一直深信占星學的價值並不在於深奧的理論或技巧，而是替生命的難關及疑惑找到出口；而冥王星牽引的重生及轉化，往往不是輕鬆愉悅的生命經驗。本書是演化占星學的入門介紹，也如一張靈魂演化的地圖，幫助讀者在迷途中找到方向，在挫敗裡發現力量，在經歷苦難淬鍊後獲得釋然的智慧，能不枉今生活出靈魂的光采。感謝格林父女的智慧及不吝分享，讓我深刻體驗到宇宙的愛無所不在。

——韓沁林　二〇一二年四月

前言

自我開始傳授演化占星學，並為其寫作，至今彷彿已經流逝多世的時光。一九七八年，我首次在華盛頓州的西雅圖市開課，此後無論到哪傳授靈魂演化的課程，都能透過占星學的符號，對無盡輪迴的靈魂演化之旅，理解出實際的分析及認識，而課程也總是場場爆滿，聽者不計其數。人們顯然非常迫切渴望獲得這類的資訊。到了一九八五年，當《冥王星：靈魂的演化之旅》（*Pluto Volume I: The Evolutionary Journey of the Soul*）由雷維林出版社（Llewellyn Worldwide）首次出版後，立即榮登暢銷書之列。這些年來，許多海外的出版社也將這本書翻譯成各種語言出版。一九九四年，我成立演化占星學苑，並在美國、加拿大、歐洲及以色列開設分校。我們提供影片通訊課程，讓學習演化占星的人獲得合格認證，認識靈魂在時間洪流中的演化歷程。我在一九九八年完成《冥王星：靈魂在親密關係中的演化》（*Pluto Volume II: The Soul's Evolution through Relationships*），主要探討靈魂與別人的關係，同時解釋為何我們在與時俱進的演化目的及取向中，會吸引特定類型的人進入生命。倘若上帝授意，我將會盡快動筆完成冥王星三部曲系列的最後一冊。

演化占星學主要是根據靈魂的演化來認識今生。占星學中的靈魂與冥王星有關。靈魂生生世世的演化，都源自於靈魂固有的核心趨力：慾望。任何一個靈魂都有兩種原生的慾望來決定演化。其中一種慾望，是與創造靈魂的本源分離，很多人都會把這個本源稱為上帝，但對於其他人而言，這就是創造萬物的源頭；另一種慾望，是重返創造靈魂的本源。靈魂的演化就是不斷耗盡所有分離的慾望，最後只留下一種慾望：也就是重返本源或與本源重新融合的慾望。這種簡單的自然法則和真理，可以不受信仰或宇宙觀的限制，在每個人身上獲得印證。我們都有各種不同的分離慾望，渴望新的財產、新的工作職位、新的愛人等等。事實上，我們也許有能力實現這些慾望。這些慾望一旦獲得滿足，我們會有短暫的滿足，但隨即又會被不滿足感取代。這種不滿足反映出我們渴望重返至創造靈魂的本源，而且僅有這種慾望能獲得恆久的滿足。世上所有人都會有這種經驗，但是你必須去確立個人的經歷。這完全不需要任何信仰，只是一種很簡單的自然法則或真理，而這正是演化占星學的核心所在。

演化占星學的架構可以印證在每個人身上。你可以從個人的生命經驗中獲得驗證；你如果是一位演化占星諮商師，也可以從個案的身上得到證明。演化占星學可以落實在每個人的生命裡，它的整體架構包括冥王星、冥王星的對應點、南北交點，以及南北交點的位置及其相關相位。這個架構不僅能反映靈魂前世的經歷、之前的結束點及起始點，以及前世的取向，還能回答所有人深埋於內心深處的根本疑惑：我為何在這裡？我有什麼功課？我再提醒一次，演化占星學可以讓所有願意的人找到印證和答案。我之所以如此強調，是因為占星圈內有些人在詆毀演化占星學，卻沒有實際應用過它的架構。

一九七八年我開始傳授演化占星學時，沒有人加入我的行列。這麼多年來，我一直都是孤軍奮戰。其實根本沒有占星家研究過靈魂的演化，也未曾探討這個顯而易見的自然演化法則。時至今日，已有很多人閱讀過冥王星的著作，也有不少人參加或報名演化占星學的通訊課程。在我過去二十一年的執業生涯中，有許多人來聽我的演說，總算讓這個重要領域出現了新的聲音及傳授者。

經過多年努力之後，我想在此引介我的女兒：蒂瓦・格林。她在本書中針對演化占星學做了必要且深度的分析，同時提出步驟，解釋如何正確運用演化占星學的基本原則。書中還透過實例，按部就班教導讀者，如何將演化占星學的架構應用在本命盤上面。讀者只需要透過此架構，就能認識自己的實際生命經驗。蒂瓦長期研究我的著作，也曾與我對此主題進行豐富的討論。無庸置疑地，她有能力傳授演化占星學的知識，而這一切都可以從本書、也是她的第一本著作中獲得印證。

願主保佑你

——傑夫・格林

序言

當傑夫・格林第一次、也是唯一一次在英國占星學苑授課時，我很榮幸能在他的門下拜師，之後又很幸運地能在西雅圖 NORWAC 會議上，與他的女兒蒂瓦一起傳授演化占星學。我長年在英美傳授及演說占星學，親眼目睹演化占星學的力量，如何改變人們的一生。

蒂瓦・格林在這本書中整理出演化占星學的方法，同時延續她的父親在《冥王星：靈魂的演化之旅》和《冥王星：靈魂在親密關係中的演化》兩書中的創見。她所提出的方法清晰易懂、深入淺出，無論是初學者、進階的學生或執業者，都能從其中獲得啟發。

蒂瓦一開始先解釋演化占星學的哲學基礎，認為這門學問源於引導人們演化的自然法則。作者認為透過這種角度來認識占星學，可以讓占星學與生存的演化目的或意義，重新產生連結。占星學遠超越世俗的文化、表象的迷戀、個人的壽命或生活方式，它可以探索人們最深切的需求。每個人都需要歸屬感，渴望享受與生命的連結，而這種連結可以追溯至生命最初的源頭，也就是天地萬物的來源。

蒂瓦根據這個背景，嘗試在靈魂重返萬物本源的旅程中認識占星學，再依此勾勒出演化占星學的方法，也就是利用本命盤，了解每個人在這段旅程中必須歷經的道路，從中認清這條路的性質，知道自己可以利用哪些交通工具，沿路會出現什麼樣的協助，或是會遇到哪些障礙。

蒂瓦的詮釋以她父親第一本冥王星著作為基礎，她根據該書中極具啟發性又令人驚嘆的深入分析，逐一剖析月亮南北交點軸（簡稱「交點軸」）及南北交點的主宰行星。她從本命盤中最關鍵的演化軸線，揭露每個人的核心演化功課。我們都知道，冥王星與人們無意識中最深沉的安全感及傾向有關，因此本書也探討這些傾向在過去世的發展，以及未來可能進展的方向。透過這種角度，我們可以視本命盤為一個難能可貴的機會，像打開了一扇窗，窺見每個人在今世最重要的功課，見識靈魂是如何生生世世不斷輪迴。

即使最務實的思想家也無法否認，人類大腦之外的想法也具有生命。這讓我想到英國生物演化學家理查・道金斯（Richard Dawkins）和哲學家丹尼爾・丹尼特（Daniel Dennett）對於「記因」（memes）這個概念的探討：它指的是迅速擴張的想法，超越或脫離了思考者本身。類似的理論還包括生物學家魯伯特・謝爾瑞克（Rupert Sheldrake）的型態場域研究。如果從較不物質取向的角度來分析，則可從直覺的「整體」（wholes）來討論，這是每一種地球能量經歷過意識演化後的產物，人們可以擷取並且利用它，或是有些星體的變遷，也可能對集體意識產生影響，正如冥王星落入射手座的極致表現，這些內容都收錄於本書介紹的原型概念中。簡言之，這些想法的時代已經來臨了。我個人體悟最深的，就是演化占星學的概念，它提供了寶貴的洞見，不僅讓我們看清人類狀態及旅途的本質，也讓我們體認到某個世代即將降臨。蒂瓦・格林對演化占星學的本質，做了最出色的入門介紹，所有讀者都能從其中獲益良多。

願主保佑你

——馬克・瓊斯（Mark Jones）

導言

何謂演化占星學？

這本書的目的，是綜合整理、應用傑夫．格林在《冥王星：靈魂的演化之旅》一書中，針對演化占星學提出的主要原則，同時希望能補充或利用該書的研究及資料彙整。由於本命盤中的靈魂與冥王星有關，所以運用演化占星學時，最重要的就是深入且全面地了解冥王星的意義。冥王星或靈魂，是我們探索的起點和底線，本命盤中的其他因素都會根據它來詮釋，然後被賦予意義。

冥王星對應點的宮位和星座，反映出一個人在今世的下一個演化步驟，同時也與生命本身的演化原因或目的有關。本書會討論演化占星學的主要原則，然後用現實生活的個案研究來加以佐證，並明確且深入解釋每一個章節提到的重要原則。本書就像一本實用的工具書，從頭到尾依序教導人們如何應用演化占星學的原則，幫助人們實際且仔細地分析一張本命盤，同時能對演化占星學的核心原則，有更深入的理解。人們可以透過這個方式，針對重要的核心原則，奠定穩固的生命基礎。

學習演化占星學的最大挑戰，就是綜合探討所有不同的原則或星體之間的關聯性。舉例來說，金星落入特定的宮位及星座，而且與其他行星形成相位。我們一開始要如何正確解釋這個獨立的條件？要採取哪些步驟，才能正確解釋本命盤中的其他符號？我們將會在這本工具書中，介紹如何綜合整理本命盤中所有不同的條件。這個過程可以幫助人們完整且精準地解釋任何一張本命盤，為了培養解釋本命盤的能力，我們必須按照步驟、逐一解釋演化占星學的所有主要原則，討論並分析冥王星的意義、冥王星的對應點、靈魂的四種演化狀態、如何決定本命盤中主要的演化／業力趨力、天生黃道的原型（星座），以及如何應用行星的方法來詮釋本命盤。

本書的另外一個重點，就是靈魂影響演化的四種方式。在這個部分會剖析一個人對於演化成長需求的選擇和反應，會如何導致他／她所遭遇的生命經驗。我們同樣會用連續且完整的方式來解釋每個原則，然後把所有原則運用在個案分析上面，希望這本書能幫助人們，對演化占星學的主要原則，產生全面性的理解及整合能力。

演化占星學的原則

如果想要正確運用演化占星學，首先必須認識它的哲學及信仰系統。演化占星學源自於觀察及關聯性，並以自然法則及真理為基礎。自然法則是大自然中不證自明的法則，不需要透過任何特定的信仰系統加以解釋，而演化占星學反映出一種自然的真理：所有靈魂都在演化的旅程中，朝著與本源或造物者重聚或融合的方向邁進。演化占星學的原則，就是教導自然法則的精髓，這些法則可以解釋並管理，造物主自身所彰顯的整體運作。換言之，只要相信有一個最初的造物者存在，必然會有一些基本及自然的法則，可以解釋並管理造物者的運作，這些自然法則及真理，與人類制訂的法則或教條，形成強烈對比。自然法則顯而易見，因此當透過演化占星學來詮釋一張本命盤時，並不需要任何特定的信仰系統來證實它的原則，也不需要刻意印證它所教導、整合或利用的自然法則。每個人都可以透過自己的生命經驗，來證明這些自然法則。

黃道最初象徵的意涵為何？黃道的所有符號，其實就代表了整個人類意識的天生形式，人類意識中與生俱來的功能，都會呈現在每種原型或黃道的星座中。不同的原型會受到自然法則的指引，呈現各自的本質，也會因為人為法則的限制，而產生不同的扭曲，我們將在書中討論各種原型之間的差異性。一張本命盤其實足以反映出靈魂的特定心理構成及意識結構，而行星與特定的心理構成有關。行星落入的宮位及星座，可以看出這些行星如何受到限制，如何在個人意識中發揮作用，因此本命盤也象徵一個人在今生與生俱來的能量共鳴模式。演化占星學把人類的演化狀態分為四種，可以精準判斷任何靈魂演化或意識的程度。此外，我們也能根據冥王星的象徵意義，以及冥王星與靈魂的關聯性，透徹了解靈魂在過去世的行為趨力模式。冥王星的對應點，則提供我們客觀且詳盡的資訊，看出靈魂在這一世的演化步驟。

人類四種天生的演化狀態或階段，分別為：演化的初階（dimly evolved state）、合群演化（consensus state）、個體化演化（individuated state）及靈性演化（spiritual state），本書中會有一個章節介紹並應用這四種狀態，讀者可根據其中的敘述，來判斷自己的演化狀態。最常見的演化初階狀態是，靈魂剛從其他的生命形式（動物或植物），演化進入人類的意識；另外一個原因，可能是靈魂自己在過去世的行為，導致演化歸零的情形發生，世界上只有百分之二至三的靈魂屬於這種狀態。合群演化狀態，則是靈魂會同意並遵守原生文化或社會中大部分的規則，約百分之七十五的靈魂處於這個狀態。個體化演化狀態則是靈魂渴望成為獨一無二的個體，不受社會共識的影響，約百分之二十的靈魂處於這個狀態。靈性演化狀態，則是靈魂渴望認識神，與神融為一體，同時臣服於神，約百分之二至三的靈魂處於這種狀態。當分析一張本命盤時，還必須將其他緩和因素列入考慮，像是性別、文化／社會條件，以及經濟狀態。

演化占星學的方法與其他已知的占星學截然不同，是獨一無二的。我們現在已經把握了科學的方法，可以精準判斷任何一個人在四種自然演化狀態中的發展程度，也可以詳細了解一個人過去行為趨力或取向的特質，會如何導致他／她今生的現實（冥王星）。當知道一個人今世的行為趨力模式時，便能正確判斷他／她接下來的演化步驟（冥王星的對應點），只要知道每個人在這一世都有獨特的演化功課，就可以客觀引導個案或朋友朝這個目標邁進。我們在介紹演化占星學的主要原則之後，接下來要討論冥王星，及冥王星與靈魂的關聯性。

第一章
冥王星及其對應點

靈魂：何謂靈魂？靈魂如何演化？

在討論靈魂和靈魂的演化之前，首先必須了解演化的現象。何謂最初的演化？又如何客觀證明我們正在演化？如果想證明演化的自然法則，最簡單的方法就是根據整體人類的經驗，而每個人也都處於持續變化的狀態中。這不是某種信仰的運作，也不需要刻意相信它，這是事實。除了根據宇宙變化的經驗，人類還可以透過許多方式觀察演化的自然法則，然後將它應用在宇宙萬物之上，可以在人類生活的背景，或植物及動物的生命中，觀察演化的自然法則，甚至能發現地球的重大變化，因為地球本身也是一個正在演化的行星。

簡單來說，演化的定義就是從一種形式邁向下一種形式的過程，原先的形式會產生完整且必然的變化。演化過程的最佳比喻，就是毛蟲化成蛹，然後變成蝴蝶。演化可能是能量的改變，也可能是舊有結構變成全新的結構，或是任何東西的轉變。「改變」這個字暗示了演化。談到演化，我們必須提到衰退。簡言之，衰退就是老舊形式或任何既存事物的死亡。所謂的既存事物，可能是任何阻礙更進一步成長、導致窒礙不前的能量模式、結構或老舊形式。

一種既存結構的死亡或衰退，必會朝演化邁進。老舊的行為模式或既存的模式必須死去，演化或改變才能發生。

當演化變得無法避免時，往往意味有什麼事情窒礙不前，無法展現進一步的成長。在所有的生命形式中，都存在「生存」的自然法則。當這種自然法則被啟動或刺激，無論如何都會導致衰退及演化的發生，讓生命的形式或結構，能生存維持下去。演化及衰退有兩種主要的表現方式。其中一種方式是驟變；另外一種則是一致或緩慢的，但是仍能帶來漸進的改變。這顯然是兩種截然不同的演化表現方式。驟變類型的演化，會帶來激烈、突然且迅速的改變，既存的結構會在短時間內完全改變。在一致性的演化中，結構或既存的形式會隨時間慢慢改變；驟變型的演化卻會導致徹底且即時的改變。任何一個人都能客觀印證這兩種方式的演化，不需要其他性質的信仰或哲學加以佐證。就占星學而言，冥王星與演化及衰退的原則有關。

靈魂

冥王星與靈魂有關，因此在解釋和描述冥王星在本命盤的意義之前，先簡單扼要地討論靈魂和靈魂創造的自我。何謂靈魂？我們如何知道自己的確具有靈魂，或是如何意識到自己的靈魂？

我們可以從其他已獲得啟發的人身上，或是根據特定類型的信仰，來體驗或確認自己的靈魂。當代所有偉大的聖人先哲，對靈魂的定義，或是冥王星賦予靈魂的意義都是：靈魂是一種永恆的意識或能量，具有自己的身分意識，生生世世都不會改變。靈魂在本質上是「宇宙意識」（Universal Consciousness）的一部分，而「宇宙意識」是創造靈魂的最初源頭，永恆意味著意識不能被破壞，因為能量不能被破壞，只能改變形式。當我們在討論靈魂時，顯然就是在描述能量的本質，而這與意識能量的本身是毫無差異的。就占星學而言，意識與海王星有關。當討論靈魂時，最重要的問題是如何不仰賴任何類型的信仰，而能客觀確認且體驗到自己的靈魂，換言之，人們如何在內心向自己證明，自己的確擁有靈魂，同時透過某種方式體驗靈魂？再提醒一次，靈魂是意識的能量。我們無法剖開腦袋找到靈魂，正如無法割開身體尋找感情，但卻知道自己的確擁有感情。我們之所以無法剖開腦袋找到靈魂，是因為靈魂是一種意識，而意識是一種無形的能量。

意識本身存在於地球上各種生命形式之中。對於科學家而言，意識的存在，至今仍是最難解的奧祕，因為科學無法解釋意識的來源，也無法得知意識如何發生。然而，意識必然有一個源頭，有一個宇宙來源，因為意識從一開始就存在。這就是創造宗教和哲學的起點，人們需要深入思考、同時渴望知道自己來自何處？又為何來到這裡？人們針對本質的思考及反思，導致了信仰的產生。所謂的信仰，都是人類思考生命源頭的產物。我們都知道，實際知道一件事情，與需要相信其中必有答案，這兩者是有差異的。我要強調的重點是，我們知道如何回答宇宙的大哉問，但是這與需要相信已知答案的心態是不一樣的。顯而易見，這其中必有宇宙的創造，而這也意味了許多既有的真相，因為創造是在一開始就存在了。換言之，我們可以從存在的事實，來證明的確有一個創造的源頭；就一般人的說法，這個源頭就是造物主（Creator）、本源（the Source）或所有事物的來源（the Origin of All Things）；就宗教的用語而言，就是上帝（God）或女神（Goddess）。

我們可以觀察到，意識存在於所有形式的生命中，而意識源頭的本身，一定也是意識。因此，所有的意識都來自於這個源頭，所有的生命形式，在表面上與其他生命形式分離，但同時又彼此相連。兩個行星表面上是分離的，然而同時又因為都具備行星的本質而產生連結。這個比喻的重點是要提醒讀者，意識雖然有個人化的一面，但也有一種宇宙性的意識，會將所有個人化的意識連結在一起。

另外一種比喻，則是大海中的海浪。海是海浪的來源，就海浪的觀點而言，如果個人化的意識存在於自身，那麼海浪就是獨立分離的；換言之，意識的重心如果集中在海浪上，海浪就看似獨立的個體，而且與源頭——意即大海——分離。另一方面，意識的重心如集中在海洋，同時間不僅感受到意識的整體性，還能感受到每一波海浪的各自面向。

宇宙意識也同理而論，它是所有意識的源頭，導致且彰顯了所有的創造，這當然包括人類及人類的意識。人類的意識中都存有一種自然、個人化的面向；人類生命形式的自然結果，就如種子會開枝散葉、大海會出現海浪一樣。因此，每個人都有自己的個人化意識，而這就是所謂的靈魂。請謹記在心，靈魂是一種永恆不變的意識，生生世世都不會發生改變，而靈魂在本質上是宇宙意識的一部分，這也是創造靈魂的本源。

我們要如何獨立於信仰系統之外，證明宇宙造物者或本源的存在？很久以前，在宗教、哲學和複雜的宇宙論還沒出現之前，人類會透過內觀或冥想來證明這一切，然而這種內在意識的光芒就像呼吸一樣，漸漸變得非常薄弱，甚至完全停止。在往後的人類歷史上，稱此為第三隻眼，它象徵並反映了靈魂中的個人化意識，並將此與宇宙意識，或所謂的宇宙源頭、萬物本源產生連結。人類在很久以前就知道，將自己的個人化意識或靈魂，與這種光芒融合在一起，能讓個人化的意識延伸至宇宙的範疇，然後便能有意識地體驗到萬物的終極本源：這就像海浪重返，與大海融合的過程。這些基本的原則都是根據自然法則，這正是大自然中不言而喻的真理，無論人類是否生活在地球上，這些真理都是永恆不變。

靈魂的演化

靈魂會經歷連續性的轉化，藉此改變和剷除所有的限制、窒礙點和阻撓。我們可以用毛毛蟲變成蛹、蛹蛻變成蝶的過程，來比喻靈魂的演化，而演化的整體現象亦是如此。靈魂如何演化？我們如何能有意識地了解或體驗靈魂的演化？靈魂之中有兩種共存又對立的慾望：其一是重返至創造靈魂本源的慾望；另一則是與本源分離的慾望。無論是從個人或集體的層面來看，正是這兩種慾望的交互作用，導致並決定了我們過去的種種，同時也影響了當下的現實遭遇。過去與現在都有其存在的理由。顯而易見的是，靈魂會透過消耗所有分離的慾望來進行演化。「慾望」是決定演化的關鍵。當我們在進行演化時，認識神（本源）或與祂結合的慾望，往往會變得更加強烈。

演化之旅到了某些時刻，會很渴望重返至神（God）或造物者的懷抱，而這也是靈魂之中唯一殘存的慾望。靈魂經過長時間的演化之後，便會出現像是尤伽南達、斯里・亞塔斯瓦（Sri Yuketswar）、耶穌和巴巴吉（Babaji）等已經理解創造本源的大師。重返的重點在於，每個靈魂都處於返回創物者的自然演化之旅中；每位大師或心靈導師都會傳授一些真理及智慧，證明自己也必須經歷演化，而每個靈魂必須經歷同樣的演化，才能像大師一樣接近理解神性的最高境界。最重要的一點是，大部分的人通常都無法意識到靈魂和靈魂轉化的過程，對於靈魂之中兩種對立慾望所產生的影響，也無法產生有意識的理解。然而，重返本源的慾望通常都會佔上風，即使一個人並沒有意識到這種慾望的存在。當然，我們會隨演化的腳步，逐漸意識或覺察到自己的靈魂，並且用靈魂之中這兩種對立且衝突的慾望，來看待自己的人生及慾望的本質。當靈魂逐漸消滅分離的慾望，改以重返造物者的慾望為出發點時，就會刺激或觸發所謂的演化。

這裡有一種非常簡單的方式，可以體驗並客觀地證實靈魂之中的兩種慾望：宇宙全體的滿足及不滿足。我們可能會有各種不同性質的分離慾望，例如可能渴望新財產、新的愛人或新的工作等，當實現這些分離的慾望時，通常可以獲得暫時的滿足，但接下來又會有什麼東西，立即取代這種滿足感？難道不會強烈感覺在實現這些分離的慾望之外，一定還有些什麼？然後立即產生一種極度的不滿足感嗎？這種不滿足感只是反映出意圖重返上帝或造物主的懷抱，即使許多人在意識上都不認同這種說法。這裡最重要的，就是透過這種角度來認識、理解這類的情緒和經驗，因為強烈的不滿足感，通常會激發其他的分離慾望。我們在演化之旅的某些時刻會明瞭，唯有重返造物主的懷抱，與其融為一體，才能帶來真正且持續的滿足。這就是所有大師及上人感受到的過程和領悟，而這也是他們最強調的教誨。就靈性的語言來說，這就是所謂的 nette：一種消滅分離慾望的過程，讓靈魂在追尋終極滿足的過程中，認識「非此」、「非彼」的概念。很多人並不關心宇宙學或靈魂，也不會用全面性的背景來理解生命，但是仍想知道自己在這一生必須做些什麼；而有些人想知道自己今生特定的功課，依此理解生命的目的。透過認識演化占星學，甚至更明確地說——透過冥王星與靈魂的關聯性——能客觀引導並幫助人們，為這些整體性的問題找到答案。

自我

靈魂在每一世都會創造一個自我。就占星學而言，自我與月亮有關。自我就如同靈魂一樣，是一種純淨的能量，所以我們無法剖開腦袋找到自我。簡單地說，自我如同主觀意識中的整合功能，反映出我們的個人形象，如果沒有自我，便無法說出自己的名字。當人們在追求靈性的過程中，最常見也最具殺傷力的迷思，就是或多或少都必須擺脫自我。無庸置疑，當靈魂在消滅分離慾望的過程中，自我必然受到影響，當這個過程發生時，意識的重心會從自我轉移到靈魂，因此追求靈性的最終目標，應該是將意識的中心，從自我轉移到靈魂，而非擺脫自我。

當意識轉移的過程完成，自我中心的結構就會發生改變。一個人會漸漸將自己（自我形象）和宇宙創造的各種生命形式，視為造物者的反映或其中一種面向。換言之，當一個人把意識重心放在靈魂之上，他／她的自我中心結構，很自然會與造物者融為一體、產生認同，而他／她的自我形象，也將建立於與造物者的融合及連結之上。當演化完成，他／她腦海中的分離認知會瓦解於無形，不會再自視為脫離本源或其他生命形式的獨立個體（就自我中心的觀點而言）。當一個人想與上帝或本源（雙魚座）產生直接的認同或連結時，黃道中的三個水象星座——巨蟹座（月亮）、天蠍座（冥王星）及雙魚座（海王星）——會發生作用，這三個星座與自我中心的轉化（天蠍座）有關。

靈魂的能量生生世世都不會改變，直到與造物者融為一體為止，但是自我的能量卻截然不同，這裡仍可用海浪與大海做比喻。靈魂有如大海，會在每一世展現不同的自我（海浪），無論靈魂製造的海浪如何起落，大海都恆久不變。換言之，靈魂在每一世誕生時展現的自我，會在生命完成任務之後，重返海洋（靈魂）的懷抱，自我的能量不會被破壞，只是重新融入最初創造它的能量之中。靈魂產生的自我，讓靈魂在每一世展現個人化的一面，同時也可做為實現靈魂在每一世必須完成演化目的的工具。靈魂所創造的自我會朝現實發展，而這種發展的本質也可以做為一種工具，讓生命的功課自然發生，讓靈魂理解這一世的功課。

我再提醒一次，每一世的自我都可以展現靈魂的自我形象，而這與靈魂的個人化面向有關，可以用電影投影機和投影機的鏡片，來清楚解釋這一點。如果只有一台電影投影機，卻沒有鏡片，在銀幕上只會呈現分散失焦的光影，投影機的光就無法創造出明確或清晰的影像。所以鏡片就像是一種工具，讓影片上的原始形象可以被聚焦，產生具體的外形、形狀和影像。同理而論，靈魂在每一世創造的自我就像是鏡片，透過這個鏡片，靈魂內含的原始形象才能具體成形。最後根據意識的自然法則，就出現了個人的自我認知，以及「我」這個字。

就占星學而言，靈魂或冥王星與基因密碼、核醣核酸（RNA）、脫氧核醣核酸（DNA）、染色體及酵素有關。靈魂會在每一世決定生命整體的基因密碼或外形，而這些都是與生俱來的。靈魂在每一世的創造都是前一世的延續，而新的一世都會與靈魂持續的演化功課或目的有關。因此肉體的類型，像是種族、外表相貌、原生文化、父母的原生地、特定的個人情緒、感受、心理和慾望等等，都與靈魂在每一世的目的有關，而這些都反映在基因密碼之中。這些與生俱來的個人特色，都會透過靈魂，由每一世創造的自我中心結構（月亮）反映出來，因此人們會做出「這就是我」、「這就是我需要的」、「這就是我的感受」或「這就是我在學習的東西」等宣示。靈魂在任何一世創造的自我，都與人類意識的個人化面向有關。

正如前面所提，當死亡發生時，靈魂為這一世創造的自我就會消失於無形，重新回到創造自我的源頭——也就是靈魂。既然靈魂和自我都是能量，而能量無法被破壞，那麼當肉體死亡之後，靈魂去了哪裡？它的能量層次又在哪裡？大部分的人都曾聽過「星光界」（astral plane）或「天堂與地獄」。這些字眼顯然指的是另一種形式的現實，或是其他形式的存在狀態。簡單地說，星光界是一種能量存在的狀態，所有靈魂在結束地球上的肉體生命之後，都會回到星光界。就能量而言，這種存在的狀態，不像地球或其他地方一樣密集和具體。當肉體死亡之後，靈魂會回到星光界中，回顧剛活過的一世，然後準備重新在地球誕生，在完成地球的生命之後，自我會瓦解消散，重返至靈魂之中，因此在星光界意識的重心會集中在靈魂本身。大部分的人都活在物質的狀態中，所以我們稱地球為意識的重心，也就是所謂的自我。這也就是為何人們在內心深處會覺得自己與一切隔離，因為他們的意識重心一直是自我中心的「我」。

在星光界中，重心從自我轉移到靈魂，所以當死亡發生時，每一世自我的記憶都會被保留下來。這對靈魂而言是必要的步驟，因為靈魂不僅可以透過自我的記憶，回顧剛過完的一生，同時將這些記憶作為基礎，為下一世做準備，繼續靈魂的演化之旅。我們每一世都會延續上一世留下的東西，因此每一世的自我記憶，就像一種起因，決定靈魂在下一世必須創造出何種類型的自我中心結構。就本質而言，靈魂是根據自我的記憶及其包含的影像，作為下一世自我中心結構的基礎。靈魂在每一世都會創造出自我中心的結構，藉此促進持續的演化。

就占星學而言，冥王星（靈魂）及南北交點，象徵演化的趨力。南交點與靈魂前一世的自我中心記憶有關，也就是靈魂之前的中心意識結構，而南交點也決定了月亮在每一世的位置。本命盤中的月亮，則與靈魂這一世的自我中心結構有關，同時也關係著靈魂在生命中的每一刻，會如何從過去轉移到當下的現實之中。北交點則與靈魂的演化、形成或中心意識的結構有關，也與靈魂需要或渴望的內外經驗的本質及類型有關，因為這些經驗可以促進持續的演化。反言之，這個過程可以形成新的自我中心記憶及形象，當靈魂走完這一世，肉體死亡之後，並可將這些記憶和形象作為新的基礎。

月亮也與每個人在這一世的原生家庭有關。當肉體死亡之後，靈魂會進入星光界，與重要的家人或其他與靈魂親近的人相遇。這也就是為何當我們誕生到不同世時，仍會繼續遇到相同的家人。這是因為自我的記憶與家庭的記憶合併，才導致這種現象出現，一直要到再也沒有任何演化或業力的需要，彼此才不會再投胎成為一家人。

冥王星在本命盤的位置

本命盤中的冥王星與靈魂有關，也與前世既有的身分關係和慾望，以及這一世的取向底線有關。今世的演化目的，則會展現在冥王星的對應點，冥王星與最深沉的無意識情感安全模式有關。所有人都會有一些固定的模式，而這些極為重要的個人身分認同，都會在冥王星於本命盤的位置中呈現。大部分的人很自然會在行為中表現出這些模式的傾向，因為這些模式令人熟悉，同時也代表了深層的情緒安全感。情緒的安全感是深根蒂固的，必須維持其自成的一致性，它是過去造成的結果，或是源自於過去的東西。冥王星在本命盤的位置，代表最容易展現這些模式的管道。傑夫・格林在他的第一本冥王星著作中提到，人類百分之七十五至百分之八十的行為，都受到無意識力量的影響，這往往與過去的身分關係模式，有直接的關聯性。這些過去的模式，與深植於慾望中的累積演化力量有關。然而，很多人無法意識到過去的慾望和身分關係，會對目前的生活造成何種影響。

過去的模式會在進一步的演化過程中，導致限制或窒礙點。人們會基於情緒的安全感，依賴過去的模式，但這顯然會阻礙演化。從冥王星的對應點可以看出如何克服和轉化這些限制，人們可能會因為演化的壓力，面臨極大的衝突或對立，因為演化是要改變老舊的形式和情緒的安全感，將過去的行為模式（冥王星），轉化成新的行為模式（冥王星的對應點）。我們必須考慮靈魂內兩種共存的慾望，因為這些慾望會影響所做的決定，到底是要改變老舊的行為模式（重返本源的慾望），還是維持過去的行為模式，阻礙了進一步的成長（與本源分離的慾望）。慾望決定了演化，這些選擇可能會讓我們在現實生活中，遭遇不同程度的衝突和緊張。如果能接受冥王星對應點反映的必要演化，很自然便能用更高層次的方式，來表現本命盤的冥王星，此時其象徵的老舊模式、慾望和身分關係，會因此消失或被完全剷除，因為唯有如此，新的行為模式才可以進入意識層面之中。整體而言，當靈魂逐漸消滅所有的分離慾望時，就呈現了演化的轉變過程。我們所有人都會在演化的過程中，體驗到死亡及再生。

簡單地說，本命盤冥王星的星座和宮位所反映的慾望、過去的行為模式和身分關係模式，都是演化的過去。冥王星在本命盤的位置，描述了每個人特定的個人化功課、過去的身分關係模式及慾望。所有人都會從過去結束的地方重新開始，而冥王星在本命盤中的位置，則象徵了會在哪裡從新開始。然而別忘了，這世界上有數百萬人的冥王星都落在同樣的星座，從演化的觀點來看，這又意味什麼？冥王星落在同一個星座的人，都屬於同一個世代，例如冥王星在天秤座的人，都是同一個世代的人，大概都誕生在一九七一年至一九八三年間。整體而言，天秤座的原型與極端有關，而這個世代的功課就是學習如何在極端中尋求平衡，巧合的是，這個世代被標榜為X世代，剛好是極端（extreme）這個字的縮寫。本命盤冥王星的位置，與一個人誕生世代的整體脈動有關，也關係著這個世代在過去的慾望、取向及身分關係模式。為何會有這種現象？就演化的觀點而言，這是為了完成行星的演化需求；然而，冥王星總是關係著個人。冥王星落入的宮位，代表特定且個人的功課、慾望、目的及身分關係，會出現在哪個生命領域，而冥王星宮位所落入的星座也有同樣的意義。很多人的冥王星是同一個星座，卻落入不同的宮位中，這會讓他們用截然不同的方式表現冥王星，而冥王星在個人意識中的運作方式，也會大異其趣。人類天生的四種演化狀態，會更加突顯這個差異點。

冥王星與業力的整體現象、任何會導致出反應的行為有關，因為它包含了過去演化的所有慾望和取向。就我們所做的選擇和決定來看，靈魂中共存的兩種慾望，反映出每個人都能自由選擇或具備自由意志。我們必須接受自我慾望帶來的責任，承認必須為自己的演化負責，才能朝更高的境界邁進。最重要的一點就是：業力並非天生就是負面的，它有可能是全然正面的，也可能是完全負面的。靈魂中兩種共存慾望的交互作用，決定我們自認為需要的東西，而當認定了自己的需要，便會依此做出決定，此時所做的選擇，又決定了須採取的行動。這些行動會帶來反應，導致更多的行動等等，而這個過程會不斷循環往復。

當面對靈魂必然的演化時，到底是反抗還是合作，這將決定我們會遭遇哪種類型的演化，同時也決定了演化經驗的原因。前面提過有兩種截然不同的演化成長方式：一種是驟變性的，另外一種則是非驟變性且一致的。如果抗拒靈魂的演化取向，導致無法產生更進一步的成長，此時就會發生某種形式的驟變性演化，藉此帶來必要的改變。與驟變性演化有關的經驗，在本質上通常都帶有壓力且充滿創傷。如果能用合作的方式面對必然的演化，那麼即使是充滿創傷的事件，也能用正面的態度來面對，了解事件發生背後的演化原因。如此一來，先前阻礙成長的老舊行為模式會消失殆盡，新的模式會進入意識層面之中。與一致性演化有關的演化經驗，在本質上通常都不具傷害性。這些經驗事件通常都很平順、漸進，但是仍會不停進步，讓我們慢慢轉化自我內在的限制。

在此必須提出一個重要的問題：為何一開始會抗拒靈魂的演化成長？什麼樣的心理趨力讓我們抗拒演化？再提醒一次，個人的身分認同及情感安全感，大部分都與冥王星在本命盤的位置或靈魂有關，而靈魂及其之前的身分意識和行為模式，則是每個人深層無意識安全感的來源。維持自我一致的慾望，源自於維持過去的渴望，希望能保留人生運作的老舊熟悉模式，抵抗改變或演化，可能促使強迫性的情形發生，導致最糟糕的結果。然而，所有人的靈魂都渴望成長，就靈魂中共存的兩種慾望來看，重返本源的慾望總是佔上風。

吸引及排斥的趨力，則是另一種宇宙性的現象，而這也與靈魂中的兩種慾望有關，人們可以從冥王星的本命盤位置體驗到這種現象。我們可能被抗拒的事情所吸引，相反地也可能會被吸引的東西所抗拒。深究其因，抗拒代表一個人對重返本源的慾望產生了渴望，或是受到其吸引，這種趨力模式會表現在冥王星在本命盤的位置。另外一種與冥王星有關的重要心理趨力，就是對於文化禁忌的吸引和抗拒，也可能是一些被社會拒絕或禁止的事物。禁忌可能是任何東西，像是價值觀、信仰、操作方式和各種經驗。為何這種現象特別與冥王星有關？正如傑夫・格林《冥王星：靈魂的演化之旅》中提到的：

> 禁忌代表極具力量的經驗或關係，而人們可以透過禁忌發現自我的另外一個面向。此外，禁忌通常都非常具有吸引力，這是因為人們可能透過體驗禁忌來轉化目前的行為限制。

禁忌的本質可能是正面的，也可能是負面的。當我們被負面的禁忌吸引時，就反映了與本源分離的慾望。然而即使是負面的經驗也會帶來成長，因為這代表一個人開始面對自己的分離慾望，然後可以運用正面的意志力，完全從靈魂中剷除乾淨自己對負面禁忌的渴望。正面的禁忌，則可以讓我們轉化行為及身分關係中的既存限制。當被正面禁忌吸引時，就反映了重返本源的慾望，即使禁忌在本質上是正面的，任何的文化共識都可能負面判斷事物，而導致禁忌的產生。《冥王星：靈魂的演化之旅》所舉的例子，就是耶穌與社會的「放逐者」或「不受歡迎的人」共餐。他與這些不應該與自己有關的人一起用餐，而這些人都被其他人拒於門外。即使當時的社會把耶穌的行為視為禁忌，然而直到今日來看，耶穌行為的本質仍非常正面又純潔。另外一個文化禁忌的例子就是占星學，社會大眾認為占星學是一種「假科學」，有些人甚至把占星學視為一種黑暗或邪惡的習俗。這些例子是要讓我們明白，人類天生就會被正面的禁忌吸引，因為這些禁忌可以帶來成長，儘管文化可能不允許個人為了延續演化的過程，去體驗這些必要的正面禁忌。

就靈魂中兩種對立的慾望來看，到底是什麼力量在控制一切？答案就是，善與惡的宇宙力量，或是從精神的觀點來說，就是上帝和撒旦的力量。這兩種慾望存在於靈魂之中，也源自於靈魂之中，而上帝和魔鬼的影響力則會透過慾望表現出來。所謂上帝或善良的力量，會表現在重返本源的慾望之中；而所謂撒旦或邪惡的力量，則會表現在與本源分離的慾望上面。邪惡依附在人類的妄念中，同時也依附在與造物者分離的慾望之上。我們現在已經知道了合作與抗拒、吸引與排斥的趨力模式，而這些都反映了善惡本質的兩股宇宙力量。

當一個人抗拒自己的演化成長時，所有與冥王星有關的負面特質都會表現出來，像是防禦、報復、忌妒、憎恨、佔有、操縱、懷疑及強迫。這種心理的出現，是因為一個人覺得內心深處的情緒安全感和靈魂，受到了威脅或挑戰。人們可能在改變和進一步的演化中，感受到深切的不安全感，因為這些過去的模式構成了他們無意識的情緒安全感。反言之，當一個人與自己演化的取向合作時，便會表現出冥王星的正面特質，像是對於自己及別人的積極態度、意志力、重生及再生，以及願意做出必要的改變。由此可知，本命盤的冥王星，代表靈魂中最有力量的領域。而正如前面所提過的，冥王星的對應點，則代表靈魂中的限制和弱點可以如何被改變，藉此讓靈魂繼續演化，當靈魂在演化時，會持續經歷死亡及重生的過程。

本命盤中的冥王星及其關聯性

為了解釋本命盤中的冥王星及其關聯性的原則，我會先將冥王星設限在特定宮位內，然後再增加搭配特定的星座，並用一些簡單的例子，示範如何有效將黃道原型及冥王星在本命盤中的意義，全部綜合整理在一起。冥王星在本命盤中的位置意味著底線，也代表了起點，本命盤中其他所有的因素，都會根據它來解釋並賦予意義。我們現在知道了特定的當下或現在，以及每個人內心深處的運作趨力，也可以說是靈魂層面的趨力，以及任何一世的演化原因或目的，而這都表現在冥王星的對應點。

舉個簡單的例子，假設冥王星落入六宮。我們必須先認識六宮或處女座的原型，六宮原型的核心，就是渴望自我改善、學習謙虛、為整體或社會服務，同時學習向內進行必要的調整，讓演化持續下去。謙虛和自我改善的渴望，會讓人意識到自己的缺陷及不完美，所以六宮與自卑、不適當或欠缺的感受有關，而這往往會導致自我懷疑。六宮也意味著自我懲罰的需求，而這也與欠缺感及自卑感有關。當一個人的心中出現欠缺感、不足感或改善的渴望時，便會產生罪惡感，或是透過某些方式來彌補罪惡感。自我改善的渴望會讓人陷入極度的自我分析之中。就本質而言，我們都在分析自我，但是這通常都是因為有危機形成，讓人開始自我分析，然後帶來更多的自我認識。六宮原型最常見的扭曲，就是因為欠缺感和自我懲罰的渴望，導致了強迫性的危機。危機是一種非常痛苦的學習方式。

六宮或處女座與伊甸園的神話有直接關聯，因為罪惡感的趨力與自卑感及優越感有關，而這也導致了控制與臣服的心理。在伊甸園的神話中，女人代表了男人的「精神墮落」和感官的誘惑，因此女人天生就有自卑感及罪惡感，同時渴望能彌補這種罪惡感。男人則代表對感官「投降」的靈魂，他們也有天生的罪惡感，但又帶有憤怒，因為這種罪惡感與優於女人的超越感有關。控制與臣服，會導致施虐及受虐的扭曲心理。就典型而言，女性心理反映了受虐的扭曲，而男性心理則反映了施虐的扭曲。有些人的意識中，會同時出現這兩種心理狀態。（關於這些扭曲的心理，讀者可在《冥王星：靈魂在親密關係中的演化》找到詳細的介紹，我也會在描述黃道原型的章節中，做更深入的探討。）

六宮原型的本質，是要讓一個人體驗倒金字塔的作用，明確學會如何為社會或整體服務。工作就像一種工具，幫助人們達到自我改善和自我完美的目標。所謂倒金字塔的作用，是把所有人的需求放置在頂端，而自己的需求則壓在最下面。在五宮或獅子座的原型中，主觀的發展已經到達極限，可以讓一個人創造性地實現特殊的目的。在五宮的階段，會盡情發揮創意、展現自我；進入六宮後，必須學習認識非我的部分，而這種意識會刺穿如氣球般膨脹的自我，消滅所有自命非凡的幻覺。六宮就是要消滅任何與自我中心或自戀有關的行為趨力，它是過度性質的原型，意即從主觀的意識及發展（從牡羊座開始，在獅子座結束），轉換至客觀的意識及發展（從天秤座開始，在雙魚座結束）。

冥王星如果落入六宮，代表過去的慾望，與學習謙虛、自我淨化、自我改善及為整體或社會服務有關。這個位置也代表強烈的自我分析（通常是由過度的危機引起），如此才能覺察自己必須做出哪些改善和調整。最常見的情形是，他們的內心深處非常清楚自己必須改善及調整的地方，而這會導致強迫性的負面或自我挑剔傾向，覺得自己永遠都不夠好，永遠沒有準備好去執行一些來自本源的內在功課。這會讓他們無法徹底發揮自己的潛力或能力，而這只會造成另外一種罪惡感的來源。這種自我挑剔和負面的波動，當然會被投射到外界的環境中，而且他們也會不由自主將注意力放在環境的缺點及不完美中。他們內心深處有一種存在的空虛感，永遠無法被滿足，同時期盼能與造物者產生連結（冥王星的對應點是雙魚座）。這種心理感受時常導致行為上的扭曲，讓他們透過各種否認或逃避的活動來填補空虛。六宮原型最著名的扭曲，就是「忙碌蜜蜂」症候群，典型行為包括找藉口，因為藉口看起來像是經過完美認證的論點，而這也就是為何靈魂往往不會在自知應採取行動之時，去做應做之事。這種心態突顯出他們抗拒面對內心深處的存在空虛感，同時也意味想要懲罰自己內在強烈的挑剔行為。其他與六宮原型有關的扭曲包括：內在現實的受害者情結，或是認為外在現實才是問題的起因。所以冥王星在六宮，意味著一個人必須剷除這種心態造成的受害者情結。

現在假設六宮的冥王星是落在天秤座。首先必須介紹天秤座的原型，然後再將冥王星及六宮的原型意義，綜合整理在一起。天秤座和與別人發生的各種關係有關，其目的是學習個人與社會的平等，以及內在的平衡，它需要透過社會的背景脈絡，客觀地認識個人特質及個人的身分意識。天秤座代表個人已經發展到極致，開始試圖創造或學習自我的內在平衡。他們會透過整體的大環境，或是與他人關係中的比較及對照，來評估自我的獨特性，這也就是為何天秤座的原型與各種關係的發生有關。這種原型中有一種被別人需要的扭曲渴望，而這會決定關係的產生及形成，基於被別人需要的渴望，他們會出現一些投射的慾望，而這就會產生期望。換言之，他們會向外尋找一位伴侶，來滿足一些移情的需求，或是自己內在無法達到的期望。

天秤座原型常會出現的一種扭曲，就是因為極端地投射慾望，無意識將伴侶視為神或女神的化身；另一種極端的扭曲，則是他們會讓自己在伴侶的生命中，扮演神或女神的化身。這顯然會導致關係中的互相依賴、失衡和極端。其中一方可能會控制另外一方，完全不顧對方的需求，卻期待對方能不停滿足自己的需要。被控制的那一方，到了某個時間點，很自然就會堅持自己的需求。最糟糕的情形是，這種趨力會造成改變自我的影響。所謂的「改變的自我」，是當一個人受到伴侶的控制時，他／她不過只是伴侶慾望及期望的延伸品。一個人可能扮演控制者，也可能扮演被控制者，可能會在同一段關係中替換扮演兩種角色，也可能在不同的關係中改變角色。冥王星在天秤座，就是要學習如何或何時客觀地滿足別人的需求，而且是要以對方的現實為考量，而非根據自己的現實條件。這裡的關鍵在於，他們必須學會客觀聆聽伴侶的心聲，認清伴侶真正的需求，而不是自己認定對方到底需要什麼，更不是根據自己的現實條件，將自我的慾望投射成伴侶的需求。唯有透過這種方式，他們才能在關係中達到個人及社會的平等。這可以培養內在及外在的平衡、也可以學會認識個人需求、價值觀及信仰的相對性。

當我們把冥王星放在六宮的天秤座時，六宮的傾向和慾望，會透過與別人建立的關係（天秤座的原型）表現出來。他們與別人建立關係的過程中，都會帶有自我改善、自我淨化、謙虛及為社會服務的需求特質（六宮的冥王星會受到天秤座限制）。換言之，他們會透過與別人建立各式各樣的關係，學習為整體服務、自我改善、自我淨化及謙虛的功課，藉此達到平衡，獲得個人和社會的平等。落入天秤座的冥王星，可以在與別人比較或對照的過程中，評估自我的獨特性，這種的比較往往與六宮冥王星的需要及慾望有關。舉個例子，這個人可能會在自己執行或渴望執行的特定工作上，與別人比較，他／她可能會覺得自卑，因為從社會的觀點來看，自己做的不如別人好，然後就把這種挑剔的情緒波動，投射到別人的身上。他／她可能會渴望某些工作，來彌補內心深處的自卑及欠缺感，例如他／她可能會渴望社會地位崇高的工作，因為這可以滿足存在的空虛感，幫助自己面對深沉的自卑和欠缺感。另一種極端的情形是，他／她可能拒絕接觸任何有關聯性或有意義的工作。所有冥王星在六宮天秤座的人，都是為了自我改善、學習為整體及別人服務，或是剷除靈魂中的偉大妄念，才會與別人建立或形成關係。六宮的慾望、課題及目的，就是他們建立關係的基礎。

此外，這些人可能想要透過建立關係，來填補內心深處空虛的存在感，因為這種趨力，他們可能會強迫自己處於關係之中。他們會向外尋找一段關係，讓伴侶來「彌補」自我改善及自我淨化的需求，無意識將伴侶視為神或女神的化身（通常是女性扮演神化對方的角色，因為受虐的受制模式與六宮有關）。在這種情形，被神化的那一方，會不停被對方打擊，而這都反映了他或她自己內在的破壞意念、自卑感及自我懲罰的渴望。他們會無法自拔地吸引一位伴侶，來加深自己的自卑及欠缺感，將自己的內在現實，向外表現在關係的本質中。無庸置疑地，當心找到正確方向時，這樣的關係勢必會出現極端的危機。

這個位置的冥王星，還可能有另一種極端的表現，他們會把注意力永遠放在伴侶的身上，同時會用非常批判的角度看待關係，因此常常會不自覺羞辱對方。他們也可能會不自覺地，想要在伴侶的生命中扮演神或女神的化身（通常是男性扮演這種角色，因為施虐的受制模式與六宮有關）。在第一種情形中，不停被批評的那一方，可能會被伴侶控制，被期盼能實現伴侶投射的需求。在關係中總會出現一些危機，讓受控的那一方必須出面解決，像是放了一把火燒山，就會出現「救火隊」。另一種極端的例子中，他們可能期待伴侶永遠都是「救火隊」，所以不停製造麻煩讓伴侶來收爛攤子。

在我們了解冥王星的符號意義、處女座及天秤座的原型之後，便能完整解釋，當一個人的冥王星落入六宮的天秤座時，代表了哪些核心的原型意義及慾望，也能很清楚了解本命冥王星的位置所象徵的天生限制。

再舉一個例子，假設冥王星是天秤座落入五宮。五宮或獅子座的原型意義，是創造性的實現。本命冥王星在五宮或獅子座的人，必須、同時也渴望能掌控自己的獨特命運，而且運用意志力來塑造生命。換言之，他們會運用自己的意志力，透過創造性的方式，來實現自我的獨特目的或特殊使命。基於這種需求，獅子座的原型會創造一種金字塔式的現實結構，把個人的需求放在最高點。這種趨力或多或少會讓一個人對生命產生自戀。自命不凡的虛妄與五宮有關。他們通常會有一種扭曲的需求，渴望被視為與眾不同，並且因此不斷獲得外界的回饋。他們對於注意力、奉承和認同的需求，像是虛擬的無底洞，無論得到再多，總覺得不夠，而且還會不由自主向外尋求這類的認同。他們可能會無意識控制別人和情況，藉此來吸引注意或認同。如果當別人得到愛、關心或認同時，他們可能會覺得自己受到威脅或充滿戒心。

冥王星五宮的另外一個問題是，會以自我中心的角度為出發點，過度認同宇宙的創造性原則，以及自我的獨特目的或使命。他們自認為是自我創造力的來源，而就演化的觀點來看，這顯然會造成限制。這個原型的負面表現就是，會完全根據創造性的目的或使命，來定義並塑造個人的身分意識。他們對別人付出時，通常只是為了滿足個人或自我中心的需求，而非根據對方的現實，給與對方真正需要的幫助。但是有一點我們不能忽略，這些人的靈魂中雖然有這種趨力模式，但是他們也可能是真心渴望對別人付出。冥王星獅子座落入五宮的人，通常在前世都有非常強烈的主觀意識及自我中心傾向。

我們現在再綜合分析天秤座及冥王星在五宮的原型。這些符號象徵著一個人會透過與別人的關係，實現創造性的自我，藉此學會平衡與公平的功課。他們的特殊使命和目的，與關係的建立有關。他們已在前世展開各式各樣的關係，而且在關係中落實自我的創造能力，這種創造性的實現過程，會變成與別人建立關係的基礎（五宮的冥王星受到天秤座影響）。他們會產生一種扭曲的需求，不停對外向伴侶尋求肯定，證明自己的獨特性，而且也會無意識尋求建立這類型的關係。就負面的表現而言，會依賴關係和伴侶，來實現創造性的自我，換言之，會期待伴侶用創造性的方式，來實現他們自己的特殊使命，而非自己獨立實現自我。另一種極端的情形則是，他們期待伴侶能用創造性的方式替他們實現自我，但是這種實現只能透過伴侶及關係呈現。這些人可能會為了獲得自己渴望的認同，與別人建立許多不同類型的關係，然而一旦無法在關係中獲得需要的注意及認同，或是形成關係的需求不存在了，他們就會離開這段關係。這會導致另一種投射的需求，並且形成另一種類型的關係，只以自己特殊的使命及目的為前提，並且在自己創造性實現這個使命的過程中，與別人比較或對照。換言之，這些人與別人的比較或對照，就取決於他們實現特殊使命及目的過程。我們現在把冥王星、天秤座及獅子座的原型綜合整理在一起，便能很清楚知道靈魂過去的趨力及慾望。

有關冥王星在本命盤位置的概括介紹，主要是解釋冥王星在本命盤中的象徵意義。顯而易見的是，即使冥王星落入同一個星座，但是在特定的宮位或本命盤的位置中，仍然會有各種不同的表現方式。最重要的是，我們必須將同樣的底線、核心或原型，應用在所有的個案中，無論本命盤中是否有其他必須考慮的緩和因素。我們必須先掌握原型強調的核心，同時融入冥王星的象徵意義，才能針對相關的原型進行調整，充分反映出一個人天生的演化狀態，以及本命盤中其他的減輕因素。

冥王星的對應點

冥王星對應點落入的宮位及星座，與一個人今生特定的演化目的有關，它象徵了演化的原因或生命本身的目的。因此，冥王星行經天秤座的整個世代，就是在學習對面星座牡羊座反映出的演化課題及目的。人們可以在冥王星對應點的宮位中，學習或接觸到對應點星座的功課及目的。本命盤的冥王星代表過去的限制，這些限制可以透過冥王星的對應點獲得轉化。對應點代表的是今世的演化目的，可以自動再度展現或轉化本命盤的冥王星，與冥王星有關的老舊行為模式，也可以透過冥王星的對應點消滅殆盡，然後在相關領域中，重生或創造新的行為模式。冥王星的對應點代表了未知、陌生或前所未有的存在方式，每個人的靈魂都想要接觸這種新的存在模式或方法，因為靈魂在本質上都渴望成長。冥王星的對應點意味著每個人必須進行的心理轉化，藉此讓演化繼續下去。

讓我們繼續用前面提到的例子來解釋冥王星對應點的原則。整體而言，冥王星在天秤座的先天限制，就是因為渴望被別人需要，因而與別人建立互相依賴的關係。這種傾向會導致身分認同危機，很可能會在關係中控制對方或受對方控制。然而，當有意識地落實牡羊座對應點的演化取向時，所有的極端都會消失，進而表現出外在與內在的平衡。六宮冥王星的限制，在於過度的挑剔、強迫性的內心危機感、內心深處的空虛或存在的虛無感，而這些都會導致各種逃避或否認傾向的行為。這些人除非與神性建立關係，否則無法填補這種內心的空虛感，而這正是對應點在十二宮的功課。為了演化的成長，他們必須從靈魂中剔除這種內心現實的受害感。

六宮冥王星的對應點在十二宮。整體而言，對應點在十二宮象徵了自我原諒的需求、與本源結合、剷除妄念、學習信仰神性，以及消融所有妨礙與神直接連結的老舊心智／精神／肉體的行為模式。整個演化的循環在雙魚座或十二宮的原型中達到極致，畫下終點。接下來再來討論冥王星天秤座的對應點——牡羊座。對應點是牡羊座意味著必須展開新的方向，或是開始一個新的演化及轉變的循環。這裡的基本需求就是勇敢獨立、表達自己，如此才能發現什麼是新的演化循環。這種過程就像一種本能。他們可以透過行為與反應來學習，而這都與自己行為引起或造成的反應有關。透過這種方式，靈魂內在可以感受到強烈的自我探索，同時處於持續轉變的狀態中。這也就是為何這些人的靈魂，需要自由與獨立，因為唯有如此才能在發展個人特質的前提下，不停進行自我探索、不停成長。對應點在牡羊座的人，渴望自發性找到人生的方向，不需要別人同意，也不需要顧慮人際關係的影響，根據個人的本質特色行事，將這些行為化成行動。他們不需要透過別人或關係，來突顯自己的個人特質，而且在與別人建立關係時，也必須考慮對方是否能獨立找到人生的方向。而且這些人也必須學會付出的時機及方式，同時也要學習在某些時候有所保留，因為之前的付出已經不再適合對方，但是對方仍然不停要求，此時要停止製造依賴的產生，這樣才能確實做到最高層次的付出。當然，也必須用同樣的眼光，來看待別人的有所保留。透過這種方式，最後才能建立一種共同平等、各自獨立又和諧的關係。他們最後就會發現，當自己先滿足別人的需要之後，個人的需求便能獲得加倍的滿足，而且能在這個過程中，達到自我及人際關係的和諧與公平。

我們現在可以綜合整理牡羊座及十二宮的原型概念，以決定這個對應點的靈魂演化取向。首先，可以透過十二宮的功課及需求，學會牡羊座對應點及其相關的演化必要條件。簡單地說，當他們採取行動剷除靈魂的妄念、試圖與神結合時，便能產生新的關係模式，當為自己的人生開啟新的方向時，便會出現這些新的關係模式。牡羊座的對應點，象徵了個人身分意識的發展必須符合造物者的意志，同時也必須伴隨著心靈的成長。換言之，在發展自我身分意識時，必須把造物者視為一盞指引的明燈，依此決定自己必須採取何種行動。這些人也應該把本源視為靈魂真實意識的反射點，從中獲得獨立自主的勇氣，並且藉由解決所有自我中心的障礙，展開人生的新方向，因為這些障礙阻擋了他們與造物者建立直接且有意識的結合。與造物主的關係，應該是獨立和勇氣的主要來源，而他們最後必能意識到這種必要的、全新的關係模式。

如果學會原諒自己與別人的過錯及缺陷，便能消除過度的挑剔，取代持續的危機感。內心深處的空虛，會由與造物者的關係填滿，這種演化會對他們與別人的關係，造成顯著的影響，當不再將自己內在的負面及挑剔，對外投射在別人身上，靈魂之中就不會再出現與別人建立關係的強迫需求。當試圖消滅所有自我中心的障礙，嘗試與本源直接建立有意識的關係，並且重視靈性的成長時，對應點是十二宮的功課便會表現出來。透過這種方式，整個演化的循環會發展到極致或完成。

為了進一步介紹冥王星對應點的原則，以下將原則套用在冥王星是天秤座落入五宮。冥王星在五宮天秤座時，對應點同樣是牡羊座，但是卻落入十一宮。牡羊座的演化條件在此同樣適用，但是卻會透過與十一宮有關的生命經驗，學到演化的功課。冥王星在五宮的限制包括：對生命有過度的自我傾向或自戀；過度以自我中心的角度來看待宇宙的創造原則或特殊使命；強迫性地需要外界不斷給予回饋，渴望被他人視為特殊且重要的；完全只考慮自己的現實，為了滿足自我的需求，才會對別人付出。

十一宮則意味人們必須疏離自戀和自我傾向的世界。疏離可以讓一個人對自己及生命整體產生客觀的意識，唯有如此，才能表現出真正的寬宏大量。基於十一宮的對應點，五宮的特殊目的或使命，必須與社會需求產生關聯。這些人通常都會受到不同程度的阻礙，無法實現自己真正的目的或使命，藉此學會這門功課。他們所遭遇的阻礙，往往來自於社會結構本身，因為根據他們需要的外界回饋，顯然會覺得別人並沒有對自己另眼相待。這些人如果沒有將創造性的實現，與社會的需求連結在一起，便會覺得挫折，甚至爆發不滿情緒。他們必須透過疏離及客觀，擺脫與五宮或自我傾向有關的老舊行為模式，徹底改變創造性的實現方式。在這個過程中，他們不再需要外界不斷肯定自己的特殊性或重要性，反而可以學會從內自發地肯定自己，而且不會再覺得沒有安全感。當這些人把特殊的使命，與社會的需求連結在一起時，便能客觀看待自己，擺脫所有自恃非凡的妄念。透過這個過程，他們會意識到自己是整體或社會的一部分，而不單只注意自己。唯有如此，他們才能客觀地肯定並重視別人的特殊能力或創造力，而且不會因此覺得受到威脅或沒安全感。此外，他們也不會再自認為代表宇宙的創造性原則，反而發現自己不過是表現宇宙創造性能量的一種管道。這些人最後會把造物者，視為自我創造力的來源。當他們把創造性的目標，與社會需求連結時，便能培養客觀的自我意識，有意識地擺脫金字塔的現實結構。他們不會再像過去一樣，用特殊的使命或目的，來限制或塑造自我的身分意識。

十一宮的功課有如工具，可以用來表現牡羊座對應點的取向及需求。這些人學會疏離及客觀的演化功課後，很自然便能培養出靈魂天生的個人特質，將自己的特殊使命與社會需求結合在一起。這些人現在已經對自我的身分意識，產生客觀的覺知，亦即能用客觀的態度，培養自我的身分意識。此刻的靈魂勇於獨立自主，同時會採取行動，展開自我發掘的功課。這些人如果能保持客觀，擺脫過度自我中心的生命態度，便能鼓起勇氣做自己，因為他們不再需要外界的肯定。這些人的伴侶，必須能夠客觀反映出自己的真實身分意識，而且能夠落實自發性的行動，而他們也不再需要伴侶不斷給予自己正面的肯定。彼此獨立的關係，可以讓他們表現創造性的自我。如果有必要，他們有勇氣自成一格，而這正是對應點牡羊座落入十一宮的深切渴望。這些人最終能用創造性的方式，實現自己的使命，讓自己最真實的特質散發光芒，同時也能幫助別人，用同樣的方式實現自我。

這些說明是為了解釋冥王星及其對應點的原則。冥王星透過對應點展現的演化功課，是一個人一輩子的生命主題。我們現在可以從演化的觀點，認清每個人靈魂設計的核心趨力。

冥王星逆行

當我們討論冥王星時，還必須考慮另外一個因素：冥王星逆行。逆行就像是一種原型或是意識功能，必然會加速演化的腳步。這種演化會表現在拒絕或排斥與逆行行星有關的共識或現狀模式。人們必須靠自己體會並定義逆行行星的意義，而不被主流共識限制了自己的模式。任何逆行的行星，都會讓人強烈地覺得自己與主流脫節。這種脫節的感受，會引起或觸發心理上對主流的退縮，同時還會造成隔離感。最常見的情形是，人們往往無法完全解決、自己抵抗或拒絕現狀的需求，這也就是為何逆行在傳統上，代表重新體驗過去的經驗和條件。因為唯有如此，才會產生必要的決心，解決這些趨力。他們可能在過去已經採取行動，試圖突顯出個人的特質，或是對抗過去沿續的限制模式，然而這些行動都沒能貫徹執行。因此，特定的功課或趨力會重複表現在行星的星座及宮位上，或是與其他行星的相位中。而生命情況只是為了解決這些趨力，讓演化能繼續下去。

逆行包含了一種個人化的衝動，而這可以激發個人的演化。現狀或是共識所限制的老舊模式，都無法滿足演化的需求。當一個人試圖擺脫社會限制的影響時，通常會先掌握這種個人化的衝動，用自己的方式來影響演化，而這會產生意識的內化。這個過程的最佳比喻，就像把洋蔥皮一層一層地剝開，直到核心。唯有如此，逆行行星的功能，才會出現平順且持續的演化。換言之，逆行的行星必須用非常獨特且個人化的方式表現出來，同時賦予個人的意義。人們可能會在相關的生命領域中，表現一致的模式，也可能因為自己抗拒必要的演化，沒有表現出冥王星逆行的象徵意義。無論如何，人們可能在某種程度上，無法表現出與逆行有關的行為模式，但是在未來演化之旅的某些時刻，當他們遭遇窒礙或自覺無法成長時，便會針對逆行行星象徵的慾望採取行動。

當本命盤中的冥王星逆行時，意味著一個人無論處於何種演化狀態，都非常渴望能擺脫社會或文化的老舊限制模式。他／她會深切感受到與逆行原型有關的個人化衝動，而這也與冥王星及靈魂的關聯有關。冥王星逆行的人，會比順行的人更深切、更持續地覺得不滿足。這種不滿足只是再次呼應了重返本源的慾望。為了達到演化的目的，靈魂中所有的分離慾望，都會加速消融殆盡。

正是這種加速消融所有分離慾望的渴望，會讓他們在心理上產生強烈又持續的不滿足感。冥王星逆行的人，即使並非有意識地改變或移除過去的限制，內心深處一定都會覺得自己無法與主流的意識傾向或期許產生連結。即使他們沒有將這種感覺表現出來，仍會因為這種感覺，在內心產生退縮，而遠離主流意識。退縮感會觸發冥王星逆行的演化目的。基於對於主流傾向和整個人生的強烈不滿，冥王星逆行的人，會特別強調重返本源的慾望（從靈魂中移除或消滅的特定模式，將會表現在本命冥王星逆行落入的宮位及星座上）。地球上有一半的人，本命冥王星是逆行的，因為冥王星在一年十二個月中，有六個月呈逆行狀態。就演化的觀點來看，這種現象是為了確保人類的演化。這種演化會發生在不服從現狀的人身上。當社會的限制模式已經僵化、過時或妨礙成長時，這些靈魂可以幫助社會中的其他人，提升現狀至更高的境界。因此，冥王星的逆行在個人和集體的層面上，都有助於提升四種演化類型。

為了清楚解釋冥王星逆行的原則，舉一個簡單的例子，比較冥王星天秤座逆行在六宮以及冥王星天秤座在六宮。六宮的冥王星代表了在過去世，懷有學習謙虛、自我改善、替整體或社會服務的慾望及目的。冥王星在天秤座則是渴望學習個人及社會公平，以及內在的平衡。這些人可以透過與別人產生的各種關係，來學習這些功課，或是透過與別人的比較及對照，評估自己的獨特性。

冥王星如果呈逆行狀態，就正處於演化的交接點，無法理解本命冥王星意味的共識或一致的模式。他們很可能在過去，就已經體驗過本命盤冥王星象徵的特定條件及一致模式，但是為了解決老舊的限制，所以必須重新經歷一次。這些人在這一世中，感受到過去世行為趨力的限制，他們的靈魂為了消除本命冥王星所反映的老舊限制，可能會感受到十分強烈的演化壓力，很主動地避免或遠離社會的限制，藉此產生必要的演化。當渴望轉化這種限制，或消除現狀中無意識的受限模式時，就會深切地感受到停滯、限制及阻礙。整體而言，冥王星逆行在六宮，意味著這些限制會與社會的限制模式有關，像是如何為別人服務、如何改善自己，或是如何在關係中與別人相處。

冥王星順行的人，並不一定會抗拒或排斥共同的限制模式。消滅共同的模式或轉化限制的演化壓力，也不會特別強烈，因為他們並沒有重新經歷一次過去的處境。這些人的靈魂不會像冥王星逆行的人一樣，非常強烈地渴望轉化。當然，還是必須考慮一個人天生的演化及業力條件，才能完全理解冥王星運行的階段，但是這些例子已經可以讓我們清楚了解冥王星逆行的原則。主要的差異就是要掌握人會如何表現或體驗本命的冥王星，而這要視冥王星在本命盤的位置而定，也必須考慮冥王星是順行或逆行。

接下來要介紹四種演化的過程，《冥王星：靈魂的演化之旅》也有相關的解說：

1. **當我們過度認同某些生命領域時**，無論是從感情的層面或自我中心的觀點來看，到了某個程度時，一定會發生某些特質的情感震撼，帶來必要的改變，而這往往都是創傷或驟變。當靈魂一再抗拒必要的演化成長時，生命中必然就會出現驟變；而這類的驟變也會突顯繼續成長的必要性。創傷或驟變的出現通常是因為兩個原因：演化的需要及業力的報復。這兩種原因所帶來的創傷截然不同，而我們會在描述這種演化的章節中，更加完整地介紹兩者之間的差異。

2. **我們會與某樣自認需要、卻覺得無法現在擁有的事物形成關係**，藉此來面對自己的力量和缺點，讓靈魂產生演化。我們可以透過結合，產生冥王星式的同化作用，吸收這段關係在內心形成的菁華。這種方式可以為我們帶來正面且健康的演化經驗及成長，超越過去的演化阻礙或限制。這種內心的轉化，通常都與非驟變或一致性的改變有關，這是一種緩慢卻持續向前的改變。

3. **當我們在生命中遇到強烈的個人阻礙時**，會開始意識到自己已經無法繼續成長。與這種挫折感有關的演化類型是：我們通常都只意識到徵狀，而非背後的原因，當試圖找出阻礙的原因時，往往會讓生命中所有東西都亂了腳步。一旦發現限制的源頭，原本存在於無意識的東西，會大量進入顯意識的覺知中，最後便能覺察限制的源頭。這個過程就像沉睡的火山突然爆發。當我們克服心理的障礙，允許必要的改變發生時，靈魂便能獲得演化。

4. **在生命的某些時刻，會忽然意識到靈魂中一些潛伏或隱藏的能力**。當我們突然意識或覺察這些隱藏的能力，會需要力量和耐心來實現它，這將帶來靈魂的演化。當靈魂的能力被實現時，靈魂便能產生更深入的發展。

我們必須謹記在心，這些演化的過程並非單一事件。在現實生活中，這四種過程可能會同時出現。

我們還必須考慮另一個重點，也就是《冥王星：靈魂的演化之旅》曾經提到，人們對演化成長的三種反應，這會直接影響我們的冥王星經驗。這三種反應分別為：一、完全抗拒成長，這是很少見；二、願意改變某些部分，某些部分則否，這是最常見的反應；三、用開放和不受威脅的態度，完全接受必要的改變及演化成長，這當然也很少見。對於演化成長需求的反應，創造了我們的生命經驗。如果靈魂渴望改變或剷除某些負面的趨力，但是卻抗拒必要的改變，這時就很可能發生驟變。在這種情形中，改變的慾望凌駕了抗拒的力量；在驟變發生後，便能帶來必要的改變。這是要學會停止抗拒必要的成長，盡可能用一種正面且開放的態度面對改變。這裡的關鍵在於：慾望。如果改變、回到本源或與本源結合的渴望十分強烈，改變就會發生。很不幸的，即使一個人極力抵抗、強烈渴望與本源維持分離的狀態，改變還是會發生。

第二章
冥王星與交點軸：本命盤的主要演化／業力趨力

冥王星與交點軸的關係

冥王星與交點軸的關係非常重要，我們必須對這部分有透徹的了解。交點軸、月亮南北交點的主宰行星、冥王星以及冥王星的對應點，構成了本命盤中主要的演化／業力趨力。交點軸代表了月亮北交點及南交點的位置。月亮與這一世靈魂的自我中心結構有關，所以交點軸在本命盤中扮演了舉足輕重的角色。南北交點的主宰行星，指的是南北交點落入星座的主宰行星。例如，南交點在牡羊座，主宰行星就是火星；而北交點就會是天秤座，主宰行星是金星。當判斷本命盤中主要的演化／業力趨力時，必須考慮冥王星、南北交點和主宰行星與其他行星形成的相位。本命盤中其他所有的符號，都會受到主要演化／業力趨力的影響。

冥王星、南交點及其主宰行星，就如過去的三位一體，因為這些符號明確代表了靈魂在過去的核心或底線趨力，也象徵了靈魂在今世尋求情感保障的天生取向。我們現在已經了解靈魂在今世當下的趨力運作模式，而冥王星的對應點、北交點及其主宰行星，則代表了未來的三位一體，因為這些符號代表了今世的核心演化目的，同時也意味靈魂會如何在這一世落實演化的目的。如果能正確詮釋這些符號，便能從演化的觀點來判斷任何人的未來步驟，同時也能了解其發展的方向及過程。

南北交點代表了運作模式，人們可以透過這些模式，實現本命冥王星代表的過去取向，或是冥王星對應點象徵的今生演化目的。南交點代表過去的運作模式，描述了本命冥王星的慾望及目的會如何實現，同時也代表過去的自我中心結構，其中包含了靈魂的自我形象，並反映出過去的演化慾望及目的會如何實現，同時以情感為出發點，融入日常生活中。相反地，北交點則代表正在發展或形成的自我中心結構，人們會利用它，有意識結合並落實今生的演化功課，而這也會表現在冥王星的對應點上。

再提醒一次，月亮代表一個人在今生的自我中心結構；南北交點則象徵一個人在今生會如何從過去過渡到未來。南北交點的主宰行星就像是發展南北交點的推手。換言之，冥王星與其對應點，會利用南北交點來落實，南北交點則會透過自己的主宰行星來實現。

交點軸：運作模式

在討論南北交點的主宰行星之前，先簡單介紹南北交點的原則，以及南北交點與過去和未來運作模式的關係。例如，本命冥王星在八宮，而南交點在三宮；冥王星的對應點在二宮，而北交點在九宮。靈魂來到今世的核心、底線或目的，就是要在演化的脈絡中，轉化目前的限制。轉化的過程中，可能出現激烈的內在及外在衝突，藉此突顯目前的限制，帶來更多的成長。八宮與整體的心理領域有關。無庸置疑冥王星八宮的靈魂，很自然就會對心理層面的事物感興趣。他們會深入自己慾望本質的核心，藉此消除所有的限制，同時超越這些限制來產生轉化。

八宮的慾望正代表了靈魂的心理學，而這些人總會問：「為什麼？」、「為什麼我是用這種方式，而別人卻用另一種方式？」、「我為什麼會渴望這個？」、「為什麼我現在會做出這種反應？」等問題。這種內在的問題，會讓他們想洞悉靈魂的動機、目的、慾望及心理（心理分析）。八宮代表了任何問題的底線。人們如果能了解自我限制的根本原因，便能獲得成長，同時超越這些限制，產生自我的轉化。冥王星在八宮的人，很自然想要用這種方式來洞悉別人，同時也具有天生的心理技巧，可以鼓勵別人克服自我的限制。當他們能洞悉自我及別人時，演化就發生了，還能將強迫性或衰退的行為模式，轉變成新的模式，藉此促進靈魂的成長。

從南交點在三宮的背景來看，這些衝突、轉化和心理分析在過去是如何發生或如何被實現？三宮或雙子座的原型，與蒐集各種事實、資料及訊息有關，進一步理性分析我們與宇宙的關係。這種意識的功能，可以替實體世界貼上各種標籤，並且加以分類，例如我們會把一件物品貼上杯子、書籍或桌子等標籤。三宮也代表我們的溝通能力及需求，可以看出我們會用何種方式與別人溝通自己的想法、事實及觀點；它也代表了我們需要從別人的身上獲得這些東西。蒐集事實、訊息和資料，可以讓人繼續成長，因為新觀點及想法的產生，很自然便能擴展理性的心智。

就負面的表現而言，這種原型與意見、偏見及膚淺的資訊有關，也意味了資訊可能沒有完全吸收。三宮原型最常見的扭曲，就是不停買書和上課，但是買的書都沒有讀，課程也沒有融會貫通。它也代表了意識層面的心智結構，而這與從外界蒐集的資訊和事實有關。三宮或雙子座代表大腦的線性功能，這與掌管邏輯和經驗的左腦有關。它象徵了如何內化思考，也可以看出如何與別人溝通。

整體而言，當冥王星在八宮，南交點在三宮時，人們會在外界蒐集各種資訊和事實，藉此來轉化或分析自我的心理和慾望本質。他們常會與別人進行激烈的知識性對話，藉此獲得這類的資訊，同時看清自己心理構成的底線。這些人之前的自我形象，來自於心智性的知識及傾向，而這與他們心靈吸收的資訊類型有關（南交點在三宮）。他們會根據自己蒐集的資訊性質，對別人進行心理層面的分析。

這種組合的限制在於，他們可能會操弄（冥王星在八宮）自己蒐集的資訊，藉此合理化自己的負面特質，或是抗拒必要的演化（南交點在三宮）。這些人蒐集的資訊不一定錯誤或無用，但某些方面卻可能是受限的。他們可能用這些資訊，合理化自己對於別人的操弄或利用，別人也可能用同樣的方式對待他們。這些人常會因為在溝通的過程中，接收到不實的資訊，導致自己被玩弄、背叛或利用。當發現別人真正目的及安排時，便會感受到強烈的情感震撼。切記一點，這些人既有的心智結構及心理本質，會在內心深處構成無意識的安全感。這種趨力可能會造成抗拒某些資訊，因為這些資訊不能證明自己既有的心理傾向及觀點（冥王星在八宮，南交點在三宮）。當外界的新資訊無法支持自己的想法及觀點時，他們就會覺得受威脅或被挑戰。

三宮還有另一種扭曲會導致限制，那就是蒐集過多資訊。這些資訊表面上有邏輯關聯，但實際上根本無法融會貫通，欠缺一致性的指標來整合所有事實。換言之，這些人創造了一扇觀點的旋轉門，但其中卻完全沒有一致性的觀點。他們如果欠缺一致性或整體性的基礎來蒐集事實，便可能導致心智的爆炸。就正面的表現而言，這些人會利用資訊讓自己重新獲得力量，而且可以透過蒐集的資訊及事實，讓心理獲得真正的轉化，同時讓這些東西融入靈魂之中。

冥王星的對應點在二宮，而北交點在九宮，這種組合代表了二宮對應點的功課，會透過九宮的北交點表現出來。二宮對應點的功課，大致上包括自立自足、自我維持及內在的簡單。這些人需要避免來自外界的影響，如此才能讓靈魂認清內在的天生潛力，藉此達到自立自足的目的。當意識到自己天生的潛力時，很自然便能自立自足，而且還能覺察到自己獨特的身分意識或本質，這與他們內心受到別人同化所吸收的東西，是截然不同的。他們為了學習這些功課，常會與別人發生衝突，如此才能揭露所有阻礙演化的限制（冥王星在八宮）。

這類的衝突，是為了促進對應點二宮所需的內在退縮和內化。對於對應點在二宮的人而言，避免社會的影響、促進意識的內化，與無法支持或反映演化成長的人保持距離，這些都是非常重要的事。這也就是為何有很多人，曾經或將會遭遇有關安全感的震撼，覺得所有的保障都突然被抽走而頓失所依。這裡所有的內在及外在的衝突，都與追求自立自足的需求有關（對應點在二宮）。

自立自足的功課，會如何明確透過九宮的北交點實現或突顯出來？北交點在九宮，意味一個人必須擴張自我的意識，其中包含一種全面性的信仰系統，透過哲學、宇宙學或形上學的方法，來解釋個人與宇宙的連結。這種原型與直覺能力有關，這歸右腦所管。這也與自然法則或自然存在的法律（獨立於任何的信仰系統）有關，而且在本質上都不證自明。信仰系統決定了我們如何詮釋生命。一個人自我中心架構的形成，及樹立的自我形象，都與自己相信的自然法則有關。人們必須接納並採信自然法則，才能從形上學、宇宙或哲學的角度來認識生命。無論如何，一個人接受的信仰，都會成為自我中心結構及自我形象的基礎。

這些人必須接納且吸收身旁各種不同的信仰系統及哲學，憑直覺挑選一種最適合自己的系統，便能讓自己達成必要的自立自足（冥王星對應點在二宮，北交點在九宮）。

他們必須綜合歸納蒐集到的所有事實、資料及訊息，才能創造整合的系統或知識體系。這種知識性的綜合歸納，可以幫助他們對事實產生全面性的詮釋及了解。九宮會將焦點放在全貌或事實的中心概念上，而不會用線性或邏輯的方式，將事實整合在一起。學習概念的過程中，必須學著先透過直覺掌握概念的全貌，然後再讓其中的每個部分自然揭露。透過這種方式，就可以用一致的態度，來解釋周遭所有的事實、資訊及資料，而非不停玩弄觀點的旋轉門。而採納的信仰法則，必須包含特定的自然法則，讓他們學會從內而發的自立自足（冥王星在二宮，北交點在九宮）。

這些人如果學會了二宮對應點要求的演化功課，八宮的冥王星也就達到演化的目的。南交點三宮的演化，以及南交點落實八宮冥王星的方式，都會自然反映在本命冥王星的重生之中。當這些人完成改變、成長和轉化後，演化自然就會表現出來。他們會把改變視為正面且必須的生命面向，而且渴望自己能與成長的演化齊頭並進，之前的心理傾向和對生命整體的認識，都會產生徹底的改變。他們現在會蒐集一些能反映心理轉化的資訊及事實，同時發現所謂的真理都是相對的，而這都會反映在三宮的南交點及九宮的北交點上。當這些人覺得停滯不前時，便會針對自己內在的限制，進行持續且連貫的轉化。這種改變的能力或必要的成長，可以取代失去的安全感。負面且激烈的內在或外在衝突，也會漸漸消失。他們現在不僅能自立自足，也能幫助別人用同樣的方式面對人生。

這些人現在不再需要為自己的意見或觀點辯護，而且不會因為別人不認同自己蒐集的事實或資訊，就認為別人是錯的。所有受限於文化的偏見、意見及資訊也會被屏棄（冥王星在二宮，北交點在九宮）。當採納自然法則和整體性的信仰系統時，便能將所有的事實融會貫通。

以上的簡單介紹，是為了將交點軸的意義應用在本命盤中，同時解釋南北交點落實冥王星及其對應點的運作模式。此外，當靈魂接受冥王星對應點及北交點的演化功課時，本命盤的冥王星及南交點便能產生轉化。

為了更深入介紹冥王星的原則，以及其與焦點軸的關係，再舉一個簡單的例子，把前例中南北交點的宮位對換。如此一來，八宮的冥王星會透過九宮的南交點呈現出來。二宮的對應點會透過三宮的北交點實現。那麼，九宮的南交點又會如何落實冥王星在八宮的慾望及目的？

當冥王星在八宮，南交點在九宮時，靈魂已經透過信仰系統，創造或實現冥王星八宮代表的洞悉及轉化。這些信仰會決定一個人對於改變、演化及轉化個人限制的傾向及態度。靈魂過去的自我中心結構，則是根據特定的個人信仰而生（南交點在九宮）。

在這個例子中，個人的信仰結構會限制成長和演化，因為他們會用自己的信仰阻止或抵抗必要的演化。正如南交點在三宮的人，他們只吸收能支持自己既有心理傾向及觀點的資訊，南交點九宮的人，也可能只接納能支持自己既有心理傾向的信仰系統。他們的信仰會因為這種心態變得刻板又過時。（這些信仰通常反映了主流，或是達成共識的宗教限制模式，即使他們沒有意識到自己受到宗教限制的影響，也無法辨識宗教教條與自然法則之間的極大差異。）

既存的心理傾向和信仰，反映出構成個人深層安全感的取向。如果不改變自己的心理傾向，轉變既有的信仰結構，演化就無法繼續下去。就正面的表現而言，這些人會接納自然的真理，並利用自然法則，來實現八宮冥王星象徵的必要演化及轉變。他們會把改變及演化，視為生命中必然的一部分，而且信仰體系也會反映這種心理認知。再提醒一次，他們的信仰並非錯誤或一無是處，但在某些方面是很侷限的。

九宮的南交點有一種根深蒂固的扭曲，傾向看到部分的事實，卻覺得自己看到了整體。因此，他們時常說服別人改變立場，來相信自己的信仰，並且認為這才是唯一令人信服的信仰、唯一有根據的真理。這會促進一種整體化或投射，讓他們認為自己的信仰適用於所有人。他們當然沒有意識到這種趨力。我們時常看到南交點在九宮的人，渴望說服他人，或是勸導別人採信自己的信仰，因為這些信仰建構了他們個人的感情保障。

接下來討論：二宮的對應點會如何透過三宮的北交點呈現？二宮對應點的演化目的，會表現在蒐集周遭的各種資訊、資料及事實。這些資訊會促進他們培養自立自足的態度，幫助他們認清自己的天生潛力及能力。他們蒐集的內容，會形成個人的自我中心結構。

這些人會與別人進行哲學或知識性的對話（南交點在三宮，北交點在九宮）。在這個過程中，會暴露自己內在的限制，強迫自己重新找到立足點。這些人蒐集的訊息及事實，以及與別人進行的對話，都會促進他們培養自立自足的態度，因為資訊和對話的本質，會強迫他們向內觀察自己。這通常發生在他們試圖說服別人，或是要別人改變採信自己的立場時，對方往往會非常強勢，堅持自己的信仰，不容許外人改變。這種情形下，他們只好接受對方的資訊，被迫向內觀察自己，學習自立自足的功課。最常見的情形是，他們接收到的資訊，會直接破壞自己既有的心理認知、傾向和信仰結構。換言之，他們會透過知識性的對話和經驗，被迫承認自己的侷限之處，同時認清阻礙自我成長的僵化信仰。

當這些人漸漸能仰賴自己時，過去的限制就會出現演化。當演化發生時，僵化且過時的信仰結構，就會自然被轉化，阻礙成長的侷限信仰也會被屏除。透過與別人密集交流，以及過程中產生的資訊，他們會發現所謂真理都是相對的，同時向內鞏固自己的知識架構及觀點（冥王星在二宮，北交點在三宮）。這時他們只蒐集能反映自然法則的事實、資訊及想法（南交點在九宮），同時也會支持自立自足的作法。南交點在九宮象徵的慾望——說服或轉化他人——也會因此消失，因為他們不需要仰賴外界，就能確立自己的信仰。這種過程與南交點在三宮的人一樣。兩者之間主要的差異在於，他們如何學會本命冥王星及其對應點代表的特定演化功課，而這與交點軸象徵過去及未來的運作模式有關。

第一個例子中，冥王星落入八宮，南交點在三宮。冥王星的對應點在二宮，象徵的功課就是自立自足。這些人會透過個人的信仰架構和接受的自然法則，學習或實現這些功課，因為九宮代表未來的功課。在後面的例子中，交點軸的方向對換，這些人會透過個人的心智架構、與別人的知識或哲學對話、蒐集各式各樣的資訊，來實現自立自足的功課（對應點是二宮，北交點是三宮）。他們常會在與別人交談的過程中，遭遇知識或哲學的挑戰，這是為了讓對應點在二宮的功課出現，強迫他們透過這些挑戰向內鞏固自我。

這些簡單的描述，是為了解釋並應用南北交點的意義，同時介紹南北交點代表的運作模式，會如何實現過去及未來的演化意圖和目的。也能藉此了解冥王星與交點軸的關係。總言之，我們可以從本命冥王星及南交點的星座和宮位，看出一個人過去的慾望，以及慾望表現的方式；同時可以從冥王星對應點及北交點的宮位及星座，看出未來的演化目的，以及這些功課會如何實現或呈現出來。我們現在必須考慮這些符號的相位，才能對本命盤中的主要演化／業力趨力，進行完整且深入的分析。無論如何，以上描述的核心原則，是為了示範如何正確詮釋本命盤中的冥王星及交點軸。

南北交點主宰行星的應用

除了冥王星、冥王星對應點及交點軸的原則，現在再加上最後一個因素——南北交點的主宰行星，才能決定本命盤中主要的演化／業力趨力。由南北交點主宰行星的宮位及星座，可以看出靈魂會如何落實或發展南北交點象徵的功課及目的。我們必須考慮南北交點主宰行星與其他行星形成的相位，才能完整解釋主宰行星如何在意識層面發揮作用、會對主要的演化／業力趨力帶來哪些幫助。無論如何，我們必須先解釋南北交點的主宰行星，知道它如何幫助或落實南北交點的功課。

以下援例解釋南北交點主宰行星的原則。冥王星在八宮，南交點是雙魚座在三宮。南交點的主宰行星是海王星，落入十宮的天秤座。冥王星的對應點落入二宮的寶瓶座，北交點落入九宮的處女座。北交點的主宰行星是水星，落入七宮的巨蟹座。

冥王星在八宮象徵的慾望及目的，與洞悉靈魂的心理構成、動機及慾望有關，藉此讓過去演化、內在的限制產生轉變。而冥王星在獅子座，也意味他們會利用這種洞悉及轉化，創造性實現自我特殊的目的或使命。他們曾經利用心理本質的知識，發揮意志力，打造自己的特殊使命。這些人也渴望不停超越或轉化，任何與特殊使命有關的既存限制，或讓創造性實現自我的過程，出現轉變。

冥王星落入獅子座，與自命不凡的妄念有關，因為靈魂會從自我中心的角度，過度認同自己的特殊使命或創造能量，而這也是要彌補內心深處的不安全感。因此這個人會渴望自己在某些方面，被視為特別或重要的。他們會創造金字塔的現實結構，把自己的需求放在金字塔的頂端，別人的需求放在底層。這些人會遇到強烈的內在及外在的衝突，藉此清楚突顯這種傾向的限制。更明確地說，這些衝突往往會表現在金字塔的現實結構中，或與創造性實現的過程有關。這些都是本命盤冥王星落入八宮獅子座的核心演化慾望及目的。

南交點會用何種方式實現本命冥王星的慾望和目的？南交點是雙魚座落入三宮，這些人很容易受周遭想法、意見或心智觀點的影響，很容易因此感動。他們的自我形象是根據自己蒐集的資訊及事實類型，建立於與造物者融合的需求之上，且對周遭環境極度敏感。

這些人有時會陷入觀點的旋轉門中，因為他們只接收反映主流意見或周遭共識的大量資訊。他們的心智觀點會偏限或固定在這種模式中，而這些模式永遠只是根據目前最流行的共同觀點。這些人會蒐集許多看起來有邏輯關聯的事實，但實際上卻欠缺一個完整的基礎，無法對所有事實產生一致性的詮釋或認識。當別人與自己意見相左時，他們會試圖捍衛自己的觀點和意見是對的，證明別人是錯的。這些人吸收的資訊會支持自己既存的心理傾向。無論如何，就南交點在雙魚座而言，這些人會無意識或潛意識渴望接受一些資訊，藉此來擴展自己的心智，消融阻礙成長的老舊心智限制模式。他們即使抗拒成長，仍可能無意識吸收這一類的資訊（冥王星在八宮）。

南交點在雙魚座的人，必須瓦解過去整個演化循環，同時必須消融所有自我中心的障礙，有意識與造物者產生直接的融合。這些人時常會為了靈性發展的需求，吸收周遭的共識（個人的宗教條件，例如天主教、基督教、佛教等，會決定他們吸收的資訊類型）。這種心智上的敏感，不僅會限制八宮冥王星的發展，同時也會影響靈魂創造持續演化的方法及態度。這種趨力也會導致心智的混亂及窒礙。靈魂先存的心理傾向及發展狀態，會決定他們從周遭吸收的資訊類型。明確地說，他們必須避免藉由吸收資訊，合理化抗拒改變、成長或轉變靈魂既存限制的行為。

這些人如果覺得別人的資訊、事實及觀點，無法提供自己一直在追尋的終極意義，也無法帶來演化時，便會產生幻滅。有些時候，反映出這種侷限的資訊、事實及心智模式，會被認為是膚淺的，也欠缺他們渴望且需要的深度（冥王星在八宮，南交點在三宮的雙魚座）。就正面的表現而言，這種組合代表人們必須利用帶有宇宙、超越及靈性色彩的資訊，消融所有過去的模式，讓整個演化循環達到極致。他們可以透過這些資訊，讓內在的限制產生必要的轉化，同時轉化這些限制所導致的心理模式。再提醒一次，這些人接收的資訊不一定是錯的，但在某些方面卻是狹隘的。當他們創造性地實現自我的特殊目的時，便會反映出內心的狹隘。

就正面的表現而言，這些人不會感受到強烈的窒礙或爆發，反而會在必須改變的時候做出改變，讓自我的限制產生持續性的轉化。這種創造性的實現過程會反映出持續的轉化。他們不會期待別人認為自己是特別的，也不會再向外尋求周遭環境的肯定。無論如何，我們可以從這些核心趨力，看出南交點在三宮雙魚座時，會用何種方式實現冥王星在八宮獅子座所代表的過去慾望及目的。

接下來討論南交點的主宰行星，會用什麼方式實現南交點（落入三宮的雙魚座）的慾望及功課。南交點的主宰行星海王星，落入十宮的天秤座，反映了他們的生命中會有一位權威性人物，最可能是父親（十宮），控制他們的心智發展的形成。他們的說話或溝通方式，都受到壓抑，被規定什麼話能講、什麼話不能說（南交點在三宮雙魚座，主宰迎星海王星在十宮天秤座）。他們的溝通方式都依據父親本身既存的心智結構，同時受到社會共識的影響（主宰行星海王星在十宮／天秤座）。這些人會覺得，自己受到權威人物的控制，對方期待他們遵守社會的限制模式。他們吸收的資訊，反映來自父親或權威人士的壓抑及限制。

南交點主宰行星海王星落入十宮時，人們必須在社會中建立自己的權威意見。然而，大部分的人，會依循社會條件及共識來展現權威，而且會被社會的期許左右（海王星在十宮／天秤座）。他們會向外在社會展現自己的權威，而不會從內建立這種權威。海王星在十宮的人，需要社會地位提供情感保障。

他們通常會把這種傾向帶入成年後的人生。如果沒有採取行動消除這種傾向，便會因為過去的限制模式，導致工作性質及社會職業出現扭曲（海王星在十宮）。海王星落入天秤座，象徵一個人會與別人形成各種不同的關係，在社會中建立自己的權威，吸收自己渴望的資訊，藉此反映南交點落入三宮的需求。然而，基於冥王星在八宮，大部分的人會吸引一位在心理層面上，反映父親或權威人士形象的伴侶。這種關係源自於無意識的情感需求，渴望找到一位導師型的伴侶。在現實生活中，這位導師型的伴侶可能很有權威，告訴他們該考慮什麼、該如何思考。這位權威人物，可能具備他們自認欠缺的靈性知識。這種趨力都反映在南交點落入三宮的雙魚座，而南交點的主宰行星海王星落入十宮的天秤座。

這種傾向會導致身分意識危機，因為這種類型的伴侶，無法反映他們真正的身分意識或本質。這種關係通常互相依賴又不平等，還會出現各種不同的極端狀況（南交點的主宰行星海王星落入十宮／天秤座）。另一種情形則是這些人會扮演自己父親的角色，吸引其他人進入自己的生命中，然後影響或控制對方的情感和心理。

海王星在天秤座的人，必須體驗多元化的關係，這對他們的靈魂非常重要。南交點在三宮，會加強他們對於多元化的需求。但這種需求會與他們先存的心理傾向產生衝突，因為他們在心智及靈性的發展過程中，會認同社會的主流，讓自己融入周遭環境。我們可以從他們吸引的伴侶類型，看出趨力模式。大部分例子中，這些人無論結束多少段親密關係，無論跟多少人發展出新關係，且都渴望每一段新的關係有些許不同，但總會一再吸引同樣類型的人，重複建立一樣類型的關係。

他們對於關係多元化的需求，以及吸收外界各種資訊的渴望，都反映出靈魂必須演化以超越目前的限制（我們已在前面討論過這點）。南交點落入三宮，代表接收各種不同的資訊，藉此達到靈性化的目的。這些人會潛意識或無意識渴望接觸一些能表現宇宙真理、超越性或靈性的資訊，藉此瓦解過去的心智限制模式；自然渴望能與別人建立公平、和諧且彼此獨立的關係（海王星在十宮／天秤座）；有時會很渴望在社會或關係中，表現自己的權威意見。這樣的關係，必須接受超越性或靈性的資訊，並將資訊融入靈魂。他們的關係必須建立於相互的支持及鼓勵之上，讓彼此都能持續成長，進行必要的心智探索。

在這種組合中，演化會如何進行？冥王星的對應點是寶瓶座落入二宮，北交點是處女座落入九宮。北交點的主宰行星是水星，落入七宮的巨蟹座。

簡單地說，對應點是二宮的整體需求，就是培養自立自足的生命態度，對應點落入寶瓶座，則意味對自我中心的世界，保持必要的客觀及疏離，這兩者應該相輔相成。這些人必須意識到靈魂本質及獨特的潛能，然後將潛能與社會的需求產生連結。這個過程中，所有自恃非凡的妄念都會消失，同時脫離金字塔式的現實結構。他們會變得自立自足，依此安身立命，不需要周遭旁人來肯定自己的獨特性。透過這種轉化及意識，這些人的心理傾向及創造性實現的過程，會產生徹底的改變，往更好的方向邁進。

北交點落入九宮，意味會將自己採納的信仰系統和哲學資訊，視為一盞明燈，幫助自己達到自立自足，同時將自我的獨特使命，與社會需求產生連結。他們必須相信自然法則，才能發展冥王星對應點落入二宮及寶瓶座的演化功課。北交點落入處女座，代表對於內在淨化、辨識及為社會或整體服務的需求。對於這些人而言，消除受害者的心理，是非常重要的事，同時也必須學會展現辨識虛實的能力。他們的自我中心結構，是根據信仰、自我改善的需求，以及為他人整體服務，來進行演化。他們接收了什麼樣的資訊，自然會表現在結果中。

所謂的辨識，就是能分辨哪些事實是真理、哪些只是意見和偏見。他們的信仰系統如果建立在整體性的基礎之上，觀點的旋轉門就會消失不見；如果能順應自然法則，便能對社會提供特殊的服務，反映自己天生的潛能。這種組合的人，極有可能從事教學工作（北交點在處女座／九宮），內容涉及情緒及心理知識的領域。這種傾向反映了冥王星在八宮獅子座，對應點是二宮的寶瓶座。情緒／心理的智慧，建立於自然的法則及真理之上，這就是北交點在九宮的象徵意涵。他們可透過教學，培養寶瓶座對應點要求的客觀及疏離。

這些人要如何發展北交點落入九宮處女座的功課？整體而言，北交點的主宰行星水星落入七宮的巨蟹座，必須學會培養內在的平衡及公平，同時選擇一位能鼓勵並支持自己成長的伴侶。透過這樣的關係，他們可以學會各自獨立又相互平等的功課。北交點主宰行星，在這裡象徵的主要功課，就是在自己及別人的需求之間取得平衡。他們可以透過關係表現情感的穩定、安全感及正面的自我形象，同時給予感情的滋養及付出（水星在巨蟹座）。這些人可以透過這種類型的關係，學會自我淨化、自我改善以及為社會服務的功課。

這個例子說明了南北交點的主宰行星，會如何促進過去及未來的運作模式。當一個人能接受自己的成長需求時，便能讓冥王星、南交點及其主宰行星，自動重生或再生，表現出更高層次的意涵。本命盤主要的演化／趨力，就像基礎或底線，而其他所有因素都會依此詮釋並賦予意義。

冥王星與交點軸的相位

傑夫．格林曾在《冥王星：靈魂的演化之旅》寫道：「當冥王星直接與交點軸形成相位時，代表了特定且獨一無二的演化及業力趨力。該相位的性質則會決定其中的影響因素。」我們採用該書的概念，解釋冥王星與交點軸相位代表的核心意義及演化目的。接下來深入探討所有冥王星與交點軸的相位，並應用、示範核心原則。

冥王星與南交點合相

冥王星與南交點合相意味三種可能的演化狀態：

1. **正處於重新經歷過去的演化及業力狀態**。因為在過去沒有面對或沒有成功處理冥王星及南交點的功課（表現在南交點及冥王星落入的星座及宮位中）。我們可以從南交點的主宰行星，找到更多關於這點的訊息。

2. **正處於演化及業力的豐收狀態**。在過去曾經心無旁騖、誠實面對自己的問題領域，現在終於可以享受成果。必須在這一世實現某種特殊的使命。我們可以從南交點的主宰行星，以及該行星落入的宮位及星座，找到更多相關資訊。

3. 同時處於重新經歷過去和豐收的演化及業力狀態。我們可以從冥王星及南交點的宮位及星座，看出所象徵的主題及狀態，也可以從南交點主宰行星的宮位及星座，獲得更多資訊。

冥王星與南交點合相的人，多半處於第三種狀態中，前兩種狀態很罕見（有趣的是，美國前總統甘迺迪的冥王星與南交點合相）。我們要如何判斷，他們正處於哪一種狀態？最好的方法就是觀察，或詢問他們的人生經歷。因為通常很難只根據本命盤，就看出一個人的演化狀態。如果要詢問對方，問題應該針對與冥王星對應點及北交點有關的生命領域和經驗。如果認識對方，應該特別觀察這些生命領域及經驗。對方如果完全無法理解冥王星對應點的象徵意涵，就是處於第一種狀態；對方如果非常了解冥王星與南交點的獨特功課，就是處於第二種狀態；如果具備上述兩者特質，則處於第三種狀態。

本命盤中還有其他因素，可以幫助我們判斷可能的業力狀態。整體而言，冥王星與南交點合相，兩者如果沒有與其他行星形成強硬相位，這個人很可能處於第二種的豐收狀態；如有強硬相位，則可能處於重演過去的第一種狀態；如果同時有強硬及柔和相位，則可能處於兩者兼具的第三種狀態。當冥王星與南交點合相，又與其他行星形成柔和相位時，可以從這些行星落入的星座及宮位，看出哪些生命領域或經驗，正處於豐收的業力狀態；如果有行星與冥王星及南交點形成強硬相位，也可以從該行星落入的星座及宮位，看出哪些生命領域或經驗，正處於重演過去的業力狀態。

舉個簡單的例子來解釋冥王星與南交點合相、又與其他行星形成強硬或柔和相位時，會有哪些基本準則可循。以金星為例，當金星與合相的冥王星以及南交點，產生十二分之五相時，會產生何種意識覺知？十二分之五相是一種強硬相位。整體而言，金星與我們內在的關係有關，也涉及以內在關係為基礎所建立的外在關係。十二分之五相則意味在實現今生演化目的同時，會遭遇某些危機。在此情況下，危機與阻礙靈魂成長的外在關係有關，也與導致這種類型關係的內在關係模式有關。因此會遇到一些來自過去世的重要關係人物，再次與他們建立關係，直到解決所有阻礙演化的老舊趨力為止。就演化的角度來看，了解內在關係如何創造或決定外在關係，是一件非常重要的事。我們可以從金星的星座及宮位，來判斷會出現哪些危機，而這些危機往往與必須消除的特定外在關係模式有關，也與靈魂的內在關係模式有關，這些模式會造成負面且退步的關係。我們必須以冥王星及南交點合相為背景，來看待這些主要的關聯性。

金星如果與冥王星及南交點形成柔和相位，就意味與金星有關的生命領域，正處於業力的豐收狀態。以三分相為例，三分相代表一個人能有意識地了解整個演化過程，知道過去的種種如何導致現在的處境。柔和相位創造了易於整合的能力。靈魂很容易明瞭大致上該採取哪些行動，才能達成今生的演化目的（無論是從個人或社會的層面）。在柔和相位中，靈魂會透過正面的方式體驗內在及外在的關係，因為它之前曾經針對這個領域付出努力。換言之，三分相意味這些人曾經處理過與靈魂內在及外在關係有關的趨力，而且會用正面且整合的態度，實現冥王星對應點的演化取向。

除了上述的原則之外，當冥王星與南交點合相時，我們還必須考慮其他因素及原則。無論是上述三種狀態中的哪一種，除非有緩和的因素存在，這些人通常無法了解北交點代表的演化議題，必須等到五十六歲第二次土星回歸時，才能有所體悟。第一次土星回歸發生在二十八歲，代表我們活出或實現過去演化及業力狀態所需的時間。有些緩和因素可以縮短我們實現過去狀態所需要的時間，例如：一、與北交點合相的行星；二、與北交點形成相位的行星。當一個或多個行星與北交點形成合相時，代表這些行星在過去幾世中，曾經直接幫助這個人超越過去的演化狀態，而有些例子就發生在前一世中。我們可以從這些行星的特質，看出這個過程將如何發生。如果一個或多個行星與北交點形成任何相位，代表這些行星在過去幾世中，曾經間接幫助這個人超越過去的演化狀態，有時就是發生在前一世中。北交點的相位多寡，也決定一個人可以縮短多少實現過去狀態的時間。

以下仍以金星為例，假設金星與北交點合相。這意味靈魂的內在關係及外在關係的本質，會形成一種主要的趨力，直接幫助一個人演化脫離冥王星與南交點合相的過去狀態。

這些人的靈魂可以意識到，外在關係就是內在關係的產物。因此，在實現冥王星對應點的演化過程中，他們會用非常正面的態度來體驗關係。我們可以從北交點及金星落入的星座及宮位，看出靈魂內在關係及外在關係的特殊本質，也可以判斷靈魂在過去或未來，會透過什麼樣的方式，擺脫過去的演化狀態。

在此假設金星與北交點形成十二分之五相，這代表金星象徵的趨力，曾經隱約或間接幫助一個人擺脫過去的演化狀態。由於是十二分之五相，這些人往往會於內在及外在的關係中遭遇危機。我們可以從金星的星座及宮位，判斷危機的特殊性質，以及靈魂內在與外在關係的模式。危機是要讓他們意識到一些必須改變的、與金星有關的行為模式，藉此讓演化發生。這不像前面提到金星與南交點形成十二分之五相的例子，那個例子意味一個人重複體驗過去的業力狀態，或是一再重複同樣的核心趨力；而當金星與北交點形成十二分之五相，代表與金星有關的生命領域，曾經間接參與靈魂擺脫過去演化狀態的過程，而這些狀態都與北交點及南交點的星座和宮位有關。

如果有其他行星與南交點及冥王星形成合相，代表這些功能（行星）不僅與過去有直接關係，同時也會出現冥王星與南交點合相而導致的三種業力／演化狀態。我們可以把這三種狀態的原則，應用在這些行星上，有助於判斷一個人的狀態。如果是北交點的主宰行星與南交點及冥王星合相，過去的狀態就會加倍地呈現出來。

我們可以檢查北交點的相位多寡，判斷一個人需要多少時間，才能完成過去的演化狀態。一個行星如果與冥王星及交點軸形成四分相，這個行星的功能（與落入的宮位及星座有關），就會在過去及未來的議題中交錯出現。這些人最常出現的行為特徵，就是迴避或逃避與過去有關的事物。這種逃避會影響他們體驗到的衝突或緊繃狀態的激烈程度；而這些衝突和緊繃狀態，往往與冥王星及南交點合相落入的宮位及星座有關，同時也關係到形成四分相行星的宮位及星座。他們在逃避南交點的問題時，也會試圖解決與北交點星座及宮位有關的問題。這種做法是想要跳過一些必要的步驟。他們在過去沒有成功解決南交點及冥王星象徵的問題（與落入的星座及宮位有關）。

這些人到了這一世，必須重新回到或重新體驗那些跳過的步驟，唯有如此才能完整實現北交點的使命。在這個時刻，他們同時分裂成兩個方向，有時候會表現出南交點及冥王星的行為模式，有時候則會表現出北交點的行為模式。這裡的解決之道，就是必須先落實冥王星及南交點代表的過去議題，才能達成北交點象徵的使命。

整體而言，我們也可以根據北交點的相位數目，看出一個人需要多久時間實現或重新體驗之前的業力條件。有些人可以在第一次土星回歸之前，就完成這個過程。如果是柔和相位居多，所需的時間會顯著減少，因為他們多半可以對前世的議題有全盤的認識，或是知道部分的解決方法。如果強硬相位居多，就意味著他們對於這一世的業力議題，缺乏理解或解決方法。這裡沒有一個迅速且嚴格的規則來分析演化及業力，因為我們必須考慮個人的演化及業力狀態。儘管如此，一個人在演化道路上的進步，大致上可以減少實現之前業力議題所需的時間。

我舉個例子解釋冥王星與南交點合相的原則。假設冥王星是獅子座在八宮，與南交點合相。南交點的主宰行星是太陽，落入九宮的處女座。冥王星的對應點則是寶瓶座在二宮，而北交點也是寶瓶座在二宮。北交點的主宰行星天王星是雙子座在六宮。我們首先分析冥王星是獅子座在八宮、又與南交點合相的主要演化目的及意義，然後討論可能出現的各種演化及業力狀態（冥王星與南交點合相的三種可能表現方式）。再提醒一次，我們必須觀察且詢問這個人的人生經歷，才能決定他處於哪種特定的狀態裡。

這些人在過去的演化／業力的功課或狀態為何？冥王星是獅子座落入八宮，意味著靈魂在過去的慾望及目的，就是要轉化所有的內在限制，超越這些限制產生蛻變。他們渴望能看穿自己的心理、動機、意圖及慾望本質，同時也會用同樣的態度去探究別人。這種心理上的轉化及探究，就是創造性實現自我的一部分。轉化及個人演化，與靈魂的特殊使命有關，也關係著創造性實現的過程。

當冥王星與南交點合相，會有哪些過去的限制必須在這一世解決？同時會透過哪些態度重新體驗這些限制？簡單地說，這些人的靈魂會向外尋求，轉化的外在來源、個人的權威感及情感的保障。他們會依賴外在的來源產生轉化，而這極有可能會限制進一步的成長。最常見的情形是，這些人會因為靈魂深處極度的不安全感，不由自主地需要外界不斷給予正面的回饋，而且還需要別人來肯定自己的特殊性及重要性。這種不斷需要正面回饋的慾望，將會妨礙他們完整且創造性地實現自我。偉大的妄念也只會妨礙成長。他們時常會打造一座現實的金字塔，讓生活中的所有事物，都圍繞著自己的需求打轉。他們必須將這種自戀的心態從靈魂中剔除。這種趨力模式會反映或投射在創造性實現自我的過程中。這些人時常會過度認同自我靈魂的創造能量，或是從自我中心的觀點賦予一切特殊的目的。再提醒一次，這些核心趨力妨礙演化的程度，將取決於冥王星／南交點合相的演化狀態，就是前面提過的三種狀態。

我們可以根據南交點主宰行星的宮位及星座，看出還有哪些生命領域會受到冥王星與南交點合相的阻礙。太陽是處女座在九宮，這反映出冥王星及南交點象徵的慾望及目的，會透過信仰系統或靈魂對社會的服務來實現。這些人無論是在過去或未來，都很渴望透過宇宙、哲學或形上學的背景來認識自己。這會讓他們形成一種獨特的信仰架構，而靈魂認同的信仰，都是建立在自我改善及完美的需求之上。他們服務的方式，反映出個人的哲學及形上學素養，以及對生命的態度。他們如果處於合群演化的階段，靈魂會認同主流的宗教，藉此達到創造性實現的目標，同時對個人的轉化產生影響。靈魂對生命的詮釋和心理認知，都會反映在主流的宗教中，而這多半偏向於受制約的觀點。這還有另一種可能性，靈魂試圖展現個體化的特質，但是卻因為遵守合群的標準，犧牲了個體化的發展。這會發生在個體化演化階段的初期。無論是處於哪種階段，靈魂都會在內心強烈地批評一切，然後透過不同的態度，將批評投射到外在環境中。例如，靈魂處於個體化演化階段，便會去批評那些不願意解放、遵守社會主流標準的人。

此外當他們論及信仰時，有一個非常重要的影響因素，就是克服被制約的罪惡感。這些人時常會試圖說服別人，讓別人改而採信自己的信仰，還會宣稱這種信仰代表所有的真理。這與處女座原型的施虐／受虐行為有關，他們會讓自己覺得很罪惡、渺小又微不足道（受虐）。這種心態會反映在他們吸收的特定信仰之中。另一種可能性則是自覺有罪惡感，而且會因為這種罪惡感產生憤怒，然後將這種內心的傾向投射在別人的身上，想盡辦法讓別人顯得很渺小（施虐）。他們必須消除受害者的心態。無論是上述哪種例子，這些人的目的都是認同自然法則，然後將自然法則應用在自我改善及自我淨化。他們服務別人的類型，應該與自然法則一致，同時符合靈魂演化／業力的目的。根據這種星盤組合，這些人天生就具備教導別人的能力，可以化為服務的形式，或藉此創造性地實現自我（南交點的主宰行星是太陽在處女座，落入九宮）。當他們渴望個人的轉化時，可以透過教學達到目的。我們可以從冥王星與南交點的合相看出，他們必須不停地抒解這些特定的趨力，直到一切被解決為止。這種演化的目的，會導致一種強烈的需求，讓他們不斷對抗並剷除（轉化）阻礙成長的負面行為模式。

冥王星的對應點和北交點是寶瓶座在二宮。今生的演化目的為何？會用何種方式解決冥王星與南交點合相象徵的過去演化狀態？對於這些人而言，如何自立自足是最主要的功課，他們必須學會這門功課，才能讓演化繼續下去，也必須認清自己天生的能力及才華，藉此在金錢及情感的層面上自給自足。當他們達到自足的狀態時，便不會依賴外在的力量來轉化自我。他們會學會內化觀察，把自己視為轉化的表徵。冥王星對應點是寶瓶座，意味這些人必須保持疏離及自我的客觀，同時擺脫過度自我中心的過去模式。他們會透過二宮學習這些功課。在本質上，靈魂必須把自我的特殊使命與社會需求連結在一起，在這種前提之下，自己與生俱來的才華及能力便能獲得認同。他們如果一旦開始學習這些功課，便不再需要外界肯定自己的獨特性，可以在內心認同並肯定自己。當演化開始時，他們也可以剔除靈魂中自恃非凡的妄念。在這個演化過程中，最重要的就是賦予自己力量，以及重新賦與別人力量。北交點與冥王星對應點，剛好落在同樣的宮位及星座，因此北交點的演化目的，將會透過同樣的核心趨力落實。這些核心的演化趨力及目的，會被加倍突顯及強化，而這些都會表現在冥王星對應點與北交點共同落入的星座及宮位中。

北交點的主宰行星天王星，是雙子座落入六宮。天王星是雙子座在六宮，與北交點的演化功課及目的有關，而這會在社會服務、自我淨化及學習謙虛的過程中實現。這些人的靈魂渴望自我改善，因此會有強烈的自我分析傾向。他們非常注重自我改善，所以會表現出一種天生的謙虛。他們服務的形式，必須能讓北交點的演化目的獲得發展。換言之，這些人必須辨識適當的工作功能，讓工作符合自己的演化目的。受害的議題會被再度強調。他們的靈魂會接收環境中各種不同的資訊，解決自我對社會服務的需求，影響自我改善的過程。

這些人必須學著辨識哪些資訊必須吸收，哪些又必須捨棄。一般而言，資訊都會反映群體的偏限狹隘，突顯某些主流的意見、看法或偏見應該被捨棄。他們必須學會分辨哪些資訊反映的是宗教戒律，哪些又代表自然法則；哪些資訊反映了意見，哪些則意味著事實。他們現在終於明瞭邁向真理的道路是相對而非絕對，也不再需要說服別人、改變別人來認同自己的觀點或信仰。我們稍早提過的教學能力，將會透過寫作、口語或與人的對話溝通表現出來（天王星在雙子座）。他們可以從資訊中，學到如何幫助別人改善自己或自我療癒，同時也接納社會中各種不同的資訊及事實，藉此反映出亙古不變的自然法則。

對於冥王星與南交點合相的人，我們必須詢問他們一些問題，觀察他們是否了解冥王星對應點及北交點的意涵，才能判斷他們的演化狀態。在這個例子中，我們的問題可以圍繞在影響自足的能力，或是觀察他們是否覺察到自己的天生能力。我們也可以問一些問題，看看他們是否對現實保持客觀，是否能放下當前個人的主觀現實或問題，是否能將個人的特殊使命與社會的目標產生關聯。這些人如果沒有意識到演化的需求，完全無法了解這些功課，就代表他們正在重新體驗過去的業力狀態。當然，這種情形並不常見。

靈魂如果能表現並發展冥王星對應點及北交點象徵的演化功課，在某些程度上，能意識到冥王星與南交點合相象徵的阻礙問題，但是卻無法完整落實今生的演化目的，那就代表他們同時處於業力豐收及重現的狀態中。有些與冥王星及南交點有關的生命領域，正處於業力豐收狀態，有些領域則處於業力重現狀態。這是冥王星與南交點合相最常見的情形。

這些人如果非常了解演化的議題，完全落實冥王星對應點及北交點的功課，那麼靈魂就處於業力豐收的狀態。他們會在與南交點及冥王星合相有關的生命領域中，展現自我獨一無二的特質。這些人可以透過自己在南交點及冥王星合相學到的功課，來幫助別人，因為他們已經落實了今生的演化目的。冥王星與南交點合相的人，很少能達到這種狀態。

冥王星與北交點合相

冥王星與北交點合相象徵著這些人在過去幾世中，曾經努力地轉化冥王星與北交點合相的生命領域，而且必須在這一世繼續朝這個方向努力。演化的轉化及蛻變，可以為生命帶來顯著的成長。本命盤中其他所有的影響因素，都會集中在北交點與冥王星合相的領域中，或是透過這些領域表現出來。冥王星對應點的準則，在此並不適用，但是我們必須考慮其他的緩和因素。如果有個行星與南交點合相或形成其他相位，該行星就會落入南交點與冥王星合相的三種狀態。我們可以從這個行星與冥王星形成的相位性質（強硬或柔和相位），判斷該行星落入哪種狀態。如果這個行星正處於業力豐收的狀態，該行星的特有本質、宮位及星座、與其他行星形成的相位，以及形成相位的行星星座及宮位，都可以用一種正面且整合的方式，實現冥王星與北交點合相象徵的演化目的。

如果與南交點合相的行星正處於業力重現的狀態，這個行星的特有本質、宮位及星座，就會變成對抗的力量，在某些程度上，會阻礙實現冥王星與北交點合相象徵的演化目的。這裡的關鍵在於，他們必須抗拒「逃避的誘惑」，不要害怕讓自己的人生產生改變。必須迎頭面對演化的功課，在冥王星與北交點合相的背景下學會這些功課。

如果有多個行星與南交點形成相位，同時出現上述業力豐收及重現狀態，我們可以觀察哪些行星與南交點形成強硬相位，哪些又與南交點形成柔和相位。與南交點形成柔和相位的行星，可以用正面且整合的方式，幫助他們實現北交點與冥王星合相象徵的演化功課；與南交點形成強硬相位的行星，則必須迎頭面對北交點與冥王星合相的演化功課（值得一提的是，政治家約翰・凱利〔John Kerry〕的冥王星與北交點合相）。

我們還是以冥王星是獅子座在八宮為例，不過現在改為冥王星與北交點合相。北交點的主宰行星太陽是處女座在九宮。南交點是寶瓶座在二宮，而寶瓶座的主宰行星天王星是雙子座在六宮。冥王星的對應點在此不必列入考慮。這些人的靈魂在過去幾世中，曾經努力轉化過哪些特定的生命領域，而且必須在這一世繼續朝同樣的方向努力？這些人一直努力為自己現存的限制，進行深層的內在改變，同時培養更高層的意識及發展。他們通常都已經具備一種發展成熟的能力，足以穿透自我心理面具的核心，一眼看穿任何阻礙來源的底線。他們也可以用同樣的方式看穿別人。這些人的靈魂可以在必要時做出改變和成長，也可以用同樣的方式鼓勵別人成長。他們創造性實現自我的過程，是建立在超越限制的內心轉化之上。創造性實現自我的過程，將會反映出他們的心理素養。這些人往往會在轉化及蛻變的過程中，不停地努力剷除自己對於外在依賴的來源。

這些人在創造性實現自我的過程中，會將焦點放在密集且強烈的轉化上。他們的靈魂正在學習如何掌控自己獨特的命運，同時會用意志力來塑造命運。他們也在學習不要過度認同自己的創造能量，同時也避免從自我中心的觀點看待今生的特殊目的。就演化的觀點來看，靈魂如何創造性地實現今生的特殊目的，是一件非常重要的事。當靈魂在追求進一步的成長時，其所做的決定也是非常重要的。他們的靈魂必須面對賦予自我能力的演化功課，同時也需要學習如何賦與別人力量。這些人需要一直被視為特殊的、重要的，他們一直努力消除這種需求，同時也盡力去除自戀的心態。他們的靈魂曾經渴望能不停地獲得外界的正面回饋，如今也必須轉變心態。他們必須徹底剷除自己一手打造的現實金字塔結構，而且必須將個人特殊的命運與社會的目的結合。在這個過程中，這些人可以學會如何脫離現實的金字塔結構，同時培養客觀的意識。這些是他們在過去努力轉化的生命領域，而且今生注定要繼續朝同樣的方向努力，才能完成進一步的演化。這些人如果能繼續轉化這些領域，一定可以獲得更多的成長。

北交點的主宰行星太陽是處女座在九宮。冥王星與北交點合相代表的演化目的，將會表現在個人的信仰結構和服務社會的需求上。他們必須認同自然法則，消除所有阻礙演化的老舊、受制約的或人為的信仰。這些人在學習謙虛和自我改善的功課，也在學習如何服務社會。他們同時也在學習辨識的功課，分辨所有的幻覺及妄念，剷除所有破壞性的行為及自我懷疑的形式。他們也必須消除任何一種受害模式。這些功課可以讓冥王星與北交點合相的演化需求獲得實現，無論在過去或未來皆是如此。

南交點是寶瓶座在二宮，其主宰行星天王星是雙子座在六宮。南交點是寶瓶座在二宮，這意味這些人已經在努力學習自給自足，同時還能認同自我的內在潛力，用自立自足的態度和傾向來面對人生。他們的靈魂學習創造正面的內在關係，同時也有能力由內滿足自己的情感需求。他們一直在學習發自內心給予自己正面的回饋及肯定。當冥王星與北交點合相時，代表他們過去的演化焦點，就是與現實金字塔保持必要的疏離及客觀，同時讓自己的特殊使命與社會需求產生連結。這些人一直渴望能擺脫過去的限制模式，實現自己的獨特本質或個人性。他們也很渴望能解放任何被制約的主流意識或社會共識，希望能根據自己獨特的個人性，而與社會結合。他們認同的能力及潛能，都圍繞著表達且落實個人天生的本質，同時也渴望能藉此擺脫社會主流的限制。

南交點的主宰行星天王星是雙子座在六宮，意味這些人非常強調自我改善和自我淨化的需求，也很重視學習謙虛及服務社會的功課。他們會一再強調辨識及剷除受害模式的議題，也會從外界吸收各種不同的資訊及事實，藉此學會天王星在六宮的功課。這些人的左腦非常發達，所以可以用線性的方法、有邏輯地組織資訊，並且與別人溝通這些知識。他們非常重視學習如何服務社會，而且服務的形式必須符合演化的需求。服務的形式當然也必須與靈魂的演化目的一致。透過這種方式，他們才能實現南交點的演化功課及目的。

冥王星與交點軸形成四分相

當冥王星與交點軸形成四分相，靈魂正處於特別的演化狀態中。這些人會被過去與未來的議題拉扯，而且這種分裂會出現在生命中的每一刻。這種業力／演化狀態，意味他們沒有學會或解決自己過去的演化功課，也沒有妥善處理北交點象徵的演化議題。由於冥王星同時與南北交點形成四分相，這代表與南北交點有關的議題早已在前世啟動，然而兩者的議題都沒有完全發展、理解、解決或整合。這些人正處於演化的重要門檻。他們針對自己的慾望所做的決定，將攸關自己演化的旅程及進度。兩種交點相關的議題、導向及功課會吸引他們。他們之前跳過省略的步驟，將加倍突顯出來。他們必須重新體驗或解決這些略過的步驟，才能整合與兩個交點有關的議題，而這種需求也會被加倍地呈現。他們略過的步驟，會出現在兩個交點的生命領域中。他們必須有意識地了解這些功課，知道如何應付這些功課，才能在行為上表現南北交點象徵的傾向（在此一提，美國前總統尼克森和前副總統高爾的冥王星，都與交點軸形成四分相）。

在這種情形中，我們必須將冥王星的對應點列入考慮。這些人必須利用對應點的能量，來整合並解決這種演化狀態。此外，還必須考慮其他的緩和因素：

1. **冥王星如果是朝南交點運行，**冥王星的對應點、北交點以及北交點的主宰行星，必須透過南交點獲得整合。他們必須有一致的底線，讓冥王星對應點、北交點及其主宰行星的演化目的，能持續地有所依循，而南交點及其主宰行星將會轉化出全新的表達方式。

2. **冥王星如果是朝北交點運行**，冥王星的對應點、南交點及南交點的主宰行星，必須透過北交點獲得整合。他們也必須有一致的底線，讓冥王星對應點、南交點及其主宰行星的演化目的，能持續地有所依循，而北交點及其主宰行星將會轉化出全新的表達方式。

如果有其他行星與交點軸合相或形成其他相位，則可運用冥王星與南交點合相的技巧，來判斷他們的演化狀態，但是必須先確定冥王星是朝哪個交點運行，才能知道該如何整合或處理這些議題。在判斷冥王星是朝哪個交點運行時，務必記得，交點軸的運轉方向是逆行的，因此我們必須使用與常理相反的方法來判斷。舉個例子，冥王星是天秤座二十八度，南交點是巨蟹座，而北交點是魔羯座二十八度。由於交點軸是逆行的，因此摩羯座的北交點朝冥王星邁進，南交點的巨蟹座則遠離冥王星。之前與冥王星形成合相的月交點，就是今世冥王星運行邁進的月交點，因此在這個例子中，冥王星是朝南交點運行，而冥王星與交點軸形成四分相所象徵的議題，將會以冥王星對應點為背景，整合在巨蟹座的南交點上。

舉個簡單的例子，應用冥王星與交點軸形成四分相的基本準則。假設冥王星是處女座在六宮，與交點軸形成四分相。南交點是雙子座在三宮，而北交點是射手座在九宮。水星是巨蟹座在四宮，而北交點的主宰行星木星是寶瓶座在十一宮。這種星盤組合代表這些人必須重新體驗或恢復哪些特定的省略步驟？我們必須記得冥王星在處女座的原型，還有交點軸落入三宮及九宮的意義。這裡的冥王星會朝三宮雙子座的南交點運行，因為冥王星之前是與南交點合相。冥王星與交點軸形成四分相所象徵的省略步驟，會在實現冥王星對應點的過程中，先透過南交點重現並獲得整合，然後再與北交點整合。換言之，冥王星對應點及北交點的整合，將會表現在雙子座三宮的南交點上，而南交點主宰行星水星（落入四宮的巨蟹座）將會助這個過程一臂之力。透過這種方式，北交點及其主宰行星就會轉化出全新的表現方式。

在這個例子中，靈魂這一世的導向及慾望底線，就是學會謙虛、達成自我改善，並且學習如何服務社會。分辨及消除受害模式的重要功課，將會反映在本命盤的冥王星上。這些人在內心深處會對生存感到空虛，這比起我們在人生每個階段的孤獨感受，都來得更加強烈又深沉。他們也會極度批評自己，負面看待一切，而這又會導致強烈的自卑及欠缺感。這些人會不斷製造危機，直到解決這些心理趨力為止。危機是要讓他們進行自我分析，然後產生自我認知。換言之，危機是要突顯這些議題。他們必須完全消除靈魂中病態的施虐或受虐心理。

南交點是雙子座在三宮，這意味靈魂的心智結構會受到從外界蒐集的資訊影響。他們的心智結構是建立在與冥王星（落入六宮的處女座）有關的需求、慾望及目的之上。心智結構是他們之前省略的生命領域，現在必須透過負面和破壞性的心智模式重新體驗一次（冥王星是處女座在六宮）。北交點落入九宮，代表這些人在過去培養自己的心智能力時，常常左右搖擺不定，同時還試著發展一種信仰架構，依此來詮釋事實或創造全面性的知識。他們這種方式無法發展、解決或整合南北交點的生命領域，因此必須在這一世再次面對之前省略的步驟。

南交點是雙子座在三宮，代表這些人的知識模式及心智結構，與他們從外界蒐集而來的資訊有關。他們會蒐集各式各樣的資訊，從中滿足自己對於謙虛服務及自我改善的需求。然而，他們在內心對自己的批評和負面想法，只會透過資訊反映出自卑及不足感，而且都是建構在自我懷疑及自我破壞的行為上。這些人時常會出現自我打擊、自我懲罰、受害或破壞的負面心智模式。他們的靈魂會不停地利用知識，來逃避內心的存在空虛感。此外，他們也會試圖否認自己內心的混亂狀態。他們會找很多藉口，不在適當的時候採取必要的行動。這反映出他們自我懲罰的傾向。這些人會為自己的行為合理化，而這些合理化的解釋，又會反映在從外界蒐集的資訊上。換言之，這些人會不自覺尋求一些資訊，藉此確定或支持內在的傾向及心理。他們時常會從社會中尋找資訊，達到自我改善及淨化的目的。最常見的情形是，他們會吸收一些主流共識對於自我完美的想法，但卻只會讓自己更自卑，更覺得不足。只會緊緊抓住一些顯然能讓自己改善或變得更完美的說法，但其實只會加深自己內心的自卑、欠缺及懷疑。他們會試圖利用知識性的資訊及過度的心智活動，來填補內心的空虛，同時不停為自己的觀點辯解，認為只有自己的看法是正確的，而別人都是錯誤的。在他們眼中，任何無法支持自己觀點的資訊，都是沒有用處的。這些人蒐集的資訊不一定是錯誤或沒用，但就冥王星與交點軸形成四分相的角度看來，這些資訊在某些方面的確是受限的。

南交點的主宰行星水星是巨蟹座在四宮，這意味他們心智結構的發展，深深受到早期家庭環境的影響。如果把資訊及訊息視為合法的基礎，家庭環境的確會在某些方面加深他們的自卑及欠缺感。家庭環境也會反映出受害、自我破壞及懷疑的心智態度。這些類型的資訊或觀點，有如自我改善及淨化的工具，會出現在家人、身旁親近的人或周遭環境中。他們如果沒有遵守家庭的知識觀點，可能就會受到周遭波動的影響，認為自己不夠好。當然，當別人無法印證自己之前的想法或觀點時，他們也會把這種波動投射在對方身上。這個位置也意味著他們對於家庭環境極度敏感，尤其是家庭成員之間的口語及文字溝通。他們會對否定有強烈的不安全感，因此會順從家人。這些人的靈魂會從家庭環境中蒐集資訊、創造對話，而且會拒絕或否認任何不同於家庭觀點的看法。這是因為就整體而言，他們會對改變和自我成長感到極度不安。換言之，遵守家庭的觀點可以讓靈魂在無意識中獲得情感保障。

北交點是射手座在九宮，這與信仰系統有關，也意味著他們必須透過形上學、哲學及宇宙學的觀點來認識生命。這種演化需求必須與自然法則一致，同時也必須消除所有阻礙成長的人為信仰。就冥王星與交點軸形成四分相來看，信仰系統也是他們在演化過程中省略的重要步驟。他們之前發展的信仰並非是錯的，但在某些方面是侷限的。我再提醒一次，這些人在培養自己的心智及知識能力時，常常左右搖擺不定，然後又會發展一個無法反映南交點需求的信仰結構，藉此來解決本命盤冥王星尚未解決的問題及議題。他們現在必須在南北交點象徵的生命領域中，面對所有未解決的問題。

換言之，他們建立的信仰系統，只是反映出冥王星處女座在六宮的情感扭曲（特別是施虐／受虐的行為模式）。他們會先吸收信仰，然後藉此強化自卑、不足及自我懷疑的感受（侷限的人為信仰）。最常見的情形是，他們會依賴環境的外在信仰。當然，這些人信仰的本質，必須視靈魂演化的狀態而定。無論這些人處於何種演化狀態，冥王星與交點軸形成四分相，代表了他們的信仰系統及心智結構，在過去沒有完全發展或解決。他們會試圖否認所有事情都是錯的，同時會把這些信仰當成合理化的藉口，讓自己繼續維持過去的負面或破壞性的行為模式（合理化這點不曾改變）。我們可以從冥王星（落入六宮的處女座）與交點軸（南交點是雙子座在三宮，北交點是射手座在九宮）的四分相中，看出這種趨力模式。他們會試圖說服別人，改變別人來採信自己的信仰系統，而且會宣稱這才是唯一正統或真實的信仰。由此可以看出，他們並沒有解決持續的危機感、強烈的自卑感及否定感，也無法面對自己內在深沉的空虛。

北交點的主宰行星木星是水瓶座在十一宮，這代表了靈魂必須放開阻礙成長的過去模式，並且加以改變。北交點是射手座在九宮，代表他們必須認同一些法則，讓靈魂獲得解放，擺脫主流社會的影響。這些人必須尋求認同某種信仰系統，讓自己對主觀的現實保持疏離，且能在社會中表現真我，然後才能對任何情境及感情趨力保持客觀。這些人內心會覺得，自己與社會大部分的人截然不同，同時渴望與心靈相通的人結合。他們的靈魂，可能會對自己與眾不同這件事情，感到沒有安全感，尤其是在家庭環境中（水星是巨蟹座在四宮）。他們會渴望展現自己獨特的本質，但又害怕自己這麼做，會遭到拒絕或批評（冥王星是處女座在六宮）。這些人的靈魂必須擺脫或放下所有人為的、受限的信仰，因為這些東西阻礙了成長，同時也無法反映他們真實的獨特性。這些人必須透過擺脫限制及解放，來與自然法則結合。

無論如何，當冥王星與交點軸形成四分相時，這些人可能會壓抑個人的特質，順應同儕團體。同儕團體則會反映出他們先存的信仰結構，延伸家庭的觀點及信仰。在這種情形中，他們的靈魂會用批評且負面的態度，看待自己與眾不同的感受（冥王星是處女座在六宮）。他們甚至會覺得自己的與眾不同，或是無法順應家庭或主流社會，都是一種錯誤。他們會因為這種趨力無法包容自己的情感（木星是寶瓶座，再加上南交點的主宰行星水星是巨蟹座在四宮）。這些人必須脫離主流社會，或與其保持距離，同時肯定自我的獨特性，並且脫離同儕團體的信仰。家人如果無法支持他們持續的演化，他們也必須離開家裡。就冥王星與交點軸形成四分相的背景來看，他們在今生之前並未完成解脫的功課。

這些人的靈魂會根據信仰結構，來創造生活方式，而且還會追隨主流的同儕團體。他們很可能會把這種「遵守的期待」，投射在周遭其他人身上；而且當自己無法遵守這些時，他們還會將其投射成內心的波動，認為自己「不夠好」。最重要的是，他們必須知道這種趨力，是因為靈魂感到很自卑、不足或懷疑。他們即使對外遵守主流社會其他人的信仰及生活方式，仍然會覺得自己遭同儕團體孤立或疏離，也會覺得自己與跟隨主流社會的人仍有距離。然而，他們的靈魂並未採取任何行動，擺脫限制演化的過去侷限模式。就冥王星與交點軸形成四分相而言，這是非常重要的演化步驟。這些人在今世渴望擺脫先前信仰系統的受限模式，才會疏遠或脫離當下的現實。關於這點，我們可以從北交點是射手座在九宮，以及其主宰行星木星是寶瓶座在十一宮看出端倪。這些人的靈魂到了生命的某些階段，會渴望抵抗所有人為、受限的信仰，然後擺脫或解放所有限制成長的過去侷限模式。他們的靈魂如果開始面對這些功課，便可以快速改變或轉化自己既有的信仰系統，擺脫目前一些源自於過去的限制模式。

冥王星對應點是雙魚座在十二宮。之前與冥王星形成合相的是位於三宮雙子座的南交點，而南交點的主宰行星水星是巨蟹座在四宮。我們曾提過，解決被省略步驟的過程，會透過南交點表現出來，而南交點的主宰行星也可以成為一股助力。這將構成解決省略步驟的底線，同時帶來持續且一致的整合。冥王星的對應點和北交點，將透過南交點整合。但他們必須啟動冥王星對應點的能量，才能展開演化。

冥王星對應點是雙魚座在十二宮，其所象徵的演化功課及目的，就是消融所有的阻礙，讓自己與本源產生直接且有意識的融合，在神性中學習信仰，消除靈魂中所有的妄念，學習原諒自己靈魂中所有的錯誤及不完美，同時能毫無條件對自己及別人付出愛。別忘了雙魚座象徵整個演化過程正趨近極限。靈魂必須消融所有妨礙演化的心智／身體／靈魂的老舊模式，不然這些模式會讓他們無法與本源產生直接且有意識的融合。唯有如此，才能學會自我原諒，接受自己的不完美、錯誤及缺點，進而對自己及別人付出毫無條件的愛。

「業力瑜伽」（karma yoga）這個東方名詞指的是，落實每個人適合的工作功能，藉此延伸個人覺知的視野。當靈魂在發展神性的意識時，便能獲得內在的淨化，讓個人成為一種表現的管道，藉由工作及社會服務來展現神性。人們如果可以與神性或本源培養關係，便能意識到適合自己的優先選擇，以及合乎靈魂需求的正確表現方式。這些人必須學習相信造物者，同時理解無論現在遭遇什麼問題，最後一定都有解決之道。他們的靈魂最後終會了解，只有神性的關係可以彌補內在深沉的空虛感，並且理解為何孤獨的感受會如此強烈。

他們會透過蒐集不同的資訊及事實，實現並整合南交點是雙子座在三宮的演化目的，而這都是要剷除所有的自我懷疑、自卑及不足感，或是自我破壞的活動。透過這種方式，他們可以終結過去的受虐及施虐病態（冥王星對應點是雙魚座在十二宮）。這些人必須開放接受，具備真正超越性質或宇宙性的資訊，不斷提升自己的靈性層次。他們如果能接受宇宙永恆的法則，便能破壞既有的病態趨力，例如自卑、欠缺或自我懲罰的慾望，也可以與具有同樣特質的人對話，學習放下防禦心，與別人溝通。到最後，他們的靈魂便能接收且傳達所有正面有益的資訊。

水星是巨蟹座在四宮，象徵南交點（雙子座在三宮）的功課會表現在家庭環境，或與自己親近的人身上。他們必需有非常正面的自我形象。負面的自我形象將會被他們從外界蒐集而來的資訊轉化，方法就如之前提過的。就南交點是雙子座在三宮、北交點是射手座在九宮來看，這些人一定會遭遇心智及哲學性質的對抗，如此才能強化必要的演化功課。無論家庭或外在的環境如何，他們必須學會向內尋求情感的保障，從內滋養自己並建立安全感。整體而言，他們必須具備足夠的安全感，培養並表達不同於主流社會的想法及資訊。就演化的觀點來看，對於他們而言，與別人溝通自己的想法及資訊，也是很重要的步驟。當他們的信仰系統與自然法則結合時，便能很篤定展現自我的獨特性。他們的靈魂也會了解所謂的真理和邁向真理的道路，都是相對而非絕對的。他們不再需要去證明何種觀點是正確的，也不需要說服別人改信某種特定的信仰系統。

以上的例子，是要清楚解釋冥王星與交點軸形成四分相的準則。再一次提醒，我們必須先判斷冥王星是朝哪個交點運行，才能分析如何解決並整合之前省略的步驟。如果要讓演化發生，一定要啟動冥王星對應點的能量。當我們知道冥王星朝哪個交點邁進，便能把該交點的主宰行星視為助力，用來實現今生的演化目的，同時解決過去省略的步驟。上述例子中，這種解決的過程，會透過南交點的趨力表現出來。南交點的宮位及星座，以及與其他行星形成的相位，會形成一條底線，讓他們在持續實現冥王星對應點及北交點的過程中有所依循。冥王星對應點及北交點，會透過這種方式整合，而南交點及其主宰行星，也可以轉化成更高層次的表現。

其他行星與交點軸形成相位

正如我們在《冥王星：靈魂的演化之旅》提到，當行星與交點軸形成相位、而冥王星與交點軸沒有直接相位時，這些行星就扮演了重要的角色（透過宮位、星座及其他的行星功能），會影響一個人因為演化及業力所遭遇的生命經驗。相位的性質（一般而言，可以分為強硬及柔和相位，但我們還是必須全盤了解行星形成的明確相位），則決定了一個人會如何面對這些生命經驗，同時提供一些線索，讓我們判斷這些行星正處於何種演化階段。當然，我們必須以本命盤中主要演化／業力趨力為背景，分析這些相位意味的趨力。

為了方便解釋，以下就假設火星與南交點合相。整體而言，火星與我們主觀慾望的本質有關，也關係著如何有意識落實源自於冥王星或靈魂的慾望。火星是冥王星的低八度（低八度是高等頻率的密集表現）。火星也與自由及獨立的需求有關，如此才能在不斷發現自我或轉變的過程中，實現特殊的使命感。經驗就像一種載具，我們可以透過經驗發現自己。火星則與開始或產生的慾望有關，讓我們體驗各種必要的經驗來發現自我，還可以因此成長。火星與憤怒和恐懼的心理趨力有關，也關係著我們如何發展天生的身分意識或個人性。

當火星與南交點形成合相，就意味靈魂有未解決的憤怒及恐懼。這些人會對自由及獨立，有強烈且明顯的需求，藉此發展個人的身分意識。他們必須學習，立即實現能促進成長的慾望，同時認同今世的演化目的。我們可以從火星及南交點的相位及星座看出，他們有哪些未解決的特定趨力。這些人在過去曾經體驗過這些趨力，而且因為火星與南交點合相，極有可能在這一世重新體驗一次。換言之，他們很可能在南交點和冥王星合相的星座及宮位中，重新體現特定的生命條件，藉此解決與火星有關的老舊趨力問題。合相是種強硬相位，象徵了形成合相的行星功能會結合在一起，以一種方式或功能呈現出來。我們可以綜合分析行星的原型，以及行星與交點軸形成特定相位的含意，便能正確詮釋行星與交點軸合相的意義。在分析的過程中，必須以行星與交點的星座及宮位意義為背景，這裡的交點，指的是與行星形成相位的交點。

第三章
靈魂的四種自然演化進程

演化占星學的核心原則，就是建立在靈魂演化的階段或狀態之上。傑夫・格林曾寫到，人類演化有四種自然的階段及狀態。每個演化階段中又有三種次階段。這四種演化階段分別為：演化的初階、合群演化、個體化演化及靈性演化。這些階段反映出靈魂自然的演化旅程，也就是靈魂與造物者重新融合為一的過程。靈魂中的獨立慾望，會隨演化進程消耗殆盡，而體驗本源的慾望則會漸漸占上風。在靈性演化最後一個次階段，會出現一些全然理解造物法則的上師哲人，像是耶穌、尤伽南達及斯里・亞塔斯瓦上師，他們的任務就是要幫助其他靈魂與本源融合。

我們可以透過自己與別人互動的生命經驗，驗證自然的真理或法則。再提醒一次，我們不需要任何宇宙或信仰系統來證明自然的真理。我們可以在不同人的身上觀察到演化的差異，有些人專注於買一輛新車或其他新的財產，追求物質的財富；有些人則跟隨主流社會的腳步，認為這一切勝過自我的個人特質，也無法擺脫社會的限制來獨立思考或行動。我們必須考慮每個人的演化階段或狀態，才能正確詮釋一張本命盤，這裡絕對沒有以一概全的方法。每個演化階段或次階段，都有不同的原生慾望，當靈魂把這些慾望消耗殆盡之後（意即消除所有與本源分離的慾望），演化便產生了。正如前面提過，當演化發生時，意識的重心會從自我轉化至靈魂本身。這種意識重心轉移的過程，永遠只會發生在靈性演化的第三階段。

我要在此澄清一點，我們無法單就本命盤，來判斷一個人的演化階段。而是必須與個案互動，問對方一些簡單的問題，透過答案來評估他的演化階段。確定個案的演化階段之後，便能在適切的前提下詮釋本命盤。最快又最好的判斷方法，就是詢問個案為什麼想解讀本命盤，而透過個案答案的本質，以及對於生命經驗或事件的詮釋，判斷他們的演化階段。最重要的是，我們必須先對演化階段有全盤的了解，才能視不同的演化階段，賦予本命盤最適切的詮釋。另外一個必須強調的重點是，演化階段之間的移轉，我們稱之為過渡，意即正處於某個次階段與下一階段的「界線」之上。當靈魂處於演化的過渡階段時，會同時表現出兩個階段的性質，但卻無法完全整合這些性質，也無法演化進入下個階段。例如，一個人正從個體化演化的第一個次階段，轉移到第二個次階段時，會出現與這兩個次階段有關的行為特徵，直到他／她能成功轉化進入第二個次階段。這種情形可能發生在次階段或階段之間。再提醒一次，我們必須透過詢問、觀察及關聯性，才能判斷一個靈魂的演化狀態。

以下關於演化階段的敘述，參考自於傑夫・格林的授課內容。

演化的初階

世上約有百分之二的靈魂正處於這個階段。這些人的靈魂是從其他生命形式，例如植物或動物，進入人類的意識狀態。靈魂的自我覺知，極度受限於個人所處的時間及空間。由於自我覺知受限，他們的智商通常很低，一般的說法就是智能障礙或痴呆。他們通常非常歡愉又天真。這個階段的原生慾望，就是當個平凡人，或是和合群演化狀態的人一樣。

相反地，有些靈魂是因為過去的業力，被迫退回到這個演化階段。這些人正處於衰退狀態中。衰退可以是一種完成的狀態，也可能是進行中的過程。靈魂如果正處於衰退狀態，通常會對這個階段令人羞辱的限制感到非常憤怒，而且還會記得更高演化階段的經驗。靈魂的強烈憤怒會導致現實問題，這些人通常會自殘或傷害身旁的人。他們的瞳孔散發銳利的目光，內在磁場充滿深沉的憤怒。

合群演化

世上約百分之七十五的靈魂處於這個階段。這些人渴望順從社會，成為社會的一份子，因此只是主流社會延伸而出的替代品，表現社會的期許、規範、習俗、規則、信仰及道德等等。他們的存在只象徵了主流或共識的現實，完全不會為自己思考。就占星學來看，這個階段與土星強調的「遵守趨力」有關。舉個例子，科學家如果告訴處於這個階段的人，占星學是假科學，他們會毫無疑問地相信。這個階段的原生慾望，就是催促靈魂不停向前，從第一個次階段邁向第三個次階段，努力超越前方制定的系統，也就是他們屬於的社會共識。

合群演化的第一個次階段。這些人的自我覺知，基本上只侷限於自己的空間及時間，對周遭環境的覺察有限，也很難意識到原生的國家。然而，他們卻對自己的信仰非常自以為是，還會根據信仰來評斷事物，同時也非常堅持自己的是非標準或對生命的看法。這些人就像社會的機器人，另一種適當的比喻，就是蜂窩內的工蜂。他們是社會剛形成時的最低階份子。

合群演化的第二個次階段。這些人會渴望超越制度，漸漸學著了解社會是如何運作、建構。他們會認為別人正處於較高的社會階層，別人擁有自己沒有的社會地位或工作，眼光也多著重於物質層面。他們只想停留在較低階的社會階層中，因此必須學習管理社會群體的法律、規則、規範及傳統。這些人會因為學習社會運作，漸漸意識到群體、原生國家和周遭的人，而且會粗淺意識到其他國家的存在。然而，他們的身分認同意識，仍然只是社會道德、評價或信仰延伸的替代品。他們通常也非常自以為是，沒有辦法用公平的眼光，看待社會運作方式不同的國家。這些人的座右銘就是：「我們是對的，他們是錯的。」國家主義就是這個階段的產物，而且往往與社會的中產階級有關。這些人會發現政治領袖及具備社會權勢的人，通常都擁有豐富的物質資源。這種意識會引領他們走向下一個次階段，因為他們也渴望擁有這些社會地位。這會讓他們更加渴望了解社會、原生國家及其他國家的運作。

合群演化的第三個次階段。靈魂渴望成為社會或制度的頂尖份子。就此看來，他們會想要追求社會的權力和聲勢。這個次階段的人往往是公司總裁、政治領導人、主流宗教領袖，以及其他具備顯著社會地位的人。他們知道制度如何運作，而且可以善用這份理解，領導其他具有共識的人。他們在這個次階段的某些時刻，會耗盡所有的慾望。當所有慾望和生活方式變得索然無味時，便會覺得生命漸漸失去意義。這時他們會問：「生命沒有其他東西了嗎？」這種問題會讓他們慢慢脫離主流社會，以及社會共識認定的正常軌道。這代表他們正從合群階段過渡到個體化階段。這時會有一種推促靈魂進入個體化階段的慾望，渴望擺脫所有外在的限制模式，這些模式限制了靈魂對於整體現實的認知，也影響了個人的身分意識或獨特性。

個體化演化

世上約有百分之二十的靈魂屬於這個演化階段。就占星學的角度來看，這個階段與天王星有關，因為他們渴望擺脫或對抗合群演化的一切。在合群演化階段，靈魂的現實意識及個人身分意識，是由社會共識定義；但到此階段，靈魂渴望在這樣的限制之外，發掘自己的本質。換言之，靈魂渴望從內發覺自我獨特的身分意識，擺脫所有共識的限制模式。這會讓他們對自己保持客觀，跳脫當下時空的限制，用一種不帶感情、非個人的角度看待自己。我們用合群階段的例子，來解釋此演化階段；如果有科學家對此階段的人說，占星學是假科學，他們可能會回答：「並非如此，謝謝你的意見，我自己想一想。」這個演化階段的靈魂，會在內心覺得自己與眾不同，不同於社會的主流共識。基於擺脫主流意識的需求，這個階段的靈魂，會把自我的意識漸漸擴展至更大的整體，或是指引的架構。這些人的靈魂無法與原生國家產生連結。他們會覺得自己漸漸脫離了社會，有如旁觀者從外向內觀看一切。他們會客觀看待靈魂與個人意識，或個人認知的關係，並抗拒群體的信仰、道德觀、價值或其認定的生命意義，且開始質疑社會共識所認定的現實真假。他們會開始嘗試其他方式，來看待或理解人生，這可能包括一些來自於其他國家地區的信仰及哲學，讓他們可以不斷擴張自我意識或個人覺知。

個體化演化的第一個次階段。這些人會為了彌補脫離主流或與眾不同的感受，試圖表現得很正常，反而產生疏離感。這會導致他們建構一個遵循社會共識的現實結構：正常的工作、朋友和外表等等。彌補都是源自於內心的不安全感，這是一種對於疏離感的反應，但是他們其實很清楚，自己的靈魂與眾不同。這些人的靈魂在過去世，並未經歷過這樣的演化狀態，因此自我的一致性都是根據過去的行為。然而，彌補的行為會讓他們強烈覺得自己活在謊言中。即使彌補的行為看似合理又可行，但是這些人會在內心深處質疑群體的觀點，並透過獨立的思考及探索，建立自我的獨特性。他們可能會閱讀脫離社會共識的書籍，或是參加類似的課程。有些人則會尋找心靈相通的夥伴，也就是那些也自覺內在與眾不同、又脫離社會主流的人。當他們找到心靈相通的人時，便會放棄彌補的行為，與社會主流越離越遠。這些靈魂可能會選擇任何得過且過的工作，或是把工作視為實現個人性的表徵。

個體化演化的第二個次階段。這些人會充分展現冥王星的反抗特質。此時的反抗會非常激烈，靈魂會拋開所有源自於過去現實層面的想法或哲學，並尋找其他疏離的靈魂，他們的內心都有一種存在的空虛感，而這往往與強烈對抗或疏離社會有關。他們非常恐懼用任何方式融入社會，因為擔心社會消融自己好不容易建立的個人性，而這都是反社會行為換來的辛苦代價。就演化的背景來看，這些靈魂有一天便會知道，這種恐懼終究只是恐懼，社會根本無法收走自己獨一無二的個人性。當他們體悟到這一點之後，便會重新融入社會，同時還能維持自己的個人性，邁向個體化演化的最後一個次階段。

個體化演化的第三個次階段。靈魂現在已經具備獨一無二且真實的天賦，注定要幫助群體的演化。這種天賦現在已與社會共識融為一體。然而，這個階段的靈魂，在內心深處並不認同社會共識，甚至與它保持非常遙遠的距離。他們用這種方式一路走過個體化演化的階段，而且把意識的焦點放在全世界，或是信仰、價值和道德的相對性上。他們的靈魂會覺得自己是世界公民，而不單單屬於一個國家或民族。他們會開始思索有關創造、存在和真實自我的本質性問題。當靈魂漸漸意識到永恆、宇宙、神或其他本源時，便能過渡到靈性演化的階段。這個演化階段的最好例子，就是愛因斯坦，他曾說：「當平凡的心智與天才相遇時，必會產生激烈的對抗。」這種心態讓他願意努力幫助主流社會進行演化，而不執著於結果如何。到某些時刻，這個階段的靈魂可以透過自己展現的天才能力及演化目的，融入社會被社會大眾接受。

靈性演化

世上約有百分之二或三的人，正處於這個演化階段。就占星學而言，這個階段與海王星有關，因為這些人的原生慾望就是認識神或造物者，並且與其結合為一體。他們的靈魂需要與本源進行直接的接觸。光是信念和信仰是不夠的，靈魂還需要透過實際的接觸或交融，才能感受到造物者的存在。最重要的是，在靈性演化階段中，人們會透過個人的自然方式體驗到神，而非透過世俗共識定義的宗教。基於這種原生的慾望，他們的意識會漸漸延伸至宇宙和永恆，意識到自己活在宇宙之內，就如同波浪存在於大海中，而大海亦存在於波浪之中。在這個演化階段，他們會將意識的焦點漸漸從自我轉移到靈魂，而且可以同時在靈魂和自我中看到自己特有的身分意識，就如海洋意識到其中的波浪。

這些人的靈魂裝載了所有的前世記憶。當他們與神或自我靈魂結合的過程中，可以把前世記憶作為基礎，將意識漸漸集中在宇宙身分意識及自我中心意識上面。他們不僅可以意識到自己透過造物者，反映出的宇宙及永恆身分意識，同時也能意識到當下以及這一世所創造的自我中心結構，讓演化之旅繼續持續下去。當他們將意識焦點從自我轉移到靈魂時，演化便又向前邁進一步。當靈魂在這個階段逐步演化時，便能意識到神或造物者的存在。他們的個人意識也能真正地宇宙化，也就是在個人意識的內在經驗中，體驗到整個宇宙。他們可以在意識中，理解造物者意圖展現的真理，或是看出展現與未展現之間的層面。當他們達到這個境界時，靈魂便能知道所有統治萬物存在的自然法則。當靈魂趨近高階演化時，便能完全認同自然法則，與自然法則融合為一體，並且利用它與神或造物者的意志結合。

靈性演化的第一個次階段。靈魂漸漸意識到從自我中心的觀點來看，靈魂是多麼渺小。最適切的比喻是，就有如整片沙灘上的一粒沙子。當然，這種意識會對靈魂和靈魂所創造的自我，帶來謙卑的影響。這種謙卑會促進他們將意識從自我轉移到靈魂，最後與神結合。這些人的靈魂會很自然地臣服在與造物者融合的慾望之下，也願意投入一些靈性服務的工作。工作本身就是服務別人，投射出人類對神的服務。他們可以透過個人的工作，有意識地體現到神的存在。東方的語言將此稱為「業力瑜伽」。許多處於第一個次階段的人，都會開設治療中心，或從事有關治療藝術的工作。他們意識到靈魂所有的不完美和缺點，而且知道該如何自行改善。這裡的危險之處在於，他們會過度自我批評，永遠覺得自己沒有準備好或不夠好，無法從事自己應該投入的工作。這些人的靈魂在本質上，會覺得自己不值得造物主的愛跟賜福。然而，他們會把這種心態，當成藉口或是合理化的工具，看似有邏輯地替自己辯解，為何沒有採取正確的步驟，實現預定中的目標。跳脫這種陷阱的方法就是，他們要知道完美並非一蹴可幾，而是按部就班的成果。處於這個階段的靈魂，漸漸可以理解靈性或第三隻眼，也願意與其融合。透過這種方式，他們可以體驗到各種不同程度的宇宙意識或知識，而這也可以將靈魂引向靈性演化的第二個次階段。

靈性演化的第二個次階段。這是最麻煩的階段，因為他們的意識重心，就像一條橡皮筋，會在自我與靈魂之間反彈來回。這種來回反彈的目的，是要完全破壞任何自我中心的依戀及身分意識，就自我中心的觀點來看，靈魂會自視為一個獨立存在的個體。這些人常會產生偉大的靈性妄念，自認為知道通往神的道路，但是又拒絕向神靠近。這些人會表現不同程度的妄念，以為只有自己知道真理，同時背負拯救人類的特殊靈性使命。最重要的是，當他們的靈魂渴望認識神、與神融合時，所有不純淨或扭曲的想法，都會被造物者的光芒穿透、現出原形，而被永久且完整地消滅。他們這些扭曲的想法，都深藏於主觀的自我中，而且認為自己在某些程度上，仍與神有所區隔。獨立性質的自我中心意識，往往會導致他們做出上述的行為，認為自己可以取代神或造物者。最糟糕的情形，會造就像十九世紀俄羅斯僧侶拉普斯丁（Rasputin）、奧修（Bagawan Rajneesh）或克萊爾先知（Claire Prophet）等人物。這些類型的人，都有神祕的自我中心目的，也宣稱自己是認識神的唯一道路。當靈魂演化到這個階段時，正在學習不純淨的核心本質，體驗天生的罪孽。他們可能會利用這種罪孽，製造自己的靈性墮落，或是名譽掃地。這種墮落或名譽掃地是源自於天生的罪孽，也與他們想要彌補罪孽的慾望有關。彌補和消除罪孽的行為，會指引靈魂邁向最後的第三個次階段。

靈性演化的第三個次階段。意識的重心終於從自我永遠轉移至靈魂。這些人會渴望透過對神的主動奉獻，消除所有的獨立慾望。他們會從本源或宇宙萬物的反射中，體驗到自我的獨特性。這種類型的人，不需要自我的讚美，反而會散發出純淨又無暇的光輝。他們的意識結構全然建立在對別人付出的基礎上，背後沒有一點隱晦的動機或安排。他們知道自己的靈魂代表本源，因此也會用同樣的方式，去體驗並詮釋人生。這些人可能會像磁鐵一樣吸引別人靠近，因為他們的靈魂擁有龐大的智慧、熱情和治療能量。相反地，這些人也可能會吸引一些帶有隱晦動機、目的或迫害心態的人靠近，因為他們純淨的靈魂會揭露別人的扭曲及妄念。這些心懷不軌的人，可能會覺得受到他們的威脅，因為這些人說服別人相信自己一手創造的人格或虛假面具，藉此隱藏自己黑暗及不純淨的一面。當他們受到威脅時，便會對處於這個次階段的靈魂產生回應。在這個次階段的初期，這些人一開始從事的工作，可能只限於地方或周遭環境，但是隨演化的進程，他們的工作會逐步擴展到全世界，甚至到他們往生後，還繼續發揮影響力。靈性演化最後階段的極致表現，就是救世主下凡。這個次階段的靈魂，往往被別人視為上師，例如耶穌基督、尤伽南達、亞塔斯瓦、巴巴吉和佛陀。

演化階段在本命盤的應用

不同演化階段的冥王星

我們現在已經完全了解四種天生的演化階段，現在要把這些原則應用在本命盤的範例中。讓我們用冥王星在天秤座／六宮為例，將其置入不同的演化階段中。合群演化階段的天秤座／六宮冥王星，會有什麼樣的表現？當然，我們必須先了解這些原型（冥王星、天秤座及六宮）的核心關聯性，以及其相關的過去演化目的及慾望，才能調整或融合靈魂的演化狀態。之前曾經提過六宮的原型就是，透過反金字塔效應來學習謙虛、自我改善及社會服務。天秤座的原型則是與各式各樣的人形成關係，透過比較及對照來建立個人的獨特性，而且透過這種方式學習個人和社會的平等及和諧。因此，冥王星是天秤座在六宮就意味著，這些人渴望在關係中發揮謙虛、自我淨化及為整體服務的功課。他們與別人形成的關係，以及其所產生的個人獨特性，都是建立在服務社會的需求之上，同時也能促進自我改善。他們也可以透過這種方式學習和諧與公平。現在我們調整冥王星是天秤座在六宮的表現，來反映出靈魂的演化階段。

簡單地說，天秤座／六宮的冥王星如果處於合群狀態，他們對社會的服務，就是從事世俗的工作（例如獸醫藉由幫助動物，實現服務的慾望；醫生或社工則是幫助別人）。他們會認同這些類型的工作，無法把自己的身分意識與工作切割。針對無法遵守社會共識的人，他們會表現出非常強烈的批評意識。他們會用這種方式，投射自己內心強烈的批評傾向，以及自我改善的需求。

這些人會有非常強烈的存在空虛感，而且會試圖藉由過度的工作，以及各式各樣其他帶有逃避或否認色彩的活動，填補這種空虛感。他們會創造「忙碌蜜蜂」症候群，還有許多與逃避或否認有關的行為。他們與別人建立的關係，都只是反映出自己內心的傾向。他們非常希望自己被別人需要，而這也是群體共識中最主要的渴望。他們也會透過關係來彌補內心的空虛。這種傾向會導致互相依賴、失衡及各種類型的極端狀況。他們通常會透過工作形式的榮耀，或是與工作及職業有關的社會地位，與別人建立關係。

他們建立的關係，會符合社會大眾對於關係的期待，建立外界認為健全且良好的關係。在這種關係中未必不快樂，但是我們常常看到冥王星是天秤座在六宮的人，會吸引一個非常喜歡批評的伴侶，或者他們本身就是這樣的伴侶。他們會覺得自己是人生的受害者，尤其是在關係中。當他們學會如何尊重所有人的平等、自我及別人的獨特性，然後帶著這份覺知去服務社會，提供別人真正需要的幫助，演化就又向前一步了（這是一個過渡階段，或是正朝個體化演化的階段邁進）。

正如我們一開始提過，這個階段驅策靈魂的核心慾望，就是渴望能在物質財產及社會地位方面淩駕他人。他們必須理解社會如何處理這種偏見。在這個例子中，這些人的工作或關係類型一定必須讓演化發生。我們當然可以調整一些基本的關聯性，藉此反映合群階段中不同的次階段。然而，無論靈魂是處於哪一個次階段，他們的關係，以及對工作及服務的傾向，都一定會遵守社會內的共識模式。

冥王星是天秤座在六宮，如果處於合群演化的第一個次階段，代表他們的服務類型，本質是非常世俗的，通常發生在社會的最低層。這些人可能無法理解周遭環境或主觀現實之外的人事物。

如果處於合群演化的第二個次階段，這些人渴望能從事一些社會地位較高的工作，因為他們渴望學習制度運作的方式，而且能超越制度。他們會有改善自我的需求，因為這可以確保自己獲得更崇高的社會地位、或是報酬更優渥的工作，讓自己累積財富。

如果處於合群演化的第三個次階段，這些人渴望、而且可以獲得較崇高的工作。他們會透過這種方式來服務社會。他們通常知道自己必須做出哪些內在的改善，才能獲得並保留這樣的工作。

這些人現在可以意識到整個社會、群體及其他國家。他們必須發展出這種意識，才能獲得體面的工作，超越或站在制度的頂端。他們工作的基礎就是改善社會群體，也可能是幫助別人獲得體面的工作。他們會漸漸脫離根據這些慾望、需求及傾向所建立的事業、工作或關係，這意味他們正走向個體化的階段，無法再認同社會共識認定的價值觀、規範、習俗或禁忌。

現在讓我們來討論，處於個體化狀態的天秤座／六宮的冥王星。整體而言，這個階段的工作必須在某種程度上，反映出靈魂的獨特性。他們的靈魂現在極度渴望擺脫社會主流（共識）過去的文化限制模式。基於冥王星是天秤座在六宮，他們將會透過工作、個人及社會層面的關係來獲得解放。

他們的靈魂會吸引一些具有同樣解放及個人化需求的伴侶。他們的伴侶必須支持他們發展，或實現獨特類型的服務，拋開文化的限制。他們如果因為不同於主流社會而感到罪惡，試圖彌補這種罪惡感，最後就會做出一連串的破壞性行為，而他們的關係也會反映出這種彌補心理或破壞本質。

舉個例子，這些人的伴侶可能會強烈批評他們對於服務的需求，也會破壞他們培養個人的特質。再提醒一次，他們會為了被需要的渴望，建立這種失衡、極端又互相依賴的關係，透過一個能許下承諾的伴侶，獲得情感的保障。這些人試圖透過工作或關係來定義自己，因此常會產生身分意識危機或困惑。他們必須知道，內心的生命狀態會反映在外在的人生之中，所以必須剷除內心的受害心態。他們必須很自在表達自我的獨特本質及個人性。這些人通常會為了自己的與眾不同而自我批評，因為他們無法跟社會中大多數人一樣。再提醒一次，這些人如果不停自我批評或自我破壞，我們不難猜到他們會吸引什麼樣的伴侶。

對於這些人而言，關係是一種非常重要的生命體驗，而且他們必須脫離主流社會，嘗試用不同的方式來處理關係。他們也應該試著嘗試不同類型的服務，以及獨特的自我改善方式，突顯出靈魂的個人性。就負面的表現而言，他們會利用工作和關係來彌補內心的空虛，也會表現出之前提過各種的情感扭曲，直到他們理解只有與神的關係，才能彌補這份空虛。這裡的關鍵在於，他們必須與一個有同樣心智需求的人建立關係，對方也試著透過脫離主流社會，來表現自我的獨特性。這種類型的伴侶，會支持他們透過個人化的方式來服務社會，同時也會鼓勵他們透過獨特的方式改善自己。

就負面的表現而言，他們在關係中可能會非常挑剔，對於在群體中無法發揮自我特質的人，也有諸多批評。就正面的表現而言，他們可能會渴望一段公平又彼此獨立的關係，而非雙方互相依賴。他們會透過工作來服務社會，透過這種方式真實展現個人的本質及獨特性（最常見的例子，是在另類的學校中教學，提供另類的醫療，或是幫助別人了解自我獨特本質的心理學家）。這些靈魂非常了解且重視所有人的平等，以及表達自我獨特性的權利。他們可以透過關係或服務，發展出客觀看待自己的能力。

在個體化演化的第一個次階段中，常會出現一些彌補的行為，因為他們對於表達自我的獨特性缺乏安全感。然而，他們必須嘗試如何透過表現自我來服務社會，學會如何在一段有同樣需求的關係中自處。他們可能會因為表達自我的需求，不停在內心中批評自己，但講不出為什麼，只是覺得自己與眾不同。這種感受最後會讓他們不禁自問：「我到底有什麼毛病？為什麼我就不能跟大家一樣？」他們的關係如果無法支持這種演化需求及目的，讓他們擺脫社會共識，自在表現自我的獨特性，這樣的關係就應該結束。

這些人必須與有同樣心智的人建立關係，才能在實現自我特質時，覺得有安全感，然後放棄所有彌補的行為。他們的自我改善，通常都與消除彌補的問題有關。他們身處的環境，必須支持自己實現幫助別人的社會服務，同時允許別人展現個人的獨特性。他們如果開始對個人化的念頭採取行動，便能透過工作及關係展現自我客觀及解放的一面，同時能擺脫主流社會的種種限制。

如果冥王星處於個體化演化的第二個次階段，這些人就透過靈魂的最高或最密集的層次，表現並實現獨特的個人性。他們與群眾的疏離感，已經累積到了極限，同時需要與有同樣疏離感的人結為同盟。然而，這些人時常成為社會的邊緣份子。他們很害怕融入社會，而且也很痛恨用負面方式來表現權威的人，因為害怕自己會因此喪失個人性。

這些人會對抗或排斥世俗的服務形式或傳統的關係模式。他們的關係必須反映出脫離主流社會的強烈需求，同時也能讓他們發展靈魂的個人性。他們必須透過融入社會的方式，明白失去個人性的恐懼，真的只是一種恐懼，並非是現實。當能夠理解這點之後，所有對於外在權威的憤怒、內心強烈的疏離感，以及負面的反抗心態（他們只是為了反抗而反抗），統統都會消失不見。就正面的表現而言，他們可以幫助有同樣疏離感的人，解決同樣的情緒趨力。他們的工作往往視服務的類型而定。

冥王星在天秤座象徵了諮商的天賦，這有可能是任何類型的諮商。在個體化的演化階段中，諮商可能會反映出個人心理的意識及個人性。他們可以透過某些類型的諮商，幫助陷在彌補情境或不敢融入社會的人。

在個體化演化的第三個次階段中，他們可能已經真正發展出一種極具天賦的服務形式，足以代表主流社會中的其他人。他們會基於服務及幫助別人的需求，建立社會服務的模式，藉此促進群體的演化。這些人通常都極具天賦，而且必須發揮天賦來造福別人，也會透過工作或關係表現自己的天賦，同時展現對於關係的理解。

這些人也可能發明全新的服務形式，或是改變既有的工作形式。可以客觀意識到現存社會中，有什麼需要改善。也可以透過個人的洞見，轉化一般人對於關係的概念，而且也能幫助別人度過關係的危機。他們現在已經發展出客觀看待自己的能力，可以用冷靜且疏離的方式分析自己，知道自己必須做出哪些調整及改善。他們也可以用客觀的方式看待別人，幫助別人發現與生俱來的獨特天賦。

就負面的表現而言，這些人可能還試圖彌補內心的空虛，因而從事特殊類型的服務或工作，或是因此形成一段關係。他們可能對主流社會有諸多批評，這都反映出他們還沒解決自己內心的批評傾向。他們可能會從自我中心的觀點出發，過度認同自己的天賦。

冥王星是天秤座在六宮的人，如果進入了靈性演化的階段，通常能夠理解或意識到，內心的現實會反映於外在的人生。他們知道伴侶只是反映了靈魂本身的內在現實。然而，他們可能會抗拒這份覺知。這些人必須透過徹底消除受害的心理，建立公平且彼此獨立的關係，才能讓這份覺知化為行動。

在這個階段的演化中，關係中的一方，可能會出現失衡與極端的傾向，他們會試圖扮演對方的「心靈導師」，用這種方式來主導關係。被控制的那一方，可能也在無意識尋找一位心靈導師類型的伴侶，來「拯救」自己。這些人也可能過度批評對方的靈性發展或方法，透過批評來阻礙對方（冥王星在六宮）。當然，這種角色可能會在同一段或不同段的關係中，出現變化或變換。他們之所以會發展這樣的關係，都是因為靈魂中仍存在被別人需要的需求。如果能學會與神融合或信仰神性，心中的空虛感就會消失無蹤。他們的服務類型，必須能反映出個人的演化能力，以及為神或造物者服務的慾望。

這些人必須透過工作達到演化及自我淨化的目的，讓靈魂在工作中展現神性，這就是東方靈修所稱的業力瑜伽。他們可以在這類的服務中持續淨化自己、學習謙虛。關係則會成為他們治療或自我淨化的另外一種管道。所有的失衡、極端或不平等都會被消除，也不會再出現身分意識的危機。他們現在可以學會向內而非向外觀看自己，讓自我的身分意識與造物者融為一體。透過這種方式，他們可以知道並達成自己的內在需求，而不是透過伴侶來滿足自己。

這個階段最重要的功課，就是分辨服務的對象。冥王星在天秤座的人，時常會遇到一些人，無意識與自己建立互相依賴的關係，然而對方並不滿足現有的一切，而會不停要求更多。他們必須學會有所保留，才能表現真正的服務精神；必須學會均衡自己的時間，把部分時間用來服務別人，部分時間用來滿足自我的合理需求。

這些人必須牢記一點，不要從自我中心的角度，高估自己的獨特工作或靈性天賦。他們的靈魂不過是神性流露的管道，以展現所有來自造物者的天賦。就負面的表現而言，他們會破壞自己與生俱來的靈性天賦，還會因為自我懲罰的渴望，無法完全將其發揮。他們也必須學習如何辨識適當的工作，藉此發揮天賦，並促進個人的成長。

對於這些人而言，內在及外在的危機，都像一股驅策力量或象徵，讓他們意識到靈魂必須做出哪些內在的調整。他們的靈魂如果能用正面的方式面對危機，相信神性的存在，內在及外在的危機便會迎刃而解。內在的平靜及安寧，會取代持續的焦慮，過度負面或批判的傾向也會消失不見。他們將可以容忍別人的錯誤、不完美及缺點，也不會再將負面或批評的心態，投射在別人或外在的環境上。他們會建立公平且和諧的關係，同時可以在其中展現付出、分享和包容的自然法則（冥王星在天秤座）。

在靈性演化的第一個次階段中，冥王星是天秤座在六宮的人，會強調淨化、改善和服務別人的慾望，同時渴望剷除所有源自於自我中心意識的偉大妄念。這些人的工作和服務都具有奉獻的本質。他們的陷阱在於以自我中心為出發點，過度高估自己的「靈性」天賦或才華。這種心態顯然會阻礙演化。他們服務的類型，應該符合自我業力及演化的需求，同時也應該與天生的能力一致。就演化的觀點來看，當他們論及服務別人的類型時，最重要的就是辨識的能力。

這些人最可能踏入的陷阱，就是過度執著或浪費時間在靈魂的缺點、不完美及錯誤上，這只會讓自己麻木、無法採取任何行動。這裡的解決之道，就是不停採取行動，明白完美不是一蹴可幾。換言之，他們必須將分析的事物透過行動整合。這些人時常會破壞自己獨特的靈性天賦或才華。他們會經歷一些危機，全然揭露這股破壞的趨力，然後才能依此調整自己的行為。當他們學會這些演化功課之後，便能將六宮天秤座冥王星的自我分析傾向，正面應用在必要的內在改善或自我淨化上面。

在靈性演化的第二個次階段中，他們必須剷除所有自恃非凡的妄念，也不能把自我中心當成立基點，過度強調所有的靈性潛能或能力。舉個例子，他們可能只會與一些把自己視為心靈導師的人建立關係，因為他們渴望對方用這種眼光看待自己。這是一種扭曲的需求，而他們也渴望自己成為救贖者，幫助別人治癒或解決缺失、錯誤或不足。

他們也可能會有另一種極端的表現，就是被自稱為靈魂導師或救贖者的人掌控，企圖把對方拉入互相依賴的關係之中。這象徵他們的靈魂仍然渴望被別人需要。最重要的一點是，無論是哪種極端的情形，他們大部分的人，都仍存有深沉的不安全感，而且會試圖彌補這一點。

這些趨力往往是無意識的，而他們也真的渴望幫助或服務別人，並對別人付出。我們必須就演化的觀點，適當分析這些趨力。正如前述，他們之所以認為自己是理解本源的唯一管道，都是因為自我中心的不純淨作祟。他們對自我中心的讚美或認同，會產生扭曲的需求。如果採取正確的行動解決這些問題，便能透過工作及靈性天賦，消除所有自我中心的意識。這同時也會讓他們產生天生的罪惡感，激勵他們用真摯、謙虛和無私的態度，將靈魂奉獻給神及他人。

在靈性演化的第三個次階段，他們的工作及服務已經完全沒有自我中心的成分，而是以本源為出發點。他們非常渴望精進自己為神奉獻的能力。這個階段最可能的陷阱，就是他們永遠覺得自己對神或造物者的奉獻仍不足夠。他們的靈魂具有謙虛的天性，很容易吸引一些需要幫助的人。更明確說，這些人工作的本質，會與幫助別人的服務有關，藉此把自己奉獻給神或造物者，同時透過靈修進行自我改善或淨化。這個階段最深沉的功課，就是透過業力瑜伽幫助別人。他們的親密關係，將反映出非常深刻的能量，足以療癒對方，或為對方無私付出。這是一種各自獨立又互相平等的關係，他們也會吸引別人前來學習這些功課。

根據演化階段調整主要演化／業力趨力

我們已經探討過本命冥王星在不同演化階段及次階段的表現，接下來要把主要的演化／業力趨力，融入各階段或次階段中。希望讓占星學子對這一部分，有更深入完整的了解，知道如何根據不同的演化階段，來調整主要的演化／業力趨力。

以之前在冥王星與交點軸形成相位的同一例子來解釋。假設冥王星是獅子座在八宮，南交點是雙魚座在三宮，而北交點是處女座在九宮。南交點的主宰行星海王星是天秤座在十宮。北交點的主宰行星水星是巨蟹座在七宮。冥王星的對應點是寶瓶座在二宮。這種組合如果落入個體化演化的第一個次階段，會有什麼表現？

再提醒一次，八宮冥王星的慾望，就是穿透靈魂本身的核心，探究靈魂的慾望、動機及目的，以及動機及慾望背後的原因。透過這種方式，冥王星可以找到自我心理的核心，以及特殊心理構成的原因。他們的靈魂，渴望能轉化並消除所有導致窒礙及限制的內在趨力，同時能擺脫限制產生蛻變。這也是為何八宮的冥王星渴望能穿透自我的心理及靈魂，因為他們必須先看清自己，才能採取行動。

基於冥王星是獅子座，這種心理探索及內在轉化，都會成為創造性實現自我的一部分。他們會用自己具備的心理素養，創造性實現今世特殊的目的或使命。換言之，這種創造性實現的過程，會與靈魂與生俱來的心理素養及能力有關。這些人時常因為自己具備別人欠缺的心理傾向和素養，產生自恃非凡的妄念。簡言之，他們時常從自我中心的觀點，高估自己的心理素養，而那些自恃非凡的妄念，說穿了都是源於內心極度的不安全感。

在個體化演化的第一個次階段中，他們的心理素養會表現出成熟的智慧，知道所有人都是獨一無二的個體，基於不同的原因來到這世上。他們很清楚世上沒有一種說法可以囊括所有的心理詮釋、主流理論或社會共識。他們也會非常尊重每個人的原生特質，同時很自然便會認同具備這種傾向的心理知識。他們會利用這種知識，創造性實現靈魂的特殊使命或目的。這些使命通常與認識靈魂本身的心理構成及獨特性有關。

這個演化階段與彌補靈魂獨特性的趨力有關，這些人會覺得自己不同於社會主流，同時會有疏離感。他們會因為自己的與眾不同，而產生不安全感，覺得自己與社會越離越遠。他們如果有意識採取行動來彌補這種心態，便無法公開展現自己天生具備的心理知識。

他們為了彌補自己的獨特性，便會依循社會主流的心理詮釋及取向。他們外表看起來遵守主流社會的詮釋和心理理論，但是內心其實無法認同。他們會祕密探索或研究心理學，以及被外界視為禁忌的生命領域，超越一般人對於生命的理解共識。他們的靈魂也會渴望與一些試圖擺脫社會限制模式的人結合。他們會創造一種「活生生的謊言」，直到心裡沒有一點彌補的心態為止。他們顯然必須去克服演化的障礙及限制。

他們會用類似創造性的方式，來實現個人的特殊使命及目的，但是無法展現自己真正的能力或演化狀態，除非他們能屏除彌補的心態。換言之，這些人會用一種社會大眾能夠接受的方式，來創造性實現自我。這種靈魂的極度不安全感，會造成一種扭曲的需求，讓他們不停渴望外界的肯定及認同，而這種傾向也出現在實現自我的過程中。他們根本無法透過主流社會的心理詮釋，或是這種實現自我的方式，來與自己產生連結，到最後勢必產生內心的爆發及挫折。他們也會因為這種彌補心理，無法實現靈魂真實的特殊目的。無論如何，當他們面對彌補心理帶來的限制時，個人化的需求勢必造成巨大的內心及外在衝突。他們也會渴望成長，超越這些過去的限制，讓演化發生（冥王星是獅子座在八宮）。

南交點是雙魚座在三宮，意味他們會蒐集各種事實及資訊，獲得冥王星象徵的必要心理知識（冥王星是獅子座在八宮）。然而，這些人吸收的事實和資訊是很狹隘的，通常只限於能支持自己既有心理知識及取向的類型。由於南交點在雙魚座，也代表整個靈魂演化的循環已趨近終點。他們現在必須消融所有導致窒礙、限制或妨礙成長的心智模式。

這些人蒐集的資訊，帶有靈性及超驗的色彩（南交點是雙魚座）。當他們能認同宇宙的法則及真理時，便能根除靈魂中的妄念。他們也能意識到一些資訊及事實，藉此證明每個人都有與生俱來的獨特性，並基於不同的理由來建構人生。他們也會發現，沒有任何一種心理學的理論或詮釋，可以應用在所有人的身上。這些人無法認同以一概全的想法或資訊，即使他們仍會表現出彌補或遵循主流的行徑。換言之，他們會對展現自我天生的特質這件事情，覺得非常沒有安全感，因此不會公開接受一些支持獨特個人性的資訊或事實。由於南交點是雙魚座，所以他們可能在無意識或潛意識中接收資訊。這些人到了生命的某些時刻，可能會非常渴望接收一些帶有超驗性質的資訊，讓自己擺脫主流社會的限制模式。

這些人可能會很困惑，不知道自己為何無法認同主流社會的資訊、事實及想法。這種困惑是因為他們沒有意識到，自己正在彌補與眾不同的感受。這種困惑是南交點在雙魚座的典型表現。他們可能真的意識到與眾不同的感受，卻不知道為什麼會有這種感受。無庸置疑地，這種彌補心理會讓這些人過著雙重人生，表面上看起來很正常，與一般人沒有兩樣，藉此獲得安全感。他們會模仿或看似過著與社會大眾一樣的生活方式，實際上卻無法與主流社會產生連結，反而會去探索或研究一些脫離社會規範的生命領域。

這些人很可能會透過同化作用，無意識複製主流社會的心智態度及行為，即使這並無法真實反映出個人的本質。他們無法透過這些心智態度找到自己，反而會覺得更加困惑、毫無意義又不滿足（南交點是雙魚座在三宮）。再提醒一次，這些行為不是有意識的，因此不安全感、跟隨主流、彌補心理和壓抑個人真實的本性，都是無意識的反應（當他們意識到窒礙、挫折和沮喪，同時想要改變這些模式時，這些就變成顯意識的行為模式）。

南交點主宰行星海王星是天秤座在十宮。他們會因為自己的彌補心理，創造出什麼樣的外在現實或工作？他們的靈魂會用什麼方式在工作中建立權威？他們的內心會出現什麼樣的限制模式，造成窒礙、挫折和自卑？他們會有什麼樣的極端表現？他們會形成什麼樣的關係，又會用什麼方式面對這些關係？

簡單地說，在個體化的演化階段中，南交點主宰行星落入十宮，代表他們會順應主流社會，試圖在社會或自己渴望實現的事業中，建立個人的權威。他們會根據主流的心智意見及態度，建立自己的事業及權威感，同時也會因為容易受到主流資訊的影響，而產生妄念（南交點是雙魚座在三宮，南交點主宰行星雙魚座是天秤座在十宮）。壓抑靈魂的個人性本質，只會導致內心的挫折、沮喪和自卑。最重要的是，他們必須剷除這些限制模式，同時也必須對自己所有的行為負責。

我們時常看到這些人因為與眾不同或不遵守社會主流，不停自我批評（南交點是十宮）。這會讓他們因為自己與別人的不同而產生罪惡感。他們會將內在的批評投射到別人身上，指責無法融入主流社會的人。然而在這種表現的背後，他們仍然覺得自己與眾不同，同時也很希望能與一些自覺不同、且能尊重個人特質的人為伍（海王星是天秤座）。這些人通常也很渴望透過各種不同的關係，發展並表達自己的個人特質。

順應主流和彌補心理，只會導致極端、失衡及互相依賴的關係。導致這些問題的核心趨力，就是他們渴望被別人需要。他們在關係中時常會轉換角色，有時會試圖表現個人的獨特性，有時又會遵從伴侶的命令。這些命令通常是因為伴侶要求他們符合自己對另一半的期望，或是伴侶希望他們實現自己投射的慾望。

這種相處模式，會產生主權的問題，他們會覺得自己被伴侶掌控，然後試圖在關係中表現自我的獨特性。這是因為雙方都有錯置的慾望，而導致投射的期望（海王星是天秤座）。關係中如果出現這種情感模式，他們很可能會吸引一位伴侶，對方能反映早期人生中父親或權威人士的形象（海王星是天秤座在十宮，冥王星又在八宮）。這種類型的伴侶，可能會企圖控制他們心智及知識的發展。最糟糕的情形，是伴侶完全掌控他們，告訴他們該如何思考，指示他們如何面對整個人生。而伴侶的期望永遠都建立在主流社會對關係的定義、或是關係中兩性角色的定義（海王星是天秤座在十宮）之上。

這也可能出現另外一種極端模式，亦即他們會在關係中控制對方，希望對方能符合自己的期待，滿足自己轉移的需求。他們會試圖控制或塑造對方的心智發展，用這種方式壓迫對方（南交點是雙魚座在三宮，而南交點主宰行星海王星是天秤座在十宮）。我再提醒一次，這種行為不過是模仿或反映他們早期人生中父親或權威人士的形象。在個體化演化的第一個次階段中，這些人會透過兩種關係模式，感受到權威的壓迫。他們可能會吸引一位要求自己符合主流社會標準的伴侶，不允許自己展現個人的獨特性；也可能吸引一位正在彌補自我獨特性的伴侶。就正面表現而言，無論是哪一種類型，這些人都可以意識到這種壓迫趨力，同時渴望幫助對方，消除源自於靈魂的彌補心理。雙方都渴望能建立一段互相付出、分享、包容且平等的關係。他們如果能剷除上述的扭曲趨力，便能建立這樣的關係，同時讓彼此獲得更高境界的成長（冥王星在八宮）。

冥王星對應點是寶瓶座在二宮。北交點是處女座在九宮。北交點主宰行星水星是巨蟹座在七宮。在個體化的演化階段，這種組合的靈魂會有什麼樣的表現？別忘記了冥王星對應點（寶瓶座在二宮）的底線及核心演化目的。二宮象徵的是自立自足的需求，現在必須反映在內心肯定個人的獨特性上面。這些人必須脫離外在環境，才能進行意識的內化。他們必須學會認同自己的內在資源，也就是讓自己在情感及生理層面上，有自給自足的能力。他們的靈魂必須認清自我天生的資源，並由這些資源反映出某些能進一步發展的天賦。如果能自立自足，實現獨一無二的天賦，展現靈魂的個人特質，就不會再有彌補的心理。他們也能認清自己的基本需求，從內而外完全滿足這些需求。這些人可以透過對應點是二宮象徵的深沉內化過程，認清且體驗自我天生的本質或個人性。

二宮的演化目的就像是一股核心趨力，刺激或幫助他們了解對應點寶瓶座的演化目的。換言之，他們會透過二宮的生命經驗，來學習寶瓶座對應點的演化目的。寶瓶座對應點的整體需求，就是將個人的特殊目的，與社會需求產生連結，脫離金字塔的現實結構，對靈魂及生命培養客觀意識。這些演化目的會要求他們，將靈魂獨特的天賦及才華，與社會的需求產生連結。換言之，他們的天賦必須反映靈魂真實的個人性，同時也可以透過某些方式，滿足社會的主要需求。這些人必須擺脫自戀的老舊模式。當他們將自己的天賦與社會需求結合時，便能有意識改用客觀的角度，來看待靈魂及他人，也能跳脫自己的問題和當下的主觀現實（金字塔的現實結構）。靈魂中自恃非凡的妄念，也會被客觀的覺知瓦解。他們不再從自我中心的角度，高估自己獨特的天賦。這些人現在必須實現神或造物主賦予的內在資源及創造力，明白自己不過是展現神性的管道罷了。

北交點是處女座在九宮，象徵這些人必須透過信仰系統，學習冥王星對應點（寶瓶座在二宮）的功課。他們的信仰系統必須能表現獨特的個人特質，而不是追隨社會主流的宗教信仰。他們吸收的自然法則及哲學，如果能符合且實現天生的個人特質，便能感受到意識正漸進擴張。這些靈魂接受的信仰必須傳授萬法同宗的道理，而人們可以用許多方式，達到同樣的目標（神）。北交點在處女座，代表信仰支持積極的社會服務、在服務別人的基礎上學習謙虛，以及自我改善的需求。這些人的靈魂必須先經歷改善及調整，才能為別人服務，促進演化發生，最後便能謙虛面對所有的生命領域。更明確地說，他們必須消滅靈魂中所有無法認同自然法則的信仰。當他們知道自己該接收或排除什麼樣的資訊時，便能有意識發揮全面的辨識能力。這種辨識能力，必須建立在反映自然法則的事實與信仰上面。透過這種方式，能消除源自過去的自恃非凡心理（南交點是雙魚座在三宮，再加上北交點是處女座在九宮）。他們也必須移除受害的心理。前提是必須為自己的彌補心理以及其所導致的生命情境負責。

北交點的主宰行星水星是巨蟹座在七宮。這象徵北交點的功課，會表現在關係的建立上，他們必須支持彼此獨立且平等。對方必須重視他們真正的個人本質，同時幫助他們克服心中的不安全感，勇敢將個人特質表現出來。這種性質的關係，可以消除過去的極端、身分意識的困惑和失衡。水星在巨蟹座，也與家庭關係或是與身旁非常親近的人有關。這些人必須發展正面的自我形象，而且對於自己獨特的想法及意見非常篤定。這些功課還可能延續到他們的孩子身上。他們必須建立內在的安全感，藉由吸引一位支持的伴侶，促進關係的和諧、公平及相互的獨立而反映現實。當他們能在內心滋養自己時，才能付出或接受真正的感情。這樣的關係才會達成情感的和諧，帶來內心的滋養。此外，當他們開始建立關係時，也必須培養出辨識能力。這是北交點在處女座必須學習的重要課題。他們如果建立一段相互獨立且平等的關係，在關係中具有真正的感情滋養及付出，所有的相互依賴、失衡、極端和被需要的渴望，都會消失不見（水星是巨蟹座在七宮）。

他們如果能接受這些演化目的，冥王星、南交點和南交點主宰行星，很自然便會有更高層次的表現。八宮／獅子座的冥王星在心理上的表現，不會再一直依賴別人的正面肯定，也不再需要外界來肯定自己的獨特性。他們不會對自己的獨一無二做出彌補，還會激勵別人展現自我的獨特本質。這些人不再依賴外界，而會幫助自己超越目前的限制，獲得蛻變及轉化，還會用自己的心理學素養，幫助別人創造性實現自我的特質及態度。透過這種方式，他們的靈魂可以從內在培養出自足的能力。他們會認同別人的創造力及特質，不會因此感到威脅或不安全感。這些人的靈魂特殊目的，會反映出真實的個人性，同時與社會需求產生連結。所有自恃非凡的妄念也會不見，取而代之的，是放下主觀的現實，改以客觀角度面對一切。他們也不會因為需要別人的讚美或接受，委屈地隨波逐流（冥王星的對應點是水瓶座在二宮）。他們的知識結構和資訊類型將會產生改變，與心靈產生融合。這些人過去的演化循環，已經到達頂點，很自然便會表現過去的習性，而當過去的妄念及心理限制被移除時，演化就能更進一步。他們的心理取向和創造性實現自我的過程，必須建立在超驗且具靈性特質的資訊上面（南交點是雙魚座在三宮）。

這些人如果能拋棄彌補及隨俗的心態，便能在工作或事業中，表現內心的演化及取向

（南交點主宰行星海王星是天秤座在十宮）。再提醒一次，這個例子最重要的一點，就是消除所有彌補及隨俗的模式，從內心建立安全感，且能自在表現個人的特質。他們必須與演化目的合作，才能真正蛻變，而這些目的都展現在冥王星對應點（寶瓶座在二宮）、北交點（處女座在九宮）及北交點的主宰行星（巨蟹座在七宮）。以上的說明，是要示範如何根據個人的演化業力階段或狀態，適當詮釋一張本命盤。

第四章
本命盤處於不同演化階段的分析

我們已經示範如何調整本命盤的主要演化／業力趨力，反映出不同的靈魂演化階段，現在要分析同一張本命盤在不同階段之中，會有哪些不同的詮釋方式。這是要幫助讀者，將詮釋本命盤的原則，清楚深入地應用在不同的演化階段。讀者可以從接下來的介紹中發現，本命盤的詮釋方法，會因為演化階段而截然不同。成功詮釋一張本命盤的關鍵，在於掌握主要演化／業力趨力的核心原則，然後根據演化階段，來調整原型的詮釋角度。

尤伽南達是一位知名且備受世人喜愛的上師。在這個章節中，我將會以他的本命盤為例，詮釋靈魂的演化階段，會對本命盤的詮釋及表現，帶來哪些顯著的改變。

尤伽南達的冥王星是雙子座逆行在十宮，與逆行的海王星合相，海王星也是雙子座在十宮。冥王星又與四宮射手座的水星及金星形成對分相。他的南交點是天蠍座在三宮與天王星合相，天王星也是天蠍座在三宮。由此可知，南交點的主宰行星是冥王星，相位如上所提。冥王星的對應點是射手座在四宮，北交點是金牛座在九宮，北交點的主宰行星金星是

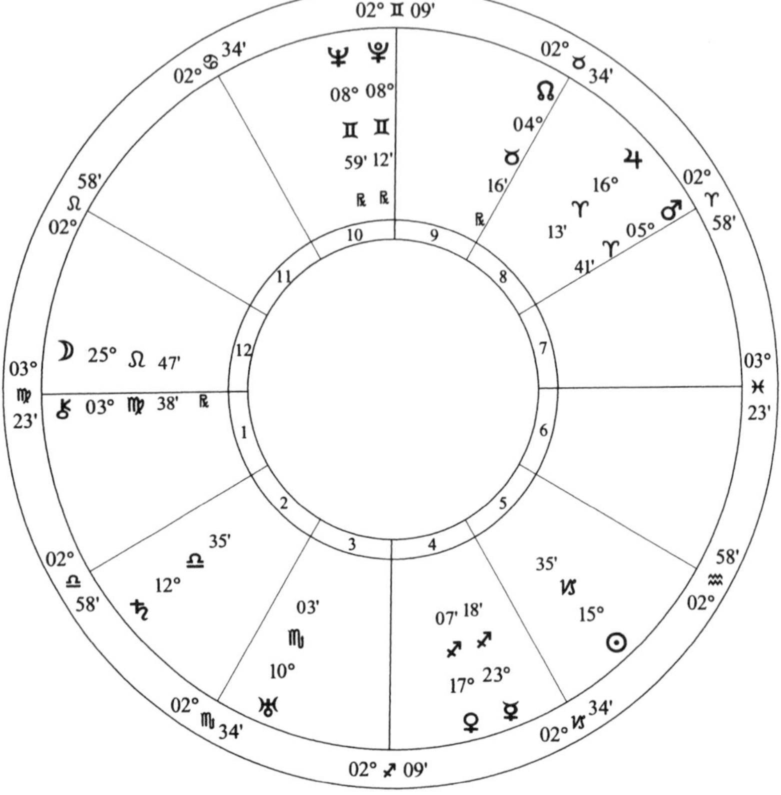

尤伽南達

出生時間：1893 年 1 月 5 日下午 8 點 46 分
出生地：印度哥拉浦（Gorakhpur）

射手座在四宮，相位如上所提。他的本命盤中有一個大三角，分別是水星與金星合相，與十二宮獅子座的月亮形成一百二十度，又與八宮牡羊座的木星形成一百二十度。大三角是很有力量的相位，這通常意味著不可思議的演化潛力，能有意識地整合且理解今生的演化目的。有大三角相位的人，能意識到過去導致了現在，同時能根據這份覺知，進一步實現未來的演化目的。這股趨力會表現在與大三角有關的宮位及星座上面。尤伽南達是神性啟發的化身，透過自己個人的演化，幫助無數的靈魂找到神或造物者的光芒。許多人都受惠於他，非常熟悉他的心靈教誨及著作。

他的本命冥王星是雙子座在十宮逆行，與逆行的海王星合相。十宮冥王星的靈魂在過去的慾望或目的，就是在社會中建立自我的權威，並且剷除老舊且僵化的限制模式，因為這些模式限制了進一步的演化成長。他們渴望能建立事業或外在的工作成就，而且能在權威形成的過程中，讓靈魂漸漸意識到自我天生的潛力與本能，與此同時還要遵守社會要求的原則、規定及法律，讓事業透過正面的方式呈現在世人面前。

尤伽南達處於高度演化的狀態，這代表了他前世已在社會中建立權威，今生還會繼續這個方向。他在前世曾經是靈修領域的權威，而且能透過直接的方式認識神。他的意識重心已經從自我轉移到靈魂，也知道如何與本源直接溝通。他具有洞悉的天賦，能一眼看穿文化／宗教本質的狀態，同時也能理解當文化和宗教受限於人類的法律時，意識會產生何種改變。尤伽南達非常清楚法律及宗教戒律對靈魂的影響，也知道如何幫助一個人重新與自然法則產生連結，恢復自我的天生意識。冥王星逆行，代表他會在今世重複前世的權威地位或角色。

冥王星是雙子座，與資訊蒐集的類型有關。他會根據自己對於永恆、自然及宇宙法則（海王星與冥王星合相）的內在理解，建立自己的心智結構，蒐集與此相關的資訊，與別人溝通。再提醒一次，他無論在過去或現在能成為靈修的權威，全是因為他並非為了追求個人的權力或聲望。他將自己奉獻在幫助別人與神或造物者結合，藉此找到自己的內在權威。他非常強調唯有直接理解或體驗到神或造物者，才能促進演化或靈性的發展。

他在一個靈修道場中住了非常多年，接受導師亞塔斯瓦上師的訓練，同時花了很多時間訓練年輕人。後來開辦藍旗學校（Ranchi School），專收想要踏上靈修之路的孩童，並親自教導他們（金星是射手座在四宮與水星合相，又與月亮及木星形成大三角）。

這是一所專門為孩童辦的學校，除了提供靈修的課程，也傳授教育的原則。後來又創辦了廣為人知的悟真會（Self-Realization Fellowship，簡稱 SRF）。尤伽南達透過這些成就展現了他的天賦，也就是利用自己的權威，幫助別人與神直接接觸，藉此發現自己的權威。《新領域》（*New Frontier*）雜誌曾有一篇令人動容的文章，描述尤伽南達的著作《光之所在》（*Where There is Light*，一九八九年由悟真會出版）對西方社會的影響，其中寫道：

「尤伽南達與其他倡導轉化性思考的人不同，他是能為西方人所接受且尊敬的東方神祕主義者之一。他最家喻戶曉的著作應該是《瑜伽士自傳》（*Autobiography of a Yogi*，紐約：哲學博物館，一九四六），這本書啟發全球數百萬的讀者，而他就像甘地一樣，將靈性帶入主流社會之中。」

尤伽南達在靈修領域展現了權威，同時也被別人視為靈性導師，這些都可以從他海王星與冥王星的合相（都是雙子座在十宮）中看出端倪。海王星和冥王星都是逆行，這代表他在過去世就已經是靈修的權威，而且今世還會繼續同樣的任務，把上師的教誨傳授給普羅大眾，幫助真正需要幫助的人。海王星的相位也代表，他很容易就能看穿別人的妄念，因為他已經在過去剷除了自己的所有妄念。因為他的純淨（海王星）會對別人產生威脅，他在過去也曾遭受別人的迫害。換言之，迫害他的人並不想面對自己的不淨，所以會被他全心投入的工作威脅。他在這一世又必須重新體驗（受到逆行的影響）同樣的生命經驗。最明顯的例子，是有些人想策反他的追隨者，直斥他是「騙徒」。尤伽南達的方向，永遠指向本源或神，而非他自己本身。這是最容易的判斷方法，可以看出誰才是真正的心靈導師。

南交點是天蠍座在三宮，這與洞悉能力有關，代表他可以看穿自己心智結構的底線或核心，同時轉化其中的任何限制。他也可以看透其他靈魂的心智結構，以及該結構所導致的限制。他主張一個人唯有透過直接的經驗和認知，才能真正認識神（南交點是天蠍座）。

他認為所有被吸收的資訊，都應經得起直接的考驗，以證明其真實性。他反對只是研讀或背誦知識的書籍，因為這些書無法讓人獲得直接的內心體驗及認知。他還主張靈修不能僅仰賴聖人或上師的開釋，還必須利用書籍及教學作為輔助。

尤伽南達顯然具有天生的心理能力。他不僅能偵測到任何靈魂最軟弱的心理趨力，同時還能建議別人如何轉化超越這些缺陷，這是因為他曾經用同樣的方式剷除自己靈魂中的所有限制（南交點與天王星合相是天蠍座在三宮）。他還具備另一種不可思議的能力，就是透過文字的強烈力量，來啟發激勵別人。他曾經寫過許多書幫助別人靈修、與造物者融合，其中包括《瑜伽士的自傳》、《耶穌再次降臨》（*The Second Coming of Christ*，悟真會，二〇〇八年）及《神性的浪漫》（*The Divine Romance*，悟真會，二〇〇八年）。他用文字捕捉人類經驗及狀態的本質，對地球眾生的苦難展現憐憫及慈悲，觸動成千上萬讀者的心。他曾經訪問過許多聖賢哲人，藉此獲得自己所需的知識，然後寫下這些書。他透過訪問不同背景的聖賢哲人，蒐集各式各樣的事實、資訊及觀點，這些都是要反映出，即使受訪者的背景大異其趣，但都表達了同樣的靈性核心原則，而這些原則都具備了永恆及宇宙的本質。這種傾向與南交點是天蠍座在三宮，而冥王星又與海王星合相有關。

尤伽南達的天王星與南交點合相，這意味著他蒐集的資訊，都與解放或去除限制的議題有關，並將這些資訊傳達給別人。這也象徵了他一出世，就獲得了靈性的解放，擺脫所有妄念、自我中心的身分意識及業力的需求。他今世化為肉身的目的，就是代表造物者幫助人類。天王星與南交點合相在天蠍座，也象徵了透過死亡，感受到突然且傷痛的失去。尤伽南達的母親在他小時候就過世了，這在他內心深處埋下痛苦及創傷的種子，而他在最後終於也克服了這一切（冥王星與金星對分相，金星是射手座在四宮）。

尤伽南達與世人分享的資訊，是要幫助別人擺脫自我的妄念，超越所有妨礙成長的限制。這也意味他的傷痛，常常源自於別人不願意面對自己內心的妄念及不淨。他在這一生，會接收到許多傷口的投射（天王星）。我們可以將他遭遇的迫害及傷痛，視為一個人帶著火炬照亮黑暗，在過程中遭遇無數的挑戰，但光明的勝利終將到來。換言之，他的個人本質可以超脫別人帶來的迫害或傷痛，完全不受影響，因為他可以客觀看清這些行為的本質，儘管這會對他個人造成傷害（天王星與南交點合相）。南交點的主宰行星是冥王星與海王星合相，同為雙子座在十宮。這再次強調了，他需要在社會中建立自己的權威，同時終其一生都要扮演靈魂導師的角色。即使時至今日，他的權威地位仍不可動搖。我們也可以從南交點的主宰行星看出，他所傳遞的堅定教誨，就是直接認識任何資訊以及造物者的真實性。

他的本命盤上有大三角的相位。這是一個非常有能量的相位，代表他能有意識完全整合並理解與大三角有關（根據其涉及的行星、宮位及星座）的生命領域。大三角內的行星代表存在於意識中的功能，而星座及宮位則代表功能的運作方式，這可以幫助他用正面的態度看待今生的演化目的。

尤伽南達的大三角是金星與水星合相，是射手座在四宮，與十二宮獅子座的月亮形成三分相，同時與八宮牡羊座的木星形成三分相。簡單地說，這個三分相代表他必須用自己遭遇的傷痛和迫害來激勵自我，繼續前世的靈性教學，幫助別人見到神的光芒。他知道傷痛和迫害的原因，也知道如何對抗它們。更明確地說，由於他的金星與水星合相（同為射手座在四宮），與冥王星形成對分相（拋開別人的投射），同時又與十二宮獅子座的月亮（自我形象）形成三分相，這意味著別人的投射，會對他的自我形象帶來破壞及傷痛，而他必須進行自我療癒及恢復（天王星與南交點合相）。此外，他與自己的導師亞塔斯瓦上師的關係，以及少數幾個能在他一生演化過程中，見識到他的全貌、與他接觸的人，都能幫助他療癒這些傷口。尤伽南達曾在《瑜伽士的自傳》中，寫到有關亞塔斯瓦上師對他的生動描述：「他孜孜不倦的努力是如此動人，穆坤達（Mukunda，尤伽南達的名字）這個男孩終將會成為一名僧侶。」

教學是他療癒傷口、創造正面自我形象的另一種方法，因為他努力透過教學，來幫助別人達到同樣的目標。這可以清楚反映出他的真實本質（金星是射手座在四宮）。他的金星與水星合相（同為射手座在四宮），又與十二宮的獅子座月亮形成三分相，這意味他的原生家庭充滿了愛和支持，讓他能忠於自己的靈魂，實現今生必須履行的特殊使命。他會透過神或本源（月亮在十二宮）來反映自我的真實本質（月亮與四宮射手座的金星形成三分相），消融過去的痛苦，療癒投射的傷口。他也可以透過神或本源，繼續用創造性的方式實現自我，不僅能展現自我的真實本質，同時還能與神的意志融為一體（月亮是獅子座在十二宮）。

大三角中的木星是牡羊座在八宮，這代表他可以利用信仰，來激勵自己繼續今世的使命，剷除靈魂中所有的負面及迫害的影響。他已經對這些事件有正確的詮釋（木星）。他可以正面解讀這些負面的事件，讓自己免於陷入過去迫害的恐懼之中，同時能不顧任何外在的阻礙，繼續實現自己的使命（大三角中的木星是牡羊座在八宮）。他曾不只一次強調，克服恐懼的唯一方法就是面對它，如此一來就不會再對自己造成困擾。他也公開表態反對暴力、憤怒所造成的負面影響。

這些趨力都與木星（牡羊座在八宮）有關。他的信仰系統的確幫助他用正面的態度，實現今生的演化目的。這種趨力都反映在大三角中的木星上。尤伽南達這一世必須專注的焦點，就是與自己的內在關係（金星是射手座在四宮），以及當他面對外在負面的訊息時，他給予自己的內在訊息（水星是射手座在四宮），還有自我形象的療癒（月亮是獅子座在十二宮，而金星與水星是射手座在四宮）。就演化的角度而言，他對生命事件的詮釋和信仰系統，都是十分重要的趨力。無庸置疑地，他的信仰系統帶來正面的演化結果。他的大三角象徵他了解這些趨力，而且可以克服這些趨力。上述的課題都會透過正面的方式，幫助他實現今生的演化目的。

他冥王星的對應點是射手座在四宮。北交點是金牛座在九宮。南交點的主宰行星金星是射手座，相位如上所述。對應點在四宮的整體演化需求，就是學習內在的安全感、減少或根絕所有外在的情感依賴或期望。他可以透過這種方式，將與十宮冥王星有關的情感表現及自我形象，提升到更高的境界。尤伽南達已經在過去世劑除所有的情感依賴和期望，學習到在內心最深處建立安全感。在這種狀態下，四宮的對應點象徵他可以在療癒過去的迫害、創傷及傷口投射的過程中，不停轉化自我形象。無論他遭遇到任何外在的反對，都可以持續保持內在的安全感；同時也能在別人需要的時候，給予對方情感上的滋養及溫暖。

尤伽南達教導別人要先滋養自己的需求，而非仰賴別人或外界提供情感的保障。他教導別人真正的安全感，必須來自於與神或造物者的結合，同時透過關係而自我滋養。他在美國期間，其教誨漸漸受到世人喜愛，因此創立了悟真會。他離開了家庭、導師和熟悉摯愛的印度而到美國定居，這顯然需要極大的內在安全感。在教學中，他同樣強調聖母（Divine Mother）及聖父（Divine Father）的法則及重要性（在四宮）。尤伽南達已將兩性的法則，完全整合融入靈魂之中；換言之，讓陰性及陽性趨力，達到和諧的整合狀態。

根據冥王星對應點是射手座來看，尤伽南達會到美國等西方國家旅行，並教導在印度建立的靈性準則，透過這種方式，將想法流傳到不同的文化。他曾經直接接觸過西方的哲學信仰，而且可以利用西方文化的知識及核心信仰結構，激發別人踏上靈修之路。他將西方的信仰，整合融入自己的教學及著作中，藉此延伸自我的意識範圍，而這都是他在過去世沒有嘗試過的領域。最令人讚嘆的是，他可以吸收各種不同的事實、資訊及資料，加以融會貫通，然後表現出自己教學的重點及準則，而這一切都建立在自然法則之上。他可以全面且有條理地認識各種事實及資訊，並且根據上師教誨的自然法則來詮釋一切。他鼓勵東西方的人們，能結合靈性、科技及科學的智慧，凝聚成一種整合性的知識體系。

北交點是金牛座在九宮，這代表他具備教學天賦，可以用非常簡單的方式教導別人自然法則。他簡化了耶穌基督主要的自然法則，透過教學展現其中的智慧。他的教學當然都建立在自然法則之上。尤伽南達幫助別人自立自足，同時鼓勵做自己的自然導師。他提倡所有人應親身體驗大師說的真理及智慧，而非一味依賴大師或「導師型」的人。這些核心準則所根據的價值和意義，可以助人自立自足，建立正面的內在關係。

尤伽南達在過去世，已經學會如何將演化功課與自然法則融合，藉此達到自立自足，並且在今世教導別人學習這些功課。他的北交點（金牛座在九宮）象徵了他知道自己的天賦就是為人師表，且透過基本且簡單的方式，傳授以自然法則及真理為基礎的知識。他可以透過教學，擴展自我的意識（北交點在九宮），因為他必須認清別人的核心及基本需求，將其融入自己的教學之中。對他而言，教學就像一種工具，可以藉此擴張自己的存在價值，因為他必須與學生及讀者直接接觸。

尤伽南達宣揚將西方的科技及科學智慧，與東方的靈性智慧結合。他能吸收各種不同的事實，發現東方靈性法則中所蘊含的科學本質。這是另一種形式的自立自足，因為這可以促進一個人在個人及集體的層面上，認清自己的天賦。他曾經引述全世界許多科學教授、靈性上師及大學的研究，支持自己教學的核心準則，而這都是建立在自然法則之上。

北交點主宰行星金星是射手座在四宮，形成上述的相位。四宮的金星代表他可以透過發展北交點（金牛座在九宮）的功課，療癒自我的形象，或療癒他視為家人的人。他與亞塔斯瓦上師所建立的關係，為人生早期提供了深層的療癒能量（他在十七歲時遇到亞塔斯瓦）。亞塔斯瓦顯然已經達到尤伽南達理解神性的演化狀態。亞塔斯瓦透過導師的身分，花了許多年幫助尤伽南達發展所有的潛力及演化。這種關係能滿足尤伽南達的情感滋養需求。他的自我形象可以透過這種關係所帶來的療癒，轉化成更高層次的表現。充滿愛與支持的原生家庭，也提供他深層的滋養及情感療癒。原生家庭奠定了尤伽南達的教導天賦，並在他成長期間支持他的人生方向。

水星和金星與冥王星形成對分相，這再次強調，他可以捨棄放下過去世內在關係及自我形象上所受到的投射、迫害或負面訊息。這種對分相也象徵，他的純淨和試圖傳達給大眾的教誨，對社會中一些人構成威脅，而使他遭受到他們反對。這種對分相的另一種表現，就是他的母親在他年幼時就去世了。他深愛著母親，同時把她視為世界上最親近的朋友，而她也全面投入栽培尤伽南達靈性的發展。母親的去世，讓他失去了與聖母的直接聯繫，他必須試圖彌補這份空虛。儘管在母親去世之後，他和家人都用愛來安慰彼此，但這仍激發他對神性探索的強烈渴望。他試圖逃家躲到喜馬拉雅山上，立志成為一名基督瑜伽士。但是這個計畫失敗了，他的家人在他飛行途中將他攔下，並試圖用各種方式澆熄他對靈性的渴望，例如帶他拜訪無數的哲人，允許他去印度其他城市朝聖探險。最後才遇到了亞塔斯瓦上師，終於消除了逃到喜馬拉雅山的渴望。他透過與上師和家人的關係，以及與聖母的直接接觸，滿足了自己的靈性需求。母親的死亡，是要激勵他更進一步與聖母及造物者接觸，並且幫助別人與神融合。

我們已經根據尤伽南達的演化階段，來解釋他本命盤中主要的演化／業力趨力。再提醒一次，本章的主要目的，是要示範如何根據不同的演化階段，調整本命盤中核心的演化／業力趨力。最好的方法，就是解釋同一張本命盤在不同演化階段中的表現。現在讓我們用尤伽南達的本命盤為例，假設他處於靈性演化的初期階段，也就是靈性演化的第一個次階段。當靈魂處於這個次階段時，本命盤會有哪些不同的表現方式？

靈性演化階段中所有次階段的主題或強調的慾望，就是渴望認識神或造物者，試圖與祂們融合、為祂們服務。就演化的觀點來看，在第一個次階段中，這種慾望才剛開始、剛被實現。他們會透過為本源或別人服務，發展或展現靈性的天賦及才華。靈魂對本源的服務形式，會具備奉獻的本色。在這個例子中，他對於認識本源或與本源融合的核心渴望，會表現在事業上，或是透過與永恆、宇宙準則的結合而獲得實現，而這些準則可以擴張心智的發展（冥王星是雙子座在十宮與海王星合相）。他的靈魂會透過事業，來表現個人在社會中的權威，而且會把事業投入於本源及別人的奉獻之上。

靈性演化的第一個次階段

在靈性演化的第一個次階段中，冥王星是雙子座逆行在十宮，同時與逆行的海王星合相，這意味著過去的文化／宗教限制模式還沒有被完全消除。他們在融入社會的過程中，可能會無意識抗拒服從更高的權威（冥王星逆行在十宮）。然而，他們必須透過在社會中建立自己的權威，才能滿足為神或別人服務的真誠渴望。他們的抗拒最後會臣服在造物者的意志之下，這是較高層次的優先選擇。他們會抗拒堅持不斷的靈性發展，而這往往需要嚴格的紀律，才能帶來靈性的成長。此外在個人領域及外在環境中，他們也時常會與權威人士之間存在尚未解決的問題。這裡的重點在於，他們往往會將問題的根源投射到社會中，或是投射到一些被他們視為權威人物的人身上。

他們渴望也必須學習成熟的情感，首先是要為自己的行為負責，同時體驗到行為造成的後果。當靈魂能為自己的行為負責時，很自然便能表現出成熟的情感。這裡演化的關鍵就在於，他們必須透過與本源的關係和連結，從內發現自己的權威（冥王星與海王星合相，而且兩者都逆行）。他們可以透過這些方式或積極的靈修，自然展現個人的權威。

他們不能向外透過社會或事業來提供權威，這是他們在過去世的行為模式。就自我中心的觀點來看，這個演化階段的不滿足，往往源自於過度認同事業的價值，同時也會強烈傾向於過去文化的限制模式。而這些趨力都可以從冥王星與海王星合相（而且同時逆行在十宮）中看出端倪。他們可能會因為過度強調與本源融合，覺得無法獲得神性的滿足，然後試圖轉化過去的限制。造成這種窒礙和限制的主要原因，就是從自我中心為出發點，過度認同事業或社會地位的重要性。他們之所以會有這種傾向，是因為他們把情感的安全感建立在事業、社會地位或具有這類特質的過去限制模式上。這些趨力會造成妨礙，阻止他們獲得更進一步的演化。

就正面的表現而言，這個階段的靈魂可以透過事業來提升靈性，解決在今世重現的過去業力問題。這些人可能因為希望能被主流社會接受，壓抑或扼殺自己真實的本質和靈性天賦。他們也可能會因為無法追隨主流社會而評斷自己，反而阻礙了演化的進展。在靈性演化的第一個次階段中，他們覺得自己不夠好或不夠純淨，不停自我評斷；這種扭曲的評斷系統，全來自於人為的宗教，總要求人要完美。他們將這種完美的標準深植心中，而同時也導致評斷別人的行為模式。

在這個次階段中，最有可能導致靈魂演化窒礙的原因，就是受限或已知的罪惡感。這種罪惡感，會讓人無法剷除過時或僵化的過去行為模式，限制進一步的成長。有些人可能會因為這種受限的罪惡感，無法建立自己渴望的事業。另一種與十宮有關的罪惡感，則是「獲取的罪惡感」(aguired guilt)，這是源自於錯誤的行為，而他們必須為這些行為負責，才能讓改變發生。無論是哪一種情形，演化的目的都是要消融自我中心對於事業或社會地位的過度認同。他們的靈魂，必須接受一個建立在自然法則之上的自然評斷系統，從終極的觀點，來判斷事物本質的對錯。他們必須從內建立安全感，而非仰賴外在。

這些人需要消除過去的僵化或不合時宜的限制模式。他們可能會為了獲得社會的認同，任由過去的文化模式限制自己的行為；到這個次階段，這些行為都必須轉變。他們在過去世已經踏上靈修之路，到了這一世仍要繼續同樣的追求。他們必須學著剷除妄念、與神或本源結合，消滅或終結過去整個演化循環的渴望或目的。他們也必須學習，消融所有阻礙自己與神直接接觸的障礙，並透過事業或社會地位，與造物者連結、彰顯造物者的本色。

就冥王星與海王星合相來看，他們事業的使命就是為神或別人服務，幫助別人建立自己的權威。就冥王星與海王星在雙子座而言，他們的事業或社會權威地位，必須建立在心智的能力及知識之上，例如靈性諮商或類似性質的治療工作。他們也可能從事回溯前世的工作（冥王星與海王星合相在十宮，南交點是天蠍座在三宮與天王星合相）。

這些人的事業，可能會與靈魂的心智能力及知識有關（冥王星與海王星是雙子座，合相在十宮）。任何源自於過去文化限制的偏見、意見、觀點或資訊，都必須被消除。他們的安全感，源自於過去蒐集的想法、意見及事實，也與靈魂過去的心智組織或結構有關。在靈性演化第一個次階段，他們的弱點和窒礙，就是試圖證明過去的觀點和事實是對的，而別人都是錯誤的。再提醒一次，他們蒐集的資訊並不一定錯誤，但某些方面的確是狹隘的。

無論如何，他們會渴望追求具有永恆或宇宙本質的資訊，促進自我的身分意識，並與造物者融合。在這個次階段中，文化規範、傳統、法律及禁忌，無法帶來任何恆久不變的意義。他們具備一種洞悉能力，不僅能透視文化限制的本質，同時也能看清人類如何受這些限制影響。他們天生便能意識到，社會和文化的結構及其形成的方式。

南交點是天蠍座在三宮，這意味他們會向外蒐集各種事實及資料。這種蒐集，是為了看穿並轉化心智組織或結構的心理限制。他們必須消除所有受限於文化的資訊、事實或觀點。這些人會追求心理方面的資訊，藉此洞悉行為趨力的核心。心理的知識，可以幫助他們轉化心智的限制。在這個次階段，他們吸收的資訊必須以靈修為出發點，並能促進自己與造物者融合。

這些人渴望追求深度的心理及心智。換言之，他們會認為一般大眾對於資訊、觀點及事實的認識，十分膚淺、欠缺深度。他們蒐集資訊，是為了建立自己在社會中的權威，同時剷除所有老舊、過時又僵化的行為或限制模式。最重要的是，他們必須吸收永恆、宇宙的資訊，促進自然的靈性發展，而非一些人為或階級式的靈性概念。他們可以藉由轉化或改變心智的限制，實現冥王星象徵的慾望及目的。當他們真誠為別人及本源服務時，便能散發源自於靈魂、由內建立的權威感，然後用正面的方式，將這種權威感融入社會。由於冥王星是雙子座與海王星合相，再加上南交點是天蠍座在三宮，這代表他們天生具備心理學的素養，同時能傳授給別人這類的知識。

天王星與南交點合相，代表他們必須蒐集一些具有轉化本質的資訊，藉此脫離或消除過去的限制模式。這些資訊的本質，都是擺脫文化的限制或社會的影響，讓他們能展現個人的靈性本質。這些人在面對靈性的智慧時，常會面臨一種矛盾：即便在智性層面上，已知曉了靈性的智慧，但卻無法長期應用於日常生活之中。他們必須將這種智慧融入情感層面，才能讓演化發生（金星與水星合相是射手座在四宮，與雙子座的冥王星及海王星形成對分相，而南交點是天蠍座在三宮與天王星合相）。

這些人會有失去、拋棄或背叛的恐懼，這會限制進一步的成長。他們必須擺脫這種恐懼，才能讓演化繼續。在靈性演化的第一個次階段，最常見的問題就是，這些人需要持續的靈修。他們時常無法在靈修的道路上持之以恆，這是因為在心理上，他們抗拒臣服於更高的權威之下。這裡的更高權威，顯然就是造物者。他們必須消除這種心態，才能發揮靈魂真實的潛力，繼續靈性的發展。

這些人特別容易透過創傷性事件，來面對失去的功課，尤其是死亡（冥王星與金星對分相，南交點是天蠍座與天王星合相）。他們也很容易被所謂靈性和真理的文字吸引，成為偽心靈導師的獵物，而他們必須把這種扭曲的趨力，從靈魂中移除。有些人在親密關係中，很容易吸引甜言蜜語的惡魔或是受過傷的人，然而對方並不了解他們的個人特質。他們在生命的某些階段，會背叛這種類型的伴侶（南交點與天王星合相）和關係，藉此完成今生必要的演化，有些人則會在關係中扮演惡魔或老師的角色。無論是哪種情形，他們都會吸收到一些能反映自然真理的資訊，證明靈修並非只有單一種方法，而是可以透過不同的方法，鼓勵別人捨棄任何侷限性的資訊，而這些資訊往往來自社會的限制，會阻礙自我的成長。

這裡有一個好方法，可以透過外界力量，獲得解放或擺脫限制，就是閱讀心靈上師的著作。這些上師畢生致力於幫助別人與造物主融合，因此書中包含了永恆、宇宙性的自然法則，這不僅可以真正幫助他們治療過去的創傷，同時也能提供轉化性的知識，讓他們擺脫過去的限制模式，表現自我真正的靈性特質（天王星）。

由於天王星與南交點合相是天蠍座在三宮，這也意味他們必須透過蒐集資訊來發展靈性，進而表現獨一無二的個人性。這些人很渴望能與同樣心智的人產生聯繫。他們可以透過吸收資訊，發展出對自己及別人的客觀意識。

這些人在這一世的靈魂取向，就是與主流或社會共識，維持必要的疏離。由於天王星與南交點合相在天蠍座，他們已經成熟發展出一種能力，足以與周遭環境及客觀的現實保持疏離。然而，他們會抗拒演化的目的，因此無法完全表現這種能力。正如前述，失去、拋棄及背叛的恐懼，會妨礙演化的進展，而他們會對外界的團體產生依賴，直到恐懼消除為止。在這個次階段，他們會與有同樣靈修態度及認知的人相互分享，藉此獲得安全感。換言之，他們會為了安全感，在無意識中尋找與自己心智相似的團體，導致自己無法成長。他們必須培養出「我如果必須自成一格，就得勇敢做自己」的態度，並學會如何客觀看待每個人，知道對方並非自己投射的模樣，同時也必須經歷某種程度的迫害。這種學習，可以讓他們徹底消除過去未解決的創傷及恐懼。

他們必須克服未解決的創傷，才有可能讓演化繼續。再提醒一次，這些人在過去可能有許多強烈的創傷經驗，像是突然的失去、背叛或拋棄。他們可能會把這些創傷，投射在當下的個人或整體環境。這些人通常會因為這些未解決的創傷，無法完全掌控自己的情感。換言之，他們會將這些創傷，不停投射到當下的事件中，因為這些創傷的影響，而無法完全感受到自己的情緒。就負面的表現而言，他們不會轉化吸收的資訊，反而會用這些資訊，來合理化自己的負面特徵。這些資訊都根據過去的限制模式，用來支持現存的心理傾向（冥王星是雙子座逆行在十宮）。他們在與別人互動時，通常會保持疏離和冷漠，不投入感情。他們時常會透過合理化的方式，來操弄別人和社會制度，藉此獲得冥王星（雙子座逆行在十宮）渴求的社會地位及認同。

就正面的表現而言，他們會利用自己的心智能力和心理知識，以某種獨一無二的方式替別人服務。他們會鼓勵別人擺脫社會的影響及限制。如果能有意識將超驗或轉化性質的資訊，融入生活之中，便能讓內在的心智架構產生蛻變，而外在的現實，勢必會反映出內心的轉變。他們也可以洞悉文化／社會限制的心理本質，同時可以與別人溝通這些理解。這些人可以在與別人分享心理知識的過程中，客觀引導別人實現或表達個人的獨特性。南交點與天王星合相，代表他們如果願意與今生的演化目的合作，便能明顯加快演化的腳步。

南交點的主宰行星冥王星，是雙子座逆行在十宮，又與逆行的海王星合相，這點出他們必須轉化過去的限制模式，以及這些模式相關的過時或僵化的行為。這個相位也突顯出，他們會捍衛自己過去的觀點是正確的，而別人都是錯誤的。他們非常渴望利用自己的靈性天賦，在社會中建立權威。整體而言，他們表現南交點的方式，就是蒐集各式各類的資訊，滿足自己意圖在社會建立權威的慾望，或是與造物者融合的渴望。再提醒一次，他們的靈性發展，必須建立在永恆的宇宙法則之上，否則無法在社會中建立個人的權威。

這個階段的靈魂必須擺脫所有的文化／宗教限制模式，也不能再以自我中心為出發點，過度認同事業或社會階級。他們內心也會出現一股強烈的需求，渴望能轉化既有的心智模式或架構，清除所有根據文化／宗教限制模式的資訊。海王星與冥王星逆行，代表他們必須重新體驗過去世的趨力，將其徹底解決。逆行也意味他們必須跳脫主流社會表現權威的方式，以及集體共識的心智模式。他們必須與主流社會保持疏離，並能透過事業展現靈性的身分意識。這些人會用一種強迫性的方式，斷定或證明自以為是的靈性觀點或真理（南交點是天蠍座在三宮，與天王星合相）。他們也可能用一種扭曲的方式，來維護個人的權威，而個人性及權威，也常會被社會壓抑或抹煞（冥王星是雙子座在十宮與海王星合相，兩者都逆行）。

金星和水星合相（射手座在四宮），與月亮（獅子座在十二宮）及木星（牡羊座在八宮）形成大三角，這代表他們能在這些行星、星座及宮位相關的生命領域中，表現特殊的能力，並且用非常正面的態度，來實現今生的演化目的（表現在冥王星的對應點上面）。他們可以理解自己的生命經驗，同時為了實現今生的演化目的，做出適當的改變。這個大三角也意味著，他們很容易整合相關生命領域的趨力（他們如果出現抗拒，這個柔合相位則意味著，他們會很輕鬆沉浸在抗拒之中）。就整體而言，月亮與自我形象、靈魂在今世的自我中心架構有關。金星則代表我們與自己的內在關係，以及根據內在關係所吸引的外在關係。水星則關係我們的心智結構、蒐集的資訊類型，以及組織資訊的方法。木星則影響我們的信仰系統，決定了詮釋生命的方法。木星也代表我們賦與生命的哲學、宇宙及形上學意義，以及我們會用哪些角度，來認識自己與宇宙的聯繫。

簡單地說，這些人必須透過與自然法則的結合來克服不安全感，自在表現自己真實的靈性特質（金星是射手座在四宮）。他們也必須在內心建立安全感，從內滋養自己，藉此創造正面的自我形象及內在關係。唯有如此，他們才可以與別人建立正面且能支持靈魂成長需求的關係。他們的自我形象及內在關係如果能產生正面的轉變，便會於內在及外在的溝通上展現同樣的性質（金星與水星合相是射手座在四宮，南交點是天蠍座在三宮）。

這些人必須消除任何過度認同的傾向，不能從自我中心的觀點出發，高估個人使命與社會地位之間的關聯性。為了解決這種傾向，他們必須把神或本源當作內心安全感的主要來源，建立正面的自我形象（月亮是獅子座在十二宮）。他們也要學習透過本源，清楚反映自己最真實的靈性身分意識。這些人的信仰必須與自然法則結合，同時要能不斷轉化其中的限制。由於木星落在八宮，他們必須深入分析信仰的心理構成，並且消除任何阻礙成長的信仰。他們也要自在體驗必要的生命經驗，讓自己的信仰能不斷成長及蛻變。這些人渴望消除任何根據主流宗教受限於人的信仰，同時也需要直接理解或證實信仰的真實性。當他們消除過去老舊且受限的信仰時，演化便發生了。他們如果願意與自己的演化目的合作，便能用正面的態度，啟動與大三角相關的功能及領域，實現演化的目的。換言之，這個大三角會將靈魂內在與外在的關係（金星）、自我形象（月亮）、信仰結構（木星）及心智架構（水星），用一種正面的方式，全部結合起來，實現今生的演化目的。

冥王星的對應點是射手座在四宮，這代表他們的演化目的，就是學習內心的安全感，消除所有對外界的情感依賴及期望。他們會透過這個過程，重新改變靈魂的自我形象及情感模式。許多這個相位的人，其誕生的原生家庭裡，都存在自己與父母之間的演化差異（金星在四宮與冥王星形成對分相，南交點是天蠍座與天王星合相）。這種生命經驗會帶來前述的演化功課，因為他們必須學會如何從內滿足自我的需求。

這些人必須反省自己情感趨力的本質，同時覺察情感的結構及其形成的原因。這種必要的反省，可以帶來覺知（冥王星在十宮）。他們會改用完全不同的態度，在社會中表現自己的權威。他們也可以透過內化的安全感，轉變對於社會地位的需求。這些人的安全感，不會再與事業或其他外在的社會角色有關，反而會表現出成熟的態度，為自己的行為及感情負責。此外，四宮對應點最深沉的面向，就是結合陰性及陽性的法則，將兩性的特質融入靈魂之中。對於處於靈性演化的第一個次階段的人而言，陰性及陽性法則的整合，是一門非常重要的功課。

對應點在射手座的演化需求，就是擴張自我的意識範圍，讓信仰系統建立在自然法則之上。這些人必須用一種全面性的角度，來詮釋或認識蒐集的所有事實。最簡單的方法，就是他們可以憑直覺的共鳴，融入一種無所不容的形上學、哲學或宇宙系統。透過這種方式，他們會發現真理都是相對的，再也不須捍衛自己的觀點，堅持別人都是錯的。處於這個次階段的人，對形上學、宇宙及哲學性的知識，通常都有非常深入的了解。他們必須知道經驗性的心智是有限的，因此要學習培養冥王星對應點（在射手座）象徵的直覺能力。正如前述，這些人蒐集的資料不一定是錯的，但某些方面的確是侷限的。這也就是為何他們必須透過上述的演化功課，改變既有的心智結構。

換言之，對應點在射手座的意義，就是與自然法則結合，擴張形上學、宇宙或哲學領域的意識。他們可以透過這種方式，展現優異的整合能力，將各種不同背景的事實及資訊，融入一個全面性或條理分明的系統中。他們還具備另一種卓越的天賦，就是證明各種不同的事實，其實都源自單一或核心的靈性準則。就正面的表現而言，他們還具備對應點在射手座象徵的教學天賦。他們必須誠實面對自己的情感需求，如果能夠學習從內建立安全感，就不會再覺得不安，也不必再與外界溝通自己的情感需求。他們會透過與四宮有關的生命經驗，學習對應點在射手座的演化目的。他們現在會非常篤定自己的信仰和觀點，很有安全感。如果能從內建立安全感，發展正面的自我形象，同時擺脫壓迫性的文化限制，便能與自然法則融合。這是因為當他們建立正面的自我形象之後，就知道如何用別人需要的方式來滋養對方。

北交點是金牛座在九宮，代表他們需要相信一個建立在自然法則之上的信仰系統，如此才能對所有外界蒐集的事實、資訊及觀點，產生全面的認識及詮釋。他們也必須培養直覺。就演化的觀點來看，信仰及詮釋生命的觀點，都是很重要的功課。他們必須學會建立自立自足的生活，同時在親密關係中，誠實面對自己的感情。此外，當有任何人因為與眾不同而受到迫害或被投射時，他們也應該表現出客觀的立場（天王星與南交點合相）。

這些人要學習別用負面的角度，來看待事情或自己，必須認清自己天生的資源，藉此自立自足。如果能接受自然法則，自然便能在情感及物質的層面上自給自足，建立正面的內在關係。他們的內心傾向及起伏，也會與自然法則的頻率一致。他們必須將自然法則融入自己的價值觀中，同時渴望替別人或造物者服務。他們也有能力教導別人自然法則，同時用簡單的方式，呈現從環境中蒐集的各種資訊。如果能與自然法則同步，並仰賴自己的天賦自給自足，便能實現冥王星對應點的演化目的。

南交點的主宰行星金星是射手座在四宮，與水星合相。金星與水星又與冥王星形成對分相。這意味他們與自己的內在關係非常重要，會影響他們如何實現今生的演化目的。他們必須克服不安全感，自在展露天性，並且讓自然法則的光芒引導人生前進，也必須學會從內建立安全感，而非向外尋找情感上的依賴及保障。他們可以透過個人、家庭和親密關係，學到這些功課（金星在四宮）。

這些人可以透過以下的方式，整合今生的演化需求，其中包括誠實的情感表達，與自然法則融合，並透過自然法則來滋養自己。他們必須拋開所有負面的內在訊息及關係模式，這些負面的東西，都是建立在負面的自我形象之上，也有可能是因為，他們對於自己真實的身分意識或情感需求缺乏安全感。我們可以從逆行在十宮的冥王星及海王星看出，他們多半會壓抑自己真實的情感需求及個人特質。因為這種壓抑，累積了巨大的情感能量，而這也會造成情感的扭曲（任何受到壓抑的東西都會扭曲）。這些人會因為自己的情感需求沒有被滿足，無法誠實面對自己及別人。他們在親密關係中，必須誠實面對自己的感情，敏銳感受到對方的需求，而對方也必須同樣對待他們（金星在四宮）。他們必須為自己建立或創造一種環境，誠實面對自己的感情起伏及脆弱。這些人可以藉由這些功課，學會北交點的演化目的及需求。

我們已經示範過靈魂的演化狀態會如何明顯影響或改變同一張本命盤的詮釋方式。接下來，要從個體化的演化階段，來解釋同一張本命盤。

個體化演化階段

整體而言，在個體化的演化階段中，逆行在十宮的冥王星及海王星，意味他們必須在社會中建立自己的權威，同時消除所有隨俗或彌補的趨力。換言之，他們在建立自己的權威時，不能隨俗地符合主流社會或共識的標準，因為他們的靈魂渴望能脫離共識的限制模式。他們現在會對外在社會或所謂的社會權威產生質疑。他們發現必須仰賴自己找到問題的答案，而不能依賴外界提供資訊或觀點來解答疑惑。不能再把安全感，建立在與事業有關的社會地位上面，才能改變過去的限制模式。這些人也不應該再為了情感的安全感，傾向於採納公認的資訊、資料及觀點。相反地，應該追求一些能夠展現個人特質的資訊，同時學習不要以一概全，如果能消除所有受限於社會共識的資訊、意見和觀點，便能讓心智和智力結構出現轉變。他們最有可能從事教學工作，主張每個小孩都有自己獨特的學習方式，而每個人的特質都應該被接納包容（冥王星是雙子座在十宮，與四宮射手座的水星及金星形成對分相，同時又與木星、月亮及九宮的北交點形成三分相）。

這些人天生渴望吸收一些能反映個體化需求的資訊，同時能包容所有人的個人需求及本質。海王星與冥王星則意味著，過去整個演化循環的慾望及目的，都已經發展至極限，渴望能消融所有阻礙自己與造物者直接融合的限制。在這個例子中，他們必須打消所有的彌補或符合現狀的念頭，要學習剷除老舊且過時的限制模式，轉化當下的意識結構。

他們如果處於個體化演化較高的次階段中，便能將自己的權威融入社會之中，同時又能與社會主流保持基本的疏離。換言之，能更有自信表達自我。在第三個（也是最後一個）次階段中，他們能利用原創的新想法、發明及創造能力，來推動共識的進化，讓每個人都能在社會中自在表達自己。這些人也可以透過社會地位、新的想法及概念，來推動社會的進化，同時透過知識的交流，幫助別人脫離過去的社會限制（冥王星是雙子座在十宮）。他們的觀點或想法，在本質上都會質疑社會的限制，同時強調真正的權威是來自於自己的內心。權威是建立在個人的潛力及能力之上，而非來自於社會地位或事業。

現在讓我們假設這張本命盤，處於個體化演化的第一個次階段，再來更深入理解上述的原則。首先，處於這個次階段的人，會因為自己的與眾不同而缺乏安全感，試圖做些彌補，他們必須完全放下這種彌補的心態，不能為了滿足個體化的需求，受限於主流社會的模式。他們會覺得自己與眾不同，同時為此來批評自己，卻又覺得無法隨波逐流（冥王星逆行在十宮）。個體化或擺脫主流的需求，會讓他們試圖發掘一種新的存在方式，用新的方式來詮釋或認識現實。換言之，即使他們會批評自己的與眾不同和個體化的需求，但仍會接受一些不同於社會共識的資訊、事實及觀點。這些人可能會一時壓抑建立權威的慾望，不停吸收帶有個體化性質的資訊，但是到了生命的某個時刻，還是必須採取行動滿足這個慾望。他們必須為自己的行動負責，讓情感的表達更加成熟。

他們必須對社會權威，提出深度的質疑及挑戰，尤其是與社會地位有關的事物（南交點是天蠍座在三宮，與天王星合相），也必須知道事業和社會地位，並不能提供安全感，也無法建立真正的權威。真正的權威來自於內心，而且是建立在靈魂的能力及才華之上。冥王星的逆行，象徵他們正在重新體驗過去的趨力，讓問題被徹底解決。他們非常迫切渴望能剷除所有老舊又僵化的行為模式，而這些模式，通常與依循現狀或彌補的心態有關。他們必須學習透過事業及社會地位，表現真正的個人特質。逆行的海王星與逆行的冥王星合相，意味非常渴望消融所有過去的限制模式，與本源或造物者融為一體。他們如果落實上述的演化功課，便能透過事業來展現本源，同時可以在建立事業或社會地位的過程中，將本源的終極意義投射在社會中。他們可能會在事業的領域中，體驗到幻滅的滋味，這是要讓他們意識到消融的必要性，進一步與造物者融合。這些人必須徹底消除對於事業及社會地位的妄念，才能認清自己真實的潛能及才華；同時必須將自我身分意識與神融合，才能理解真實且不變的終極意義。

南交點是天蠍座在三宮與天王星合相，這代表他們渴望蒐集各式各樣的資訊，藉此滿足脫離社會共識的需求，同時創造一種具有洞悉力的心智或知識結構。他們如果採取行動滿足自己的解放需求，便能捨棄所有受限的觀點、想法、意見、偏見及資訊，並且轉化所有的心智限制。他們會開始探索一些心理性的資訊，包括個人的特質及任何人的需求，但也不會堅持以一概全的主張。天王星與矛盾有關，這意味他們的內心世界完全不同於外在生活。換言之，彌補的心態會讓他們創造一種雙面人的生活，或是活在謊言之中，不敢公開表達個體化的需求。就外人看來，他們的生活與一般人並無差異。

處於個體化演化階段的靈魂，都具備相當成熟的溝通技巧及心理知識，如果能放下彌補的心態，便能與別人溝通自己對於解放及個人化的需求，並分享與眾不同的感覺。他們在心智上非常有防備心，會不停試圖證明自己既有的觀點和資訊是對的，而別人都是錯誤的。基於個人化的需求，當發現別人試圖控制或限制自己的心智發展時，便會加以反抗。這些人時常會為了擺脫主流社會的控制，對抗外界的權威人物，而這些人也會試圖來控制他們。如果想要讓演化繼續，就要克服這種對抗權威的心態。很顯然地，他們如果用負面的方式來對抗，就無法獲得演化，除非完全消除對抗的心態為止。

他們必須遠離主流社會的影響，尤其要避免順應現實的同儕團體。他們必須客觀了解一件事，即任何不順應現實的人，都會覺得自己與眾不同，與主流非常疏離。他們已經在過去發展過疏離及客觀的能力，卻有可能抗拒脫離的演化需求，並且為了彌補自己的與眾不同，刻意順應現實（南交點是天蠍座與天王星合相）。他們必須與同樣心智的人結合，一起克服彌補及欠缺安全感的議題，學會「我如果必須自成一格，就勇敢做自己」。他們如果能與心智相同的人結合，便能消除與眾不同的恐懼和不安全感，並能用客觀的態度面對別人，對方時常會因為他們不順應現實，對他們加以批評或投射。

我們之前曾經提過，處於這個演化階段的人，必須克服沒有解決的創傷，面對自己的感情。這些人可能曾經試圖表現真實的自我，卻被主流社會排擠、批評或投射，讓他們覺得很受傷（南交點是天蠍座在三宮，與北交點合相；冥王星在十宮，與雙子座的天王星合相）。他們可能因此會表現出彌補和順從的行為，會把內心對於自己與眾不同的批評，向外投射到別人的身上，並且不時壓抑自己個人化的需求。克服這種恐懼及不安全感的最好方法，就是吸收一些具有轉變特質的資訊，幫助自己擺脫或解除社會的限制。

南交點的主宰行星冥王星與海王星合相，同為雙子座逆行在十宮，再次強調他們必須轉變或改造靈魂的意識模式，擺脫過去的文化限制，必須轉化所有源自於彌補及順從的限制，擺脫主流社會或共識的束縛，改造自己的心智或知識的結構。他們可以透過挑戰外在權威或社會的限制模式，從內建立自己的權威，反映自己真實的身分意識及個人性，也必須學會為自己的行為負責，培養成熟的感情表達方式。這些人必須從內建立安全感，而非將安全感建立在事業或社會地位上，所有建立在文化限制模式上的偏見、意見或資訊都應該被徹底消除。他們可以透過這些方式，讓整個演化循環進展至極限，與造物者融為一體，也可以藉此消除靈魂中的所有妄念。他們不再會向外從社會中，尋找自己追尋的答案，因為他們已經展開個體化的過程。唯有與造物者結合，才能找到生命的終極意義。

就正面的表現而言，本命盤的大三角意味他們會與今生的演化目的合作。如果抗拒必要的成長，大三角反而代表了他們很容易在大三角涉及的生命領域，逃避必要的改變。無論如何，基於大三角是柔合相位，所以即使因為抗拒成長，而帶來負面的生命經驗，仍能了解其背後的意義。在這個演化階段中，大三角意味他們必須從內建立安全感，根據安全感建立正面的自我形象，學習自我滋養，而非仰賴別人給予情感的滋潤（金星是射手座在四宮，與冥王星形成對分相）。他們必須學會滋養自己，才能建立正面的內在關係。他們在實現或建立個人特質的過程中，必須對別人誠實表達或溝通自己的情感需求（水星與金星合相）。

這些人必須努力克服情感的不誠實，這是一種源自於過去的扭曲趨力，與彌補或順應主流的心態有關。他們會在私人或親密關係中出現這種傾向。金星在四宮也象徵了他們的家庭環境，會出現情感不誠實的特質，而他們會將這種特質內化或保留到長大成人。這些人必須學會在親密關係中放開自己、允許自己受傷，如此才能轉化壓抑的情緒，不再依賴外在的事業或伴侶，來提供內心的安全感。他們如果能與自然法則融合，便可以拋開所有受限、人為的過去信仰，就是這些信仰讓他們缺乏安全感，甚至產生負面的自我形象及內在關係。

他們必須將創造性實現自我的過程，賦予更高的目的，藉此反映出個人的靈性發展。唯有如此，才不會自以為是高估個人使命，並且消除所有自恃非凡的妄念，這些妄念都會阻礙成長。他們可以藉由對造物者的服務，來表現今生的目的及使命，反映出真實的自我特質（月亮是獅子座在十二宮）。基於木星是牡羊座在八宮，他們必須消除所有受限的信仰（木星），因為這些信仰造成了窒礙和限制，讓人無法成長。他們很渴望能看透信仰的結構，藉此轉化自己信仰中的限制。這些人也非常需要自由及獨立的空間，如此才能發現與自己契合的哲學或信仰系統，透過這些系統展現個人的真實本質。他們渴望能探尋一些允許自我探索及個人轉化的特定信仰，而且一旦受到限制就會覺得憤怒。

冥王星的對應點是射手座在四宮；北交點是金牛座在九宮。北交點的主宰行星金星是射手座在四宮與水星合相。對他們而言，最重要的演化功課，就是從內建立安全感。這些人必須學會，不能依賴社會地位或事業提供安全感。必須反省自己的情感結構，及其背後的形成原因，如果採取以上的行動，便能將情感的行為、表現及自我形象，提升至更高的層次。他們如果能自我反省，培養成熟的情感，便能為自己的行為負責，也會渴望從內建立自己的權威，而非透過事業或社會地位來表現權威。這些人也可以藉由這個過程，轉化自己對於外在社會環境的依賴，不會再表現出任何彌補或順從主流社會的行為模式。他們如果具備了內心的安全感，便能建立一種足以反映個人特質的事業。

冥王星的對面點是射手座，這代表他們必須與自然法則融合。這些人必須剷除所有老舊且過時的信仰，重新接受一個允許自己展現真實特質的信仰系統，並透過這種系統，用一種全面性的角度來詮釋自己蒐集的各種資訊、事實及觀點。他們將會明瞭事實與意見之間的差異，同時知道應該接受哪些資訊，而哪些資訊又該被捨棄，也必須培養直覺，同時發現偏重現實的心智，有其限制之處。他們不再需要捍衛既有的觀點、意見或事實，也無須去證明自己是對的，而別人都是錯的，同時也可以學會反應及回應之間的差異性。

北交點是金牛座在九宮，再次強調了他們需要與自然法則融合，也必須接納一種信仰系統，允許他們用全面性的角度，來詮釋蒐集到的所有事實及資料。再強調一次，他們的信仰系統必須能夠反映真實的個人特質，而非一味順從社會共識或主流宗教。北交點是金牛座，也象徵他們必須培養自立自足的能力，必須認清個人的內在資源及能力，才能在情感及物質層面自給自足，達成自立自足的演化目的。這些人也必須學習建立正面的內在關係，將其建立在自然法則之上，允許自己展現真正的個人特質。他們如果能夠採納自然法則，或是一個允許展現個人特質的信仰系統，便能表現自己的天賦和內在資源。這些人天生就具有教學才華，但必須有足夠的安全感，才能在社會中建立一種能夠反映自我本質的事業或社會地位（對應點在四宮），逐步表現出教學的才華。

北交點的主宰行星金星是射手座在四宮，形成上述的相位；這意味他們會吸引一位滋養自我特質的伴侶，同時能與對方分享真實的情感。換言之，他們的關係不能建立在彌補或符合社會共識的基礎上，也不能壓抑自己或對方真實的情感需求。如果沒有解決上述的情感趨力，家庭環境也會成為主要的問題來源。他們的原生家庭，也許會用一種正面且整合的態度，支持他們追求演化的成長；也可能無法支持他們達成必要的成長。兩種情形都可能出現程度不同的表現。但無論是哪一種情形，都必須解決源自於童年及原生家庭的情感議題，才能讓演化繼續下去（北交點的主宰行星金星在四宮，與冥王星形成對分相）。在這個演化階段中，他們必須解決的情感趨力，就是學習如何內在滋養自我的獨特性，同時在關係中誠實表達情感需求。

合群演化階段

現在假設同一張本命盤是處於合群演化階段。我會先分析該階段的整體表現，然後再仔細解釋次階段的差異。這裡會以合群演化階段的第三個次階段為例，示範如何根據特定的演化狀態，來調整詮釋方法。

對於合群演化階段的人而言，本命冥王星是雙子座逆行在十宮，代表的慾望與目的是學習認識制度的運作方式，以及社會構成或組織的方法。他們非常渴望能建立社會地位崇高的事業（冥王星在十宮）。他們的安全感是來自於社會地位，以及與順應主流或社會現狀相關的過去趨力。這些人會依賴外界的資訊，因為他們還不具備獨立思考的能力，無法跳脫社會的框架。在這個階段中，他們會接受外界主流的意見、觀點或資訊，把這些當成自己的觀點（冥王星是雙子座），而且只會吸收這些受限的資訊。這些人會非常急迫想要證明自己是對的，而別人是錯的。當然，他們為了在社會中建立自己的權威，也會想要透徹了解社會的組織結構，在這個演化階段中，只能透過事業表現權威。這些人蒐集的所有資訊，都與十宮冥王星的慾望及目的有關。對於那些不遵守社會規範的人，他們也會嚴加批評。這裡有一點請銘記在心，這種批評不過是反映了他們將自己內在的批評，向外投射在別人身上。他們必須學會為自己的行為負責，在情感上更成熟。他們都是在重新體驗過去世的趨力，好將其徹底解決（冥王星逆行）。

海王星逆行與冥王星合相，這意味整個演化循環已經發展至極限，所有的過去模式都必須被消除，像是順應現狀，或是把安全感建立在社會地位及事業之上。他們必須學習，如何不依賴社會地位或事業，在社會中找到自己的權威。他們如果能與造物者融合，便能消除靈魂中的所有妄念，同時將終極的意義，投射到事業及社會地位上。換言之，這些人的靈魂渴望找到生命的終極意義，但卻把這種需求，向外投射在冥王星落入十宮的表現方式上。他們也非常渴望靈性的發展，消除所有的障礙，進而與造物者產生有意識且直接的融合。他們會透過主流的宗教，體驗到海王星象徵的超越趨力，同時也很容易受到主流宗教的意見或觀點影響。這是因為海王星與冥王星是雙子座合相，同時逆行在十宮。然而在生命的某些時刻，他們會對主流的靈修方法，或是一般宗教主張的欺瞞想法或觀念產生幻滅。這種幻滅，是要讓他們意識到，唯有與造物者連結，才能找到生命的終極意義。在這個演化階段中，幻滅的經驗也是要讓他們體會到主流的知識及資訊，其實無法提供靈魂追尋的答案（從合群階段轉化至個體化階段的表現）。

在合群演化的第三個次階段，他們已經在過去學習社會（或系統）的建構及運作方式。他們在今世已具備相關的知識，也知道必須遵守適當的步驟或社會規則，才能建立卓越的事業。但是基於冥王星逆行在十宮，可能會很抗拒遵守社會規則，也很可能是為了社會地位才追求事業。當他們按照適當步驟或方法來建立事業時，時常會無意識抗拒社會權威。他們必須為自己的行為負責，藉此培養成熟的情感，並學會自決的功課。

這些人很有可能在過去世，就已建立了顯著的事業或崇高的社會地位（冥王星及海王星逆行）。例如，很可能是一位知名的政治人物，教導別人認識政治制度的組織方法，讓別人也能像他一樣獲得聲望。

他們在這一世，可能再次透過同樣類型的事業，在社會中建立自己的權威，同時也能建立社會地位崇高的事業。他們的安全感建立在社會性的事業之上，或是來自於從外界蒐集的資訊。他們渴望蒐集各式各樣的資訊，這都是為了透過事業，在社會中建立權威，並學習制度的運作方式。他們現在可以把這些知識與別人分享，並將事業建立在社會架構的知識之上。

然而這些人到了生命的某些時刻，就無法再認同社會共識的價值觀、生活方式或規範。這種覺知，可以將他們帶往個體化的演化階段。他們會對地位崇高的事業、社會認同或順應主流的慾望失去興趣。當演化開始時，便會漸漸對事業的限制、主流的膚淺資訊或觀點感到不滿，而這種不滿會讓他們與主流社會漸行漸遠，如果還無法徹底根除共識的模式，便會覺得挫折或受到限制。

南交點是天蠍座在三宮，代表了他們喜歡吸收各種關於心理學的知識，藉此來洞悉心智結構的核心。他們如果能移除心智本質的限制，便能透過這種洞悉能力，讓目前的心智結構產生轉化。這些人為了滿足本命冥王星的目的及需求，會蒐集各式各樣的資訊，藉此認識社會的運作或在過去的形成方式。換言之，他們蒐集事實或資訊，都是要讓自己明瞭社會的運作及結構，然後在社會中建立崇高的事業。他們知道如何建立這種事業，並將這些知識運用在事業之中。

這些人的心理知識，通常都是一般人對於生命及現實的認知。這類的心理學，會將概括性的解釋，套用在所有人的身上，他們會採納依循它，並且根據它來分析別人的心理，然而卻也會與這類的生活方式及現實漸行漸遠、產生疏離感。

接下來以合群演化的第三個次階段為例，解釋本命盤在這個次階段，會有何不同的表現。假設一位心理學家針對某事提出意見，他們卻會把這種意見當作事實，套用在所有人的身上，完全不會質疑這位心理學家及其意見。最常見的例子，就是一般人時常會認為，如果能建立社會地位崇高的事業，便能掌握自己的命運及未來。然而，事業其實無法帶來安全感、穩定或成長。這些特質都要靠自己從內培養。

他們如果能對主流社會這類的觀點及意見，提出深度的質疑，便能進入更高的演化階段（南交點是天蠍座在三宮，與天王星合相）。在這個演化階段，他們必須消除對於社會地位的慾望，不再透過追隨主流社會，來獲得別人的認可，然後才能接受個人的特質，展開獨立的思考（從合群演化階段，轉化至個體化演化階段）。

基於天王星與南交點合相，他們會慢慢出現擺脫現狀的渴望，而且這種念頭會越來越強烈。但是受限於目前的演化階段，他們會不停壓抑或扼殺這種念頭（冥王星逆行在十宮），也很害怕自己與眾不同，很恐懼表達或接受任何脫離主流想法的資訊。他們的靈魂會漸漸對主流社會產生疏離感，也會因此覺得恐懼又沒安全感。他們會把自己認同的主流觀點、意見和資訊，投射成「我是對的，別人是錯的」的態度。這些人可能會因為與眾不同的恐懼，強迫性限制自己不得脫離目前的社會規範或限制模式（南交點是天蠍座在三宮）。他們會跟同儕團體一樣，遵守社會的主流或共識。

他們會透過社會的資訊及觀點，來表現轉化的需求。換言之，會追尋一個外在的來源，為心智限制帶來渴望的轉變。然而，這種做法並不能帶來真正的演化，必須自己從內進行轉化，而非仰賴外界受限的資訊。在這個次階段中，他們如果能用一種直接、非操弄的方式，來引導別人認識制度的運作方式，便能讓自己獲得成長。就正面的表現而言，他們可以洞悉社會共識的心理，同時知道如何引導別人看清真相，如果已經長時間處於這個次階段，便會培養出領導的能力，知道如何用一種直接且根本的態度，與別人分享自己的心理學知識。就南交點及冥王星的相位來看，他們最正面的表現方式，就是鼓勵別人學習或透過適當的社會方式，建立有意義的事業，或是用一種非操弄性的方式，在社會中建立個人的權威。

金星和水星合相（射手座在四宮），與月亮（獅子座在十二宮）及木星（牡羊座在八宮）形成大三角，這代表他們能在與這些行星、星座及宮位有關的生命領域，用正面的態度來實現今生的演化目的，必須從內建立安全感，無須證明自己的信仰是對的，而別人都是錯的，也必須學會拋棄負面的自我形象及內在關係（金星與冥王星對分相，而金星又是金牛座北交點的主宰行星）。

這些人如果能夠在親密關係中，誠實表達自己的需要、對伴侶付出，便能表現情感的滋養及真誠，也不會因為自己無法認同社會共識的價值觀、信仰或規範，而缺乏安全感。這可以幫助靈魂進入個體化的演化階段。他們不會再透過事業或外在社會，來滿足自己的情感保障，而是從內建立安全感。這種安全感內化的過程，可以讓他們學會接受自己與主流社會漸行漸遠。

月亮是獅子座在十二宮，這代表他們會從自我中心為出發點，過度認同自己的特殊使命或目的，而這正是他們必須消除的念頭。他們必須擺脫所有的限制模式，這些模式會鼓勵他們，追求崇高的社會地位或公職，像是醫生、律師或老師等，藉此來實現今生的特殊目的，並獲得安全感。他們的確有能力建立這樣的事業，但卻不能從自我中心的觀點、透過事業來定義自己。再提醒一次，當靈魂處在個體化演化的最後一個次階段時，當他們對社會認同或崇高的社會地位失去慾望時，就會對事業產生不滿，覺得自己受到限制。這些人必須消除自恃非凡的妄念（月亮在獅子座），而且只要他們願意做出必要的改變，便能與造物者融合（月亮在十二宮）。他們必須建立正面的自我形象，並在某些方面，表現出與造物者的結合。

木星是牡羊座在八宮，代表必須透過信仰系統來轉化限制。當木星是牡羊座時，他們會透過信仰架構的轉化，感受到自己在持續改變，而他們的信仰往往是導致窒礙或限制的來源。在這個次階段中，他們的信仰多根據主流的宗教，然而當這類的信仰造成限制或障礙時，就應該將其屏棄。這些人會渴望透過信仰來進行演化，所以必須擁有足夠的自由，去發掘不同的信仰，為自己帶來不受拘束的成長。當他們漸漸遠離社會共識的限制模式時，便會對阻礙成長的信仰，感到內在的憤怒、挫折或限制。

然而，這些情緒都是無意識的，他們也無法理解背後的原因，會將這種憤怒和態度，投射到別人身上，對方可能是不同宗教背景的人，卻被誤認（投射）為是限制或阻礙的來源。他們在轉化的過程中，必須正面利用宗教信仰，透過一種非操弄性的方式，來幫助別人認識制度的運作。他們應該透過信仰，來培養個人性和獨立的意見，然後進入個體化的演化階段。他們現在會了解，如何利用宗教信仰獲得成長，同時鼓勵自己或別人超越過去的限制。他們如果渴望體驗這些趨力模式，便能正面發揮大三角的能量。他們如果利用大三角的柔和本質來抗拒這些趨力，與其相關的生命領域，便會出現窒礙，而他們必須有意識解決這些窒礙，才能實現今生的演化目的。

冥王星的對應點是射手座在四宮，代表了這些人的演化目的及功課，就是學習內在的安全感，同時消除所有形式的情感依賴及期待。他們必須知道自己為何形成特定的情感態度，而這些情感又是如何運作。他們必須消除對於社會地位的慾望，不能將安全感建立在事業之上，必須學會用一種非操弄性的方式融入社會。這些人必須學習接受自己對於社會共識漸漸產生的疏離感，且不會因此不安。

舉個例子，他們很可能建立了具有崇高社會地位的事業（冥王星逆行在十宮），但會對此感到疏離、不滿或受限，因為事業帶來的所有事物，都無法產生終極的意義。當他們無法透過事業，找到終極的意義時（海王星與冥王星逆行在十宮），便會產生強烈的疏離、不滿及限制感，而且會對這樣的人生態度感到十分厭倦。

冥王星的對應點是射手座，這代表他們的宗教信仰，必須用全面性的詮釋及基礎，分析過去蒐集的所有事實、訊息及資料。他們必須要與自然法則融合，無論是任何融合的方法都可以，才能達到這種境界。他們的目的，是要與一個形上學的系統（在這個例子中，指的就是宗教）結合，對所有的資訊和事實，產生全面性的理解，並且明白通往真理的道路，是相對而非絕對的。這也是從合群階段，轉化進入個體化演化階段的關鍵點。他們必須學會，事實與意見的不同，以及真理與戒律之間的差異。

北交點是金牛座在九宮，再次強調他們的宗教信仰，必須對所有事實，產生全面的詮釋及認知。這種宗教信仰的本質，必須能在某些方面反映自然法則，才能促進個人的成長。就演化的觀點來看，最重要的功課就是詮釋，意即如何詮釋自己的生命，如何看待其背後的原因。如果用一種合群的態度詮釋生命，便會毫不留情批評或排斥不合群的人，自己也無法獲得成長。

對於這個次階段的靈魂而言，宗教的限制模式，也是非常重要的功課，因為這影響他們詮釋信仰和生命的方式。如果他們遵從人為的宗教戒律，靈魂又將如何真實體驗、直接感知本源？他們的信仰，必須能對自己或社會主流產生的疏離感，提出合理的詮釋。北交點在金牛座，象徵他們需要認清靈魂的天生資源，培養自立自足的能力，必須接納能反映自然法則的信仰，才能表現正面的內在關係及自我滿足。如果能做出上述改變，便不需要捍衛自己的信仰和觀點是對的，認為別人是錯的。也可以用正面態度，來面對自己的疏離感，或是因為合群產生的限制感。正面的詮釋可以讓他們很自然表現出自我滿足的生命態度，尤其是在建立事業或社會權威的過程中。他們也可以透過實現北交點象徵的必要功課，完成冥王星對應點的演化目的。

北交點的主宰行星金星是射手座在四宮，與水星合相，同時與冥王星形成對分相。這再次強調，他們必須建立內在的安全感，消滅所有形式的情感依賴及期望。他們必須建立正面的自我形象，然後將其反映在靈魂的內在關係中。他們的信仰結構必須與自然法則融合，也必須透過全面的方式，詮釋所有的事實。透過這種方式，他們可以轉化所有阻礙成長的觀點、事實和意見（南交點是天蠍座在三宮，又會影響北交點和北交點主宰行星的演化）。就演化的觀點而言，如何詮釋與日俱增的疏離感，是非常重要的功課。他們必須誠實承認這些感覺，吸引一位處於同樣演化關鍵點的親密伴侶，同時誠實溝通彼此的需求。如果能建立內在的安全感和正面的自我形象，便能完全改變面對關係的傾向及方法，也會與有類似心智的人結合（天王星與南交點的合相，會透過北交點及北交點主宰行星的演化，再次表現出來）。

第五章
從演化的觀點分析冥王星相位

冥王星相位的象徵意義

這一章主要解釋冥王星相位的原則及演化目的。這些資料大多取自《冥王星：靈魂的演化之旅》，但是會有更深入的名人星盤分析，示範如何應用冥王星相位的原則。當冥王星在本命盤中，與任何行星形成相位時，意味靈魂正在對抗既有的行為模式，而這些模式導致了限制和阻礙，讓靈魂的演化之旅遇到窒礙，無法進一步前進。與冥王星形成相位的行星，則代表了既存的行為模式，現在必須經歷與冥王星有關的演化轉變。這些與冥王星形成相位的行星，與特定的行為或意識領域有關，而這些東西需要經歷轉化，靈魂才能用另一種方式表現行星的功能。舉個例子，所有冥王星與金星產生相位的人，都有主要的演化目的，而他們終其一生都必須經歷與該相位有關的轉變。

冥王星與其他行星形成的相位性質（強硬或柔和相位），將會決定每個人體驗演化的方式。先前曾提過冥王星相位，會出現兩種類型的演化，一種是驟變式，另一種是非驟變式（一致性）。驟變式的演化，會讓過去強迫性的行為模式，產生突然或全面的轉化，這就是為何驟變式的演化，常被視為壓力或情感激烈的生命事件，有些人可能會經歷一些創傷性的事件，藉此帶來必要的演化。一致或非驟變性的演化，則可能是平順且漸漸發生的，但仍持續改變。冥王星的強硬相位象徵了驟變式的演化，柔和相位則象徵一致或非驟變式的演化。這裡有一個重點必須謹記在心，就是對於大多數人而言，靈魂的演化是無意識的過程。因此，大多數的人也無法意識到冥王星相位的演化過程。身為諮商師，我們可以透過本命盤中冥王星的位置及其形成的相位，判斷個案可能會出現哪些既存的強迫性行為模式，然後根據判斷及知識，幫助個案瞭解造成這些阻礙、限制和窒礙的原因。

本命盤冥王星相位的多寡，將會決定個人演化的速度（無論相位的性質為何）。冥王星相位數目較多的人，通常會比數目少或沒有相位的人，經歷更多轉變性的生命事件。相位多的人為何會遭遇這些特別的生命經驗？這是因為他們時常會用加速的方式去對抗、轉變或進化一些源自於過去的限制模式，因此老舊的行為模式會很快擺脫過去的限制，轉化成新的模式。這些人渴望能展開進化。換言之，這其實是反映個人想要重返本源的慾望，雖然很多人並不會用這種角度，來看待轉變的生命經驗。冥王星相位很少的人，則像暫時脫離冥王星的演化壓力，在漫長的演化之旅中小歇片刻。

此外我們也不能單就一個相位來分析一張本命盤，而是要考慮整張本命盤的格局及其他的緩和因素，才能歸納出正確的解讀。所謂的緩和因素，包括個人天生的演化階段，以及宗教或文化的限制。我們也必須用本命盤中主要的演化／業力趨力（冥王星、南交點、冥王星的對應點、南北交點的主宰行星），來解釋冥王星的相位。我們可以把冥王星相位的數目，當做解盤的起點，大致判斷個案的演化速度，以及這種速度可能帶來哪些生命經驗。我們可以根據冥王星的位置（星座及宮位）、冥王星形成相位的行星（星座及宮位）得知，哪些特定的意識領域會受到冥王星演化的影響。

在分析冥王星相位的影響時，還必須考慮對於必要演化需求的反應，而這將影響一個人如何體現冥王星的相位。我們的反應是根據自己對於生命的態度及傾向，而這可以反映出個人的信仰及價值觀。舉個例子，一個人如果認為改變是正面且必要的，根本不會認為強硬相位代表壓力。當然，強硬相位帶來的生命經驗，並不會因此變得比較輕鬆或緩和。但如果抱持正面的生命態度及方式，便會用正面的方式來面對它；如果用威脅或負面的態度來面對改變，便會抗拒必要的演化改變，並會因為這種抗拒，用負面的方式體驗與冥王星相位有關的生命經驗。這反映了每個人的靈魂之中，有兩股對立的慾望，會對今生的演化目的產生合作及抗拒的趨力。

根據上述介紹，冥王星有四種影響靈魂演化的方式，再加上三種面對演化成長的反應，都會直接影響冥王星相位的表現方式。我們之前提過，人們在面對必要的演化成長時，通常會出現三種主要的反應：一、完全抗拒今生的演化目的；二、只願意改變部分，其餘則堅持不變；三、完全不抗拒演化的目的，願意接受它，並與它合作。第一種反應象徵了與本源隔離的獨立慾望；第三種反應象徵了重返本源的慾望，但令人遺憾的是，這種反應並不常見；第二種反應最常見的，反映了上述的兩種慾望（我們會在每一世做一點改變）。

相位的性質（強硬或柔和）會決定冥王星相位演化過程的本質。強硬相位代表加強的演化慾望或壓力，渴望將所有的老舊模式，轉化成新的模式，促進演化的發生。這些老舊的模式，多是強迫性的行為，阻礙了必要的成長。一般人對於冥王星相位象徵的既有行為模式的本質，通常不甚了解。他們如果不能乖乖合作，這些阻礙成長的老舊行為模式，就會遭強迫性地消除或重整。強硬相位會帶來強烈的演化壓力，強迫一個人轉化老舊的模式；而其所造成的內在壓力，就像尚未爆發的火山一樣。強硬相位涉及的生命領域，有時也象徵一個人必須在這一世解決的負面業力。許多人並不了解人生災難事件背後的原因，因此會極力操縱（冥王星）及抗拒，不願意為自己的行為負責。

他們的老舊行為會經歷循環性的改變，有時平靜無波，有時則災難突臨。災難的發生，意味他們的內心感受到強烈的情感窒礙、挫折及壓力，因為現存的行為模式已經到了極限，而往往不知道自己為什麼會產生這樣的感受。他們會很渴望改變這些老舊的模式，然後有意識地產生或出現新的模式。這個階段可能會發生驟變或創傷的事件，往往要到事件結束之後，才能理解發生的原因。平靜的狀態則多半出現在災難發生之後，也可能是因為他們透過極度的注意及反省，揭露了窒礙及限制的源頭。在平靜的狀態中，靈魂可以適當改變行為，促進演化發生。在災難事件發生之後，平靜狀態則意味他們正在反省事件本身，以及自己做出的改變。他們將會看清導致災難的原因及行為模式。

強硬相位的衝突就在於，演化目的會讓他們渴望改變或轉化老舊的行為模式，因為這些模式阻礙了進一步的成長；然而另一方面，他們又渴望能維持過去或老舊的行為模式，因為這構成了自己潛意識中的安全感。他們感受到的壓力或困難程度，會直接取決於自己對於演化／業力需求的抗拒程度。這裡的需求，指的是改變冥王星相位象徵的強迫性行為模式。當我們一再用同樣的方式面對生命時，就會導致強迫傾向（冥王星）。演化的需求剷除或超越情感／心理限制，而這種強迫傾向，往往源自於無意識的安全感。再提醒一次，冥王星的強硬相位與強烈的演化慾望及目的有關，渴望能剷除所有阻礙進一步成長的強迫性行為模式。

冥王星的柔和相位，通常代表這些人具備整體的知識，能不費力地整合冥王星相位要求的必要改變。他們通常能對部分的演化需求採取行動，轉化強迫性的行為模式，同時能夠理解轉化的過程。與冥王星形成相位的行星功能，會經歷平順、漸進和持續的演化（柔和且一致性的演化）。無論如何，這些只是概略的原則，不能應用在所有個案上。柔和相位也可能出現負面表現，就是「容易抵抗」（ease of resistance）與靈魂兩種慾望相關的必要改變。跟強硬相位的人相比，這些人可能比較不會感受到壓力（慾望），或是完全感受不到改變及演化的壓力。但如果一味抗拒冥王星相位要求的演化及改變，柔和相位也可能出現負面的表現，很可能出現極大壓力的生命事件。事實上，他們如果一直抗拒，最後有可能遭遇災難性事件，強迫必要的改變發生（這些柔和相位，在今世可能會因為行運或推進，而變成強硬相位，或在來世轉為強硬相位）。柔和相位與強硬相位的差異在於，他們即使抗拒改變，仍能理解為何會出現這些生命事件或情境，或是為何會體驗這些創傷或內在壓力。他們可能不喜歡，但仍能安然面對。就正面表現而言，柔和相位象徵可持續且平順地改變阻礙成長的既有模式。這些人可以因應需要而做出適當的改變，同時很清楚自己必須改變。

我們在分析冥王星相位的表現時，還必須考慮另一個重要因素，那就是相位的相對年齡（新或舊）。判斷的方式是以冥王星為起點，以逆時針方向來看。這裡的唯一例外是太陽。就整體而言，冥王星相位的容許度是十度。因此冥王星相位可能在形成正相位之前或之後的五度。如果還差五度才形成正相位，就代表一個比較新的相位（差距越遠，相位越新）。比較新的相位，象徵一個全新的演化循環才剛展開，對於冥王星有關的演化趨力也比較陌生。如果相位形成的度數，已經超越正相位，則代表這是一個比較舊的相位（差距越遠，相位越舊）。比較舊的相位，代表演化的循環及衝動，已經到達極限階段。他們在過去世已經針對相位相關的特定領域進行改變，而到這一世時，改變已經接近極限。我們現在可以想像冥王星的相位，會對每個人帶來極為不同的改變。就像買一條新的褲子，褲子一開始穿起來可能不太舒服，但久了就變得很好穿，因為已經習慣了。冥王星如果是強硬相位又處於較早期的階段（演化的衝動比較陌生），這個人對於演化及衝動的理解或整合能力，可能不如柔和相位或處於晚期階段的人成熟。這個原則對於諮商工作極有幫助，因為我們可以用客觀的角度分析一個人實際的內心感受，然後建議對方採取適當的步驟做出改變。

冥王星與行星相位的演化目的

接下來要探討冥王星與每個行星形成的相位，象徵哪些核心演化目的。首先必須認識行星的原型或意義，才能知道哪些特定的意識領域，會受到冥王星演化的影響。再提醒一次，我們還必須考慮每個人天生的演化階段、文化／宗教條件，以及主要的演化／業力趨力等會引起緩和作用的因素，才能正確詮釋冥王星的相位。我們必須適當調整冥王星相位強調的目的及關聯性，反映出減輕因素的影響力。

火星

火星與靈魂的主觀及意識慾望本質有關。這些慾望源自於冥王星或靈魂，然後轉移至火星，透過它來表現。這也就是為何人們會把火星稱為冥王星的低八度（低八度是高八度的濃縮表現）。火星是牡羊座的主宰行星。有火星及冥王星相位的人，會強烈感受到靈魂中的兩股慾望，同時渴望能轉化這兩股慾望象徵的個人限制，而這股轉化的渴望，都會轉移至火星的表現上。因此火星的宮位和星座，以及火星和其他行星形成的相位，都象徵這些人如何意識慾望的本質，同時也代表他們會用何種方式，有意識地、本能性地實現與冥王星有關的慾望。火星意味發現或恢復天生身分意識的慾望。這個相位代表一個全新的演化循環剛剛展開，而在自我發掘的過程中，人們需要非常基本的自由及獨立，才能變成演化／業力要求的模樣。他們的靈魂會在行動／反應的層次上，學習演化的功課，因為這種演化衝動都是出自本能（火星）。

當冥王星與火星形成相位時，他們的演化衝動就是採取實際行動，轉化靈魂之中有意識且主觀的慾望。他們必須學會剷除不經考慮又自我中心的表達方式（這種行為當然會有不同程度的表現），也必須積極轉化所有的獨立慾望。有火冥相位的人非常渴望能轉化任何與慾望本質有關的內在限制，基本上他們會對任何妨礙成長或身分意識表現的限制（無論是內在或外在的），感到相當憤怒。火星的趨力，通常與這種限制有關。因此他們必須徹底清除這種未解決的憤怒，才能讓演化發生，必須將憤怒用在建設性目的之上，而非用來破壞。他們同時具備完全自我製造或自我毀滅的能力，這些趨力通常會循環輪替出現。

這種相位天生具備了非常原始又極具威力的巨大能量，疏通這種能量的關鍵在於，必須將自我成長及發展視為個人目標。就負面表現而言，他們會不停追逐慾望，完全沒有意識到自己為何這麼做，除非把心力用在個人的目標或成長上面，否則就會把自己弄得筋疲力盡，完全失去方向；就正面表現而言，這個相位的重點是，必須了解所有的限制都源於自己的內在，不能認為是別人限制了自己，而把憤怒投射到他人身上。他們渴望能對抗或轉化所有限制，不受限制表現個人的身分意識，這會讓他們在演化的過程中，面臨統治及被統治的功課。如果是被統治的一方，便會對試圖統治自己的人感到憤怒，直到採取行動解決這個問題；如果是統治的一方，當被統治者試圖伸張自己的意志，不願意任由他們安排時，他們的自我中心便會受到震撼。最好的情形，是能透過這樣的震撼，產生必要的改變。

冥王星與火星如果形成強硬相位，意味演化的過程可能具有突然改變的性質，同時會發生一些造成壓力的事件，讓他們做出必要的改變。如果是柔和相位，則象徵很容易整合這些演化的功課，因為他們能意識到自己必須做出哪些改變。柔和相位也可能意味，即使知道自己必須改變，卻能很輕鬆地抗拒必要的改變。再強調一次，我們不能只考慮單一因素，還必須將之前提過的減輕因素列入考慮。

無論相位的性質，所有冥王星及火星的相位，都象徵靈魂的主觀及意識慾望，必須與靈魂的演化需求達成和諧。這個相位的最大挑戰，就是讓個人的意志與最高的意志（造物者的意志）達成和諧。如果堅持獨立的慾望，並且依此行事，最後只會導致負面及衰退的經驗；如果持續實現獨立的慾望，最後只會導致窒礙，因為這種行為只會限制個人發展，耗盡所有的個人能量，這個相位非常強調必須為自己的行為及慾望負責。他們大多數的人，在過去世沒有修好這門功課，所以必須用嶄新的方式，來滿足自我發掘及獨立的衝動，才能掌握一個全新的演化循環。再強調一次，這些人的個人發展及意志力運用，必須符合靈魂整體的演化需求及條件。他們必須允許個人意志與造物者的更高意志融合，用全新的方式實現靈魂的慾望，改變並轉化過去的限制，也可以透過這種方式培養個人性（或個人的身份意識），並用正面的方式，處理自由與獨立的需求。他們會建設性地利用憤怒，這是該相位與生俱來的巨大原始能量，足以用來創造個人的現實，達成靈魂的演化目的。

金星

金星與內在關係有關，而我們與別人形成的關係，都建立在自己的內在關係之上。金星是金牛座及天秤座的主宰行星。天秤座反映了金星的外在本質（投射面），而金牛座則反映了金星的內在本質。冥王星與金星的相位，象徵了與內在關係有關的既存模式，以及因為演化而轉變的外在關係。最常見的情形，是他們往往沒有學會如何自給自足，尤其是在現有的關係之中。金星也代表我們在關係中的期望，而這會產生投射的需求。這個相位的演化要求，就是必須學會從內來滿足這些需求。投射的需求很容易導致相互依賴的關係，因此很多人會誤以為自己追尋的意義，都存在於另一個人或目前的伴侶身上。這種以互相依賴為基礎的關係結構，會導致演化的限制及障礙。關係中投射的需求及期望，只會導致有條件的愛及付出。

金星代表被需要的需求，而且希望伴侶能滿足這種投射的需要，這種核心趨力會導致關係及個人行為的極端表現（天秤座象徵被需要的需求）。這些人在關係中，可能會控制對方的情感，或被對方控制，為了關係的獨立及公平，他們必須轉化這種傾向。冥王星／金星相位最重要的課題就是，如果不能愛自己、珍惜自己，並對自己付出，又如何能夠真正愛或珍惜別人，或對別人付出？這個相位的人，時常會公開或私下操縱別人，藉此滿足自己的期望及投射的需求。在過去的演化中，如果這些期望沒有被滿足，便會出現激烈的感情狀況或衝突，包括離開或被拋棄。最糟糕的情形，就是可能會出現不同程度的情感虐待。他們可能是被虐待的那一方，或是虐待對方的人。

對於冥王星／金星相位的人而言，最重要的，就是學習認清自己在關係中的需求，不能再期望對方來滿足這些需求，也必須學會認清自己的內在資源，藉此學會在情感及物質的自給自足（金牛座與生存本能有關），而這也是冥王星／金星相位象徵的功課。這個相位再次強調了自立自足的議題。我們對於生命的態度及內在價值觀，反映了對生命整體的態度。因此，這個相位的人必須學習轉化靈魂的價值觀，以及其所導致的生命意義。明確地說，他們必須剷除所有物質導向或依賴別人的價值觀及內在傾向。一般而言，這些人通常都會採納主流共識或目前伴侶的價值觀，因為他們有被需要的需求。還有些人會因為自己的價值觀不符合主流共識，因此產生彌補的心態，最糟糕的情形，是他們可能變成別人的延伸品，或是代表別人的「另一個自我」，這些人會完全被對方控制。另一種情形，則是會將自己的價值觀、意義或需求投射在伴侶身上，期待伴侶變成自己的「另一個自我」，他們會以感情控制為出發點，完全掌控對方的感情及心理。

如果想要改變外在關係的模式，首先必須改變自己的內在關係及能量。如果轉化內在的限制及既存的行為模式，便能在新的外在關係中，表現出無條件的愛，同時形成具有同樣性質的內在關係。冥王星／金星相位的人必須脫離過去的限制，培養健全且正面的關係。

冥王星與金星的宮位及星座，則代表了必須轉變的特定生命領域。

水星

水星與我們的智力結構或架構有關，也代表心智如何整合從外界蒐集的資訊，溝通的方式也會反映在水星上面。水星是處女座及雙子座的主宰行星。雙子座代表蒐集事實、資訊及資料的外在過程，以及心智／知識結構，我們與別人溝通知識的方式，也與雙子座有關。處女座則反映了內在的心智過程、分析，以及如何組織已經蒐集的知識，透過雙子座功能蒐集而來的資訊，之後會透過處女座的功能，加以組織或分類，由於水星是雙子座及處女座的主宰行星，所以這兩種心智過程都與水星有關。這裡的重點在於，水星象徵的心智組織過程，是建立在我們既有的是非觀念之上。換言之，信仰就像一張濾網，決定了心智結構的本質。這些既有的是非觀念，將會影響資訊的取捨。

當冥王星與水星形成相位時，人們必須轉化導致窒礙或限制的既有意見及偏見，必須改變嚴厲且僵化的知識模式，以及其所導致的心智結構，他們的安全感與靈魂中心智架構及組織有關。再強調一次，這並不代表他們的資訊及觀點是錯誤的，但在某些方面的確是侷限的。這些資訊都是根據既有的想法或概念，或與是非觀念有關的信仰系統。所有本命盤中有冥王星／水星相位的人，都具有天生的洞悉能力，可以看穿任何知識系統的底線，同時也已經在過去世發展出高度的專注能力。

冥王星／水星相位的人，可能會出現兩種極端的表現。第一種類型的人，會全盤接受環境中所有知識性的想法、系統或概念。這反映了雙子座的原型，而雙子座的需求就是蒐集各種事實、訊息及資料。這種開放型的人，非常渴望蒐集各種不同的資訊，但往往沒有真正吸收消化。他們沒有一個已經形成或已經發展完善的知識基礎，所以不知道該如何分辨或取捨資訊，很多這個類型的人，會嘗試證明每種觀點都是對的，即使這些觀點相互矛盾。換言之，當他們的觀點受到挑戰時，一定會想辦法證明它是對的。就演化的觀點來看，這種知識結構顯然會造成限制，就像陷入了觀點的旋轉門而停不下來，這些人必須學習建立心智的架構及基礎，將所有不同的知識系統整合為一，讓外界所有的想法及事實，都有所依循。透過這種方式，表現健全的辨識能力，判斷哪些資訊是建立在意見及偏見之上，而哪些資訊則是根據真理及事實，對於所有冥王星／水星相位的人而言，這種辨識能力非常重要。他們必須知道自己適用於某種特定的知識系統或組織，卻不需要反對別人的意見，也不需要主張只有自己的系統是對的，因為這會導致知識的封閉。

冥王星／水星相位的另一種極端表現，就是知識封閉型。這些人會根據既有的意見及想法，建立嚴格且僵化的知識結構，他們不會接受任何無法反映靈魂既有信仰的知識。這些人會主張只有自己的觀點才是對的，而與自己意見相左的人都是錯的。這種類型的重點在於，非黑即白的心智結構顯然已經造成演化的限制，而他們必須轉化這些限制。他們的觀點不一定是錯的，卻受限於僵化的知識結構。這些人必須學會接受別人的觀點及知識系統，並將這些東西融入自己既有的心智架構，讓整個架構更加延伸。這些人常會遭遇內在及外在的知識挑戰，而做出必要的改變，他們如果能改變非黑即白的心智組織，便也能證明別人的觀點是對的，而且在必要時，還能將別人的觀點融入自己的心智架構中。

這兩種極端的類型，當然會有不同程度的表現方式。本命水星的實際狀況，以及它與冥王星形成的相位（宮位、星座及相位的類型），都將會影響此人的心智本質（開放或封閉）。舉個例子，水星如果落入變動星座（雙子座、處女座、射手座及雙魚座），同時與冥王星形成柔和相位，則比較傾向於開放型；水星如果落入固定星座（金牛座、獅子座、天蠍座及水瓶座），又與冥王星形成強硬相位，則比較傾向於封閉型。此外，冥王星／水星強硬相位的人，時常會與別人發生心智或知識的對立。他們可以透過對立，感受到別人的心智或知識力量，更常見的情形是，別人會揭露他們知識架構或論點的弱點，當他們體會到別人的心智力量或其正當性時，就會將這些東西吸收融入自己的靈魂之中。這可以讓他們獲得心智上的擴張及轉化。柔和相位的人，可能經歷持續且柔和的轉變（演化），將之前受限的知識結構或想法，轉化成新的心智模式或組織，並將其作為心智擴張的基礎。

所有冥王星／水星相位的人，如果採取必要的改變，便能讓知識結構產生連續的轉化。

無論上述哪一種類型的人，都必須挑戰並轉變既有的心智模式或組織，因為這些東西的本質太過嚴格或僵化，阻礙演化的成長。他們也必須在知識系統轉化或擴張的過程中，學會事實的相對性。再提醒一次，這個相位的演化目的，是學習證明別人的知識系統或觀點具有正當性，即使這些東西不同於自己既有的知識系統，也必須透過轉化的過程，學會分辨事實與意見的差異性。

月亮

月亮代表了今世的自我中心結構，以及靈魂的自我形象。靈魂的自我中心結構，允許我們有意識地整合今世的演化目的，同時表現天生的自我形象。之前曾經提過，自我就像投影機上的鏡片，可以替靈魂產生獨特的自我形象；投影機如果沒有鏡片，形象就變成散發的光線，無法聚焦。月亮是巨蟹座的主宰行星，也具有同樣的運作趨力。巨蟹座的原型也象徵整體的情感（水向星座），以及構成主觀安全感的特定趨力，因此冥王星與月亮相位的演化目的，就是轉化整體的感情行為及獨特的自我形象。更重要的是，要學習消除對外界的依賴，在情感上自立自足，唯有透過這種方式，才能表現內心的安全感。這些人必須學習，轉變自己對於任何內在或外在環境的本能情緒反應。

這種相位的人，往往會在童年經歷困難的情感經驗，而且多半與母親或關鍵女性人物有關。他們時常會吸引女性／母親類型的人，試圖在情感上支配或控制自己；或是一些對於情感有非常嚴謹或強烈期盼的人，並對別人秉持嚴格的行為標準。當冥王星／月亮相位的人，不能達到這些人的期望，或是無法符合對方投射在自己身上的情感標準時，對方（通常是母親型的人物）就會將情感的傷害、失望或崩潰，投射在他們身上，他們的母親可能非常冷漠，吝於付出情感上的安慰。基於這種困難的幼年經驗，冥王星／月亮相位的人，多半將自己沒有被滿足的情感需求或期待，投射到別人身上，基本上會把童年時期的錯置情感，投射在成年後的親密伴侶上。他們多半會在私下或公開操弄別人，藉此滿足自己的情感需求，而操縱的程度則各有不同。反過來看，別人也可能用同樣方法接近他們，或跟他們一樣有許多感情上的期待。這裡最關鍵的問題在於，他們期待別人用自己需要的方式來滋養自己，同時還會把這種需求，投射到別人身上，這都是因為深沉的不安全感，再加上負面的自我形象，才產生強迫性的情感期待和錯置的情感。很顯然地，這些人如果不能學會從內滋養自己，便無法學會在情感上自足的演化功課，也無法消除對外界的依賴。這就是為何許多冥王星／月亮相位的人，會在童年時期與主要的女性人物（母親）出現困難的經驗。

相反地，還有一些冥王星／月亮相位的人，會吸引另一種母親型的人物，她們會鼓勵並支持他們在情感上自足、成長及獨立，而非一味依賴母親。這些人通常在過去世，已經開始學習這些重要的演化功課；而母親型的人物，也能了解他們整體的情感取向、情緒及困難，幫助他們洞悉這些情感的趨力，獲得與自己一樣的成熟見解，然後在情感上獨立自足。他們最後也能幫助別人看清自己的情感問題或情緒。

就負面的表現而言，這個相位的人長大之後，可能像自己的母親一樣，試圖控制或改變別人的感情表達方式。當別人無法滿足他們情感的期望時，可能出現輕蔑、刻薄、忌妒及報復傾向，最糟糕的情形還可能出現肢體的暴力，一般人多半無法長久忍受這種情感上的控制及專橫。因此這些人通常會透過對抗或分離的經驗，經歷強烈的情感震撼。這些困難且痛苦的經驗，是要讓他們意識到自己來自何方，為什麼會發生這些令人震驚的情感事件，他們可能透過這種方式，糾正自己的錯誤，建立正面的親密關係。就正面的表現而言，這個相位的人會鼓勵別人在感情上自足，而非依賴他們，當他們積極且有意識地在感情上尋求自足和內在的安全感，便不會再經歷任何負面的情感事件。

冥王星與月亮形成相位的人，在感情上會有強迫傾向，也許在心智上或感情上，想解決強迫性的情感模式，但又十分恐懼改變，一再重複同樣的態度，也可能會因為對這些模式感到很無力，因而產生憤怒、氣憤或憎恨的情緒，最糟糕的情形是因為自己無法解決強烈的情感痛苦，而在潛意識中出現自殺的念頭。再提醒一次，解決這個問題的關鍵，就是有意識地學習在感情上自足，建立內在的安全感。他們一旦帶著覺知展開這些重要的演化功課，所有的負面情緒便能漸漸轉化成正面，與別人的情感互動方式，也會出現截然不同的改變，這些人也會對之前無法容忍或沒有耐心的事情，表現出寬容及耐性。

所有冥王星／月亮相位的人，天生就能看穿任何人的情感趨力及結構。這裡意味的演化目的及功課，就是他們必須觀察自己的情感趨力，知道自己行為背後的真正原因，如果能達到這個演化目的，便能專注地觀察別人的動機或目的。整體而言，他們對於感情趨力的覺知能力、是否能在感情上自足，是否能從內建立安全感，這些都取決於冥王星／月亮相位的相對年齡。這個相位如果比較成熟，他們就可以利用天生的心理知識來幫助別人。

這個相位的人，會交替出現兩種截然不同的狀態：一種是充滿活力的狀態，另一種則是封閉的狀態。最重要的是，他們必須了解狀態的發生原因。這兩種狀態都是天生的，然而任何一種發展到極致時，都可能會出現情感上的扭曲及茫然。換言之，這些人必須客觀了解自己情感狀態及表達的本質，透過客觀的意識，轉化情感的行為、表達及自我形象。這些人可能暫時封閉情感，這是為了消除情感上的障礙。他們也可能會受到靈魂無意識力量的影響。這是要讓自己能在演化的關鍵時刻，產生觀點或知識，或是讓源自於靈魂的新想法、感情或情緒，融入有意識的自我之中。外在的環境可能提供一些線索，讓他們知道現階段的狀態，已經到達極限。冥王星／月亮相位的人，身旁親近的人會試圖質疑他們為何出現這些狀態，這種外界的反應，可以讓他們客觀判斷自己的情感行為，進而達到平衡。

還有另一種方法可以重新改造或轉化錯置的情感及期待，就是認同某種特定的系統或計畫，幫助自己客觀表達情感，這非常重要，因為他們時常會在潛意識中，保留非常痛苦的情感記憶，進而影響了目前的感情行為及反應。所以這個相位的人，一定要學會如何控制自己的狀態。他們認同的系統必須能夠看透情感的本質，才能重新啟動本能的情感反應，培養客觀的情感意識。

所有冥王星／月亮相位的人，都必須消除對外界的依賴，從內建立安全感。透過這種方式，他們可以轉化或改變自己對於外在及內在環境的本能情感反應，而自我形象也會漸漸從負面轉為正面，如果能控制自己的情感狀態，便能產生成熟的客觀意識及情感的洞悉能力，提供別人極大的幫助。他們將會渴望幫助別人揭開自己情感的取向及心情，同時也會鼓勵別人在感情上自足，培養正面的自我形象。冥王星與月亮形成的相位性質（柔和或強硬），將決定演化的發展方式。

太陽

太陽與創造性實現的過程有關，也代表今生的使命感。從太陽可以看出，一個人如何整合自己的演化目的及需求。我們會對本命太陽落入的星座及宮位，產生強烈的特殊使命感，因為太陽與今生的特殊目的有關，也代表了我們渴望用創造性的方式，來達成這個目的。太陽是獅子座的主宰行星。

冥王星／太陽相位的演化需求及目的，就是認清並發展獨一無二的目的，同時運用意志力來創造性地實現這個目的。這個相位象徵的是，必須轉化或改變之前創造性實現的態度。這些人必須把自己的特殊使命與社會需求產生連結，才能對別人產生意義，否則極可能陷入極度自戀的虛幻之中，也可以透過這種方式，轉化過去的自戀行為模式，而這些行為往往與創造性的實現方式有關。他們必須學會消除自恃非凡的妄念。整體而言，冥王星／太陽相位的人，通常都必須完成某種非常特別的目的，這可以讓他們功成名就，獲得社會的高度認同。

冥王星／太陽相位的人，會有強迫的需求，渴望能消除所有阻礙自己展現個人權力及特質的條件或趨力。這些人最典型的表現，就是會在潛意識中，渴望獲得社會的肯定，被別人視為是特別且重要的；就演化的觀點來看，這種需求會導致障礙和限制。最危險的是，可能會沉浸於自我榮耀之中，他們不能從自我中心為出發點，過度認同自己的創造性目的或能量。就負面的表現而言，他們可能會用一些下流、詐騙，甚至是無情的手段，來攫取社會或個人的權力。其他冥王星／太陽相位的人，則可能會非常嚴厲對待不擇手段獲取社會或個人權力的人，讓他們無所遁形。

這些人的演化目的，就是學習認清個人力量的限制，知道自己有哪些事情可以做到，哪些則能力不及。有些人可能會濫用權力，因為他們拒絕承認個人力量的極限，這些人時常公開或私下操縱別人，藉此獲得特別的關注或認同，但可能遭遇對抗或揭穿的業力震撼，震撼的大小要視他們操縱或濫用權力的程度而定，這是要讓他們學會客觀和抽離的必要演化功課，同時也是要讓他們覺察自己的動機及目的，有些人會活在別人的成就及肯定之下，卻得不到外界的關注，這也是要讓他們學會上述的重要功課。就正面的表現而言，他們可以透過這些經驗，了解事情為什麼會發生，然後做出必要的改變。這裡的挑戰在於，必須在實現自我獨特使命的過程中，承認自己的能力有限，同時又能不斷發展創造性的目的或身分意識。換言之，這些人不能讓特殊目的的限制，阻礙了自己的個人成長。

這個相位的人，其生命目的及創造性能量，通常會經歷循環性轉化，同時也必須學習實現創造性目的的方法。他們的創造性目的及潛力，常會有令人耳目一新的表現，如果能讓實現的過程自然發生，或隨生命的演化而開展，便能克服過去的限制，如果只能展現一小部分的潛力，就可能感到挫折。但是就個人演化而言，他們必須在特定的時刻，才能進入特定的發展階段，這是要確保他們成功實現自我。

這個相位的演化目的，是要積極認同一些遠勝過於生命的人，這些人象徵社會權力，或是已經超越整個社會。舉個例子，他們如果想要變成占星家，就會認同占星界中最知名的人物，在本質上會與這些人建立轉移性的關係，藉此吸收對方的創造性能量（太陽／冥王星相位）。當他們能用獨一無二、創造性的個人方式，來吸收對方（知名人士）的創造力時，便能轉化或改變自己的創造性能量。

這些人通常都會透過父親型的人物進行演化，對方會試圖塑造他們的身分意識或創造性的表達方式。他們通常會感受到某種程度的威脅，並且因為這份威脅感去反抗對方，這可能是出自對於特殊關注及認同的渴望。無論如何，就冥王星／太陽相位的演化目的而言，他們必須在生命的某些時刻對抗父母。這些人可能因為父母不願意肯定他們的個人特質或創造性的目的，而把父母拋到腦後，關係漸行漸遠；他們的父母，也可能因為對抗的情感震撼，改變自己的行為模式。反過來看，冥王星／太陽相位的人，也可能遇到一位父親型的人物，願意支持並鼓勵實現個人的身分意識，讓他們願意與核心演化目的合作。這些人有時同時吸引上述兩種類型的父母（一位扮演威脅的角色，另一位扮演鼓勵的角色），也可能獲得一些足以反映個人演化及業力需求的生命經驗。就負面的表現而言，他們可能試圖塑造別人的個人特質及創造性的表達方式。這一定會導致雙方的對立，導致激烈的感情事件及震撼。他們也許可能透過這些對立經驗，而產生改變。

此相位另一種負面的表現，則是這些人試圖透過體驗別人的力量、透過同化的經驗，來吸收別人的力量。換言之，可能會與別人建立一種轉移性的關係，藉此感覺自己也充滿力量，因為對方具備自己從內尋找的力量。然而，這些人的演化目的，是要認清且發展自己獨特的創造性目的，並運用意志力來實現這個目的，所以這種性質的關係，到了某個階段一定會畫下句點。他們必須學會自立自決，創造性實現今生的特殊目的。就正面的表現而言，這些人會把特殊目的或使命，與演化及業力的需求結合，展現出真實的天賦及潛力，也會用同樣的客觀態度來鼓勵別人，幫助別人創造性實現自我，消滅所有不必要的限制，重新獲得力量，繼續未來的演化之旅。

木星

整體而言，冥王星／木星相位會促進直覺的發展。木星反映了成長的準則，也象徵了當一個人發展直覺時，便能讓意識領域持續地擴張，木星也象徵必須透過形上學、宇宙或哲學的背景，來認識自己與宇宙的連結，在這個背景下，木星也代表了認識真理及誠實趨力的渴望（當然在某些扭曲的情況下，木星也會有不誠實的表現）。木星與信仰系統或結構有關，而這決定了我們詮釋生命的方式。與木星關聯最深的，就是自然法則，或是解釋創造的法則；而其所根據的事實，就是宇宙打從一開始就存在了。木星是射手座的主宰行星。冥王星／木星相位，會增進我們與宇宙自然法則結合的情感需求，我們可以透過與自然法則的融合，來培養直覺。有這個相位的人，通常具備天生的潛能或本領，可以憑直覺理解自然法則或準則，而這也是宇宙的基礎。當他們探索或思考一個問題時，答案自動出現在腦海中。直覺並不是演繹或邏輯思考的產物，直覺性的知識就像我們知道某些東西，但卻無法解釋原因。

這個相位也象徵了必須改變僵化且嚴格的信仰，才能讓演化繼續下去，必須轉化所有造成限制的既有信仰系統，任何無法反映自然法則、阻礙成長的信仰也該被拋棄，即便這些信仰構成了靈魂深處無意識的安全感。這不代表這些信仰是錯的，事實上大部分都是對的，但在某些方面，卻是侷限的，這是因為這些信仰會鼓勵他們說服別人、改變別人的想法，這些人的信仰系統會因此受限，因為他們不知道還可以用其他方法，來詮釋同樣的自然準則，也不知道還有自己尚未意識到的自然法則。信仰系統會因此變得僵化又刻板。再提醒一次，他們靈魂深處無意識的安全感，都源自於既存的信仰模式。

任何社會（主流宗教）、家庭、個人，甚至是自己制定的信仰系統，如果無法積極展現自然的真理，都應該加以拒絕。換言之，這個相位的人必須拒絕具備以下特質的宗教或哲學系統：無法讓他們表現自己的真理、無法透過該系統擴張意識，或是否認其他哲學或宗教系統的正當性。當然，他們也可以拒絕演化的目的，參加一個主張「我們是對的，他們是錯的」的宗教或哲學派別，這些人會表現出說服及改變他人的明顯特質。再提醒一次，他們必須轉化既有信仰模式的限制，因為這些模式是建立在宗教的教條之上，也不符合自然法則。他們天生的演化階段，當然也會影響信仰系統及哲學傾向。木星與冥王星的相位，也會決定演化的發生方式。

木星／冥王星相位的另一個重點，就是溝通的趨力。再提醒一次，有這個相位的人，通常都具備高度發展的直覺能力。因此，很難用社會大眾理解的語言，來表達自己或與別人溝通，他們的演化目的，就是用直覺體會語言系統的溝通智慧，而該系統是能被全宇宙裡解的。這些人最常遭遇的挫折，就是別人不懂他們試圖在教導別人什麼東西。他們可能會對這種經驗，產生兩種反應。一種反應就是自卑，然後會想要更透徹認識自己的直覺；另一種就是自恃非凡，抗拒演化的目的，不願意學習宇宙共通的語言溝通技巧。所有木星／冥王星相位的人，都具備教學天賦，然而除非這些人願意學習大眾能理解的語言與溝通技巧，否則無法用有意義的方式來教導別人。

木星／冥王星相位的人，如果能在信仰系統中獲得安全感，便不會再試圖證明自己的信仰是對的，也不會再一味否定別人的信仰。他們會放下所有阻礙成長、無法反映自然法則的老舊或嚴格信仰。這些人不僅可以教導別人，也可以從別人身上學到東西，而不是淪為信條主義的獵物，不停對別人傳教，如果能達到上述的轉化，便能表現出真正的教學能力。他們不僅能讓別人接受自己的天生智慧，同時還能激發別人培養直覺的能力。

土星

土星與我們的意識結構有關，也象徵了任何時刻的意識或覺知的界線。土星代表了原生文化或社會，以及社會的限制模式；同時也代表了文化／社會限制模式的本質。土星是摩羯座的主宰行星。摩羯座的原型，代表我們會從自我中心的角度，意識到生命是有限的，這種意識會帶來自然的成熟。換言之，我們可以透過摩羯座的原型，意識到自己僅能在有限時間內建立成功的人生，而這種意識會讓我們更成熟，這個原型也代表必須為自己的行為負責。土星與原生社會的外在權威有關，也代表家中掌握大權的父親或母親（權威型的人物），由他／她來管教小孩。基本上，土星指的是父親或重要的男性。土星也象徵必須在社會中，建立或實現自己的權威，在現有的外在權威中（社會）表達自己的意見。因此，土星也與我們在社會中的職業或社會角色有關。

冥王星／土星相位的演化目的，就是剷除或轉化所有老舊、僵化的文化限制模式，因為這些模式會阻礙演化。這些模式都遵守社會的習俗及規範，或順應主流社會。冥王星／土星相位的人，必須學習轉化靈魂的核心趨力：從自我中心的觀點，來認同自己的事業或社會地位。這種相位也會促進深入的思考及反省，讓他們意識到自己天生的潛能及才華。冥王星代表一個人能扮演的最高層次社會角色，土星則代表達到這個目標的慾望。因此，我們可以從特定的冥王星／土星相位，看出這些人會如何建立並實現權威。相位的性質，則可以看出他們會用何種方式，在社會中建立自己的意見權威。當他們在社會中建立自我的權威時，可以培養出一種社會化的意識，瞭解社會制度的運作方式。這些人必須轉化所有過去的文化限制模式，也必須讓靈魂不受阻礙持續演化。當他們試圖超越這些模式時，可能會覺得沮喪、窒礙和一無是處。他們意識結構中的任何趨力，如果變得僵化、過時或阻礙成長時，便必須學習將它徹底根除。

冥王星／土星的強硬相位，代表了這些人不願意用社會要求的方式，來實現自己渴望的事業，也不會認真看待事業的責任及義務。他們必須學習自決、成熟的情感，同時臣服於更高的權威之下。強硬相位也代表了，他們需要從社會地位中獲得安全感。就演化的觀點來看，他們可能因此無法建立自己渴望的事業，或無法獲得某種特定的社會地位，有些人可能已經在過去世，培養出高度發展的自決能力，卻會用一些下流的手段來達到目的，可能在過去世濫用個人或社會的權力，而到了這一世，則會因為無法建立自己渴望的事業，深深覺得自己一無是處，挫折又沮喪，也不知道該為自己的行為負責。他們之所以會產生這些負面的經驗，都是因為不願意服從或臣服在更高的權威之下，害怕會被任何超越個人的力量（權威）消耗或控制。這些人還會將這種恐懼投射到社會。就終極的角度來看，他們會將抗拒與本源結合的慾望，表現成拒絕服從或臣服在更高的權威之下（神的權威）。

柔和相位則代表這些人已經採取適當的步驟，建立或實現事業，在社會中表現自己的權威。他們學會從內建立自己的權威，而非仰賴外在的事業或社會地位，也學會為自己的事業認真負責，而不是緊抓住權力不放。柔和相位的人知道自己的事業，必須建立在資格及內在的能力之上。這種認知可以讓他們看清事業或社會角色本身的限制。無論如何，這裡沒有一個嚴格且快速的判斷標準，因為我們必須考慮靈魂的演化及業力狀態、整張本命盤的分布，以及文化及宗教的限制。

冥王星／土星的人，天生就具備領導的能力及才華。他們可以意識到內在的限制模式，而這些模式都十分僵化又過時，同時會阻礙成長，如果能剷除所有在意識中阻礙成長的趨力，便能向外表現內省的能力。透過這種方式，他們的意識結構可以產生持續的轉化，同時捨棄所有過去的文化限制模式。他們在社會中表現自我權威的方式，以及事業的類型，也會隨之產生轉化。就正面的表現而言，這些人會很自然想要幫助別人，在社會中建立自己的權威，或是實現一些可以展現權威的事業及角色。

天王星

天王星與個人化的衝動有關，或從心理學的觀點來看，也與個體化的慾望有關。天王星是水瓶座的主宰行星，這意味必須突破所有過去的限制模式，達到個體化的目標。解放的需求，很自然會斷絕所有阻礙成長的依附，也會激發一個人去對抗社會的規範、習俗及禁忌。這種原型讓我們意識到，自己都是獨一無二、與眾不同。當人們產生獨特性的意識時，便會渴望脫離所有老舊的行為模式，因為這些模式會壓迫或遏止（土星）個人性的表現，並能用客觀的態度看待解放的慾望。天王星與客觀及疏離的心理有關。他們必須面對這些疏離，才能脫離所有過去的限制模式。

如果想要解放，基本上就必須先用非個人性的角度，來看待或反省自己的意識結構。如果能脫離過去的限制模式（天王星），便能轉化意識結構（土星）。天王星也代表了我們的天賦。

天王星也與個體化的無意識有關，其中包含了三種資訊：一、所有過去回憶的細節；二、被土星壓抑的東西；三、個體化變成的模樣（個人特質是不會受到任何東西限制）或未來的藍圖。創傷的記憶也會保留在無意識中，因為創傷是要幫助我們產生必要的解放，如果無法客觀看待創傷事件、擺脫創傷的陰影，當下的行為就會受到限制。

冥王星／天王星相位的演化衝動，就是打破所有將個人與過去綑綁在一起的內在及外在限制模式。有這個相位的人，必須清除所有對於過去的依附，才能獲得進一步的演化。冥王星／天王星的相位，也代表了演化加速。這些人通常都會遵守外界要求的社會規範，同時也會按照同儕團體的方式來展現自我，往往會寄望外界或同儕團體來獲得解放，然而真正的解放，必須來自於斷絕所有源自過去的老舊或僵化的限制模式。當他們有意識遵循這些模式時，會體驗到一種假性的解放。這些人通常能強烈意識到自我的獨特性，卻不敢表現出來，因為會違反社會能接受的習俗及規範。他們害怕自己被排斥，所以會產生合群的感情／心理趨力，壓迫改造內在及外在現實的衝動。他們的個人表達會受到壓抑，而且會在生命的某些時刻，導致各種扭曲的情感，最典型的扭曲就是脫離或完全斷絕個人的現實及情感。所有未解決的創傷，都可能導致情感上的疏離，或在靈魂留下身心靈的裂痕。這種情形下，他們無法完全融入現實，而當他們試圖轉化所有把自己跟過去綁在一起的既存限制模式時，很可能會出現不同程度的挫折、內在及外在的爆發，或失去個人的觀點。

在靈魂演化之旅的關鍵時刻，他們會讓無意識中三種類型的資訊，進入顯意識之中。這是因為冥王星／天王星相位的演化目的，就是解放所有源自於過去模式的限制，並切斷所有阻礙成長的趨力。前面曾經提過，如果還沒完全解放，過去的限制模式就代表了當下的反應方式。同樣的原則，也適用於過去的記憶，特別是傷痛的記憶，如果能讓這些記憶進入顯意識的覺知中，便能擺脫記憶的陰影，展現個人的特殊本質。天王星與冥王星的強硬相位，意味他們會階段性讓這些無意識的東西，進入顯意識覺知的領域。柔和相位則代表他們會持續或長期釋放這些無意識的東西。

這些人如果接受演化的衝動，脫離所有過去的限制模式，則演化速度將十分驚人。他們將可以接受自我的特質，同時鼓勵別人亦能如此，不再受限於社會中壓迫性的共識或限制，還可以表現出獨特出眾的天賦，也能幫助社會中其他人——甚至是整個世界——進行轉化，達成個人和集體的演化。

海王星

海王星與靈魂的超越衝動（transcendent impulse）有關。這種超越的衝動，反映了我們必須消融所有意識的障礙，有意識與本源或神建立直接的連結。「超越」意味擺脫時空的限制。海王星也代表如何從靈性的觀點，來認識生命或靈性的目的。海王星是雙魚座的主宰行星，其原型象徵了整個演化循環已經到達極限。超越的衝動可以激起發展靈性的慾望，渴望個人的自我與本源或造物者融合，透過這種方式，個人的身分意識將會與造物者合而為一。這些人如果能轉化自我中心的結構，不再認同脫離本源或造物者的獨立身分意識，便可以改變意識的中心傾向；而這種趨力模式，就如同之前提過的波浪與大海。換言之，靈魂必須將意識的中心，放在宇宙的海洋，而非獨立的波浪。

整體而言，冥王星／海王星相位的演化目的，就是覺察夢、幻覺及妄念的本質，同時必須與本源建立直接且有意識的連結。海王星與永恆且無限的宇宙法則有關，也象徵天生靈性發展的方向，也代表了最容易受妄念影響的方面。幻覺及妄念，都源自於與生命終極意義相關的獨立慾望。這裡的重點在於，他們只能透過與本源建立直接且有意識的連結，才能找到生命的終極意義。

冥王星／海王星相位的人，在本質上會透過讓幻覺及妄念成真，向外追尋生命的終極意義。這會導致一種不停追逐夢想的演化情結。這些夢想及幻想，則變成了他們想要建立的終極意義。然而，冥王星／海王星相位的演化導向，就是與造物者建立直接且有意識的融合，所以這些夢想及幻想到了生命的某些時刻，就會露出原貌。夢想一時看來可能很有趣，但卻無法產生真實或持續的意義，當不再追逐夢想，消除所有的獨立慾望之後，這些幻想及妄念也就失去意義。所有的幻想及妄念，都是建立在與終極意義有關的獨立慾望之上，當這些妄念及夢想不如自己想像時，便會感到幻滅（海王星）。這些人可以透過幻滅的感受，以及隨之而生的失望（海王星的原型），發現自己其實是神性及本源的共同創造者。當他們無法在幻想及妄念中，找到終極意義時，便會覺得一切都沒有意義，與自己沒有關係，而且非常空虛。這種演化經驗的目的，是要讓他們知道，唯有透過與神性建立直接且有意識的連結，才能找到終極意義。現在世界上百分之七十五的人口，都有冥王星與海王星的相位。因此我們必須了解自己是神性的共同創造者，這是非常重要的。

再提醒一次，冥王星與海王星相位的演化衝動，就是意識到個人夢想、幻想及妄念的本質，然後將這些從靈魂中剔除。所有冥王星／海王星相位的人，都必須消除所有的障礙及老舊行為模式，試圖與本源建立直接且有意識的連結，也必須瓦解自己過度認同的生命領域。這些人的個人身分意識，必須與造物者融合，讓過去整個的演化循環達到極限，當能透過本源或靈魂的身分意識，展現自我真實的本質時，便能表現出神性的啟發及諭示，也可以透過與本命盤冥王星及海王星有關的生命領域（根據落入的星座及宮位），用神性的啟發或反應，來及時滿足集體的需求（海王星）。

階段及相位

接下來要討論黃道零度到三百六十度的循環，討論其中特定的階段及相位。我們可以利用以下知識，就每個人的角度，來正式詮釋冥王星的相位。演化發展有八個基本階段：**新生階段**、**初期階段**、**第一個四分階段**、**突顯階段**、**圓滿階段**、**擴展階段**、**最後一個四分階段**，以及**極致階段**。這些階段的相位，與人類意識特定的演化階段有關。階段及相位取決於兩個行星之間的相差角度。方法是以運行較慢的行星為起點，反時鐘方向來決定兩個行星之間的階段及相位。唯一的例外是太陽，因為太陽是太陽系的中心，所以在計算太陽與其他行星的相位時，永遠以太陽為起點。

之前曾經提過柔和及強硬相位的本質。零度至一百八十度的相位稱為**「入相位」**，而一百八十度至三百六十度的相位，則稱為**「出相位」**。相位的角度，與其落入的階段有關

（新生階段發生在零度至十度之間，圓滿階段發生在三百五十度與三百六十度之間）。相位的性質（強硬或柔和），則決定了兩個行星功能在意識中產生的交互作用。如果是強硬相位，人們就會在與這兩個行星有關的生命領域中，體會到壓力或強烈的情感，壓力之所以會出現，都是因為人們不知道該解決哪些趨力才能消除壓力。我們舉金星與火星形成四分相的人為例，四分相一般象徵了創造性的緊繃對立。我們必須先歸納金星與火星形成四分相的核心演化目的，然後在將其置於特定的演化階段。第一個四分階段的表現方式，與最後一個四分階段的表現方式截然不同。第一個四分階段，代表了行動的危機；最後一個四分階段，則代表了意識的危機。由此可知，四分相導致的創造性對立，會有不同的表現方式，而這必須根據所落入的特定階段而定。這些人如果無法消除四分相象徵的趨力，便會在意識中感受到金星與火星功能的對立及壓力。這個原則可以應用在任何一個相位，不僅限於冥王星。

回到冥王星相位的主題。我們可以從冥王星相位的特定階段及類型，判斷一個人的內心或意識，會如何體驗此相位象徵的衝動及要求。再提醒一次，冥王星與火星、金星或木星相位的核心演化衝動及需求，無論如何都不會改變。相位的性質（強硬或柔和）和階段（例如新月或圓滿階段），則代表了這個相位會如何在意識中發揮作用。換言之，之前提過與行星原型有關的生命領域或功能，會受到冥王星轉化的影響。我們可以從冥王星相位的性質和階段看出，該相位會透過何種方式演化，而這個人的內心又會產生何種感受。透過這些基本的認知，調整詮釋的方式，將本命盤中其他的減輕因素納入考慮。

演化發展的八種主要階段及其中包含的相位

新生階段：零度到四十五度

新生階段與全新的演化循環有關，而這攸關演化的導向及目的，這個階段會出現本能和隨機的行為，藉此達到自我探索的目的，這個階段的運作，就建立在行動／反應的學習。新生階段的人非常需要自由與獨立，如此才能自我探索，發現演化的目的。他們也會出現新的行為模式，踏上新的方向，表現出新的演化目的，在這個階段形成個人特性。

● **零度——合相（強硬）**

兩個行星的功能會同時在意識中發揮作用。人們會出現本能的行動／表現，藉此發現演化的目的（與冥王星形成相位的行星有關）。這個階段的表達方式，非常純潔又不加思索，不帶有任何自我中心的意識，進而啟動全新的演化目的或導向。

● **三十度——半六分相（柔和）**

人們會為新的演化目的，形成自我中心的身分意識。他們如果能意識到演化目的會用何種特定的方法呈現，便能減少隨性的行為，同時也能更進一步探索這個目的。

● **四十度——九分相（柔和）**

人們如果讓演化目的形成自我中心的身分意識，便能啟動孕育的過程，促進個人的成長（主觀成長／意識），而這都與冥王星相位的導向有關。他們可以意識到，自己正朝一個新的方向邁進，而這個新方向是非常個人性的。他們如果賦予冥王星演化目的獨特或個人的意義，就會更渴望自我探索。

● **四十五度——半四分相（強硬）**

這是邁向初期階段的過渡相位。這個階段的衝突或壓力，源自於兩種慾望，人們一方面想要製造更多的新經驗（新生階段），另一方面又想在冥王星相位的演化目的中，鞏固、內化或建立個人的意義。唯有如此，才能將新的探索整合為一（新生階段）。他們必須學會平衡這兩種慾望，才能正面表現這個相位。

初期階段：四十五度至九十度

人們會在這個階段內化或從內建立演化的目的，讓它根深蒂固。他們只能透過個人或自我的結構，來達到這個目的。最重要的是個人的努力，因為他們可能會重新落入過去的行為模式。

- **四十五度——半四分相（強硬）**

  冥王星相位的演化目的會漸漸被強化，人們會試圖用自己的方式實現這個目的。這裡的強度來自於解脫的慾望，人們會渴望擺脫所有過去的限制。這些限制把他們與過去的行為模式綁在一起，產生獨特的內在結構。

- **五十一點二五度——七分相（柔和）**

  冥王星相位的演化目的會被賦予特殊的使命。人們必須發起行動，才能發現使命何在。他們的行動是清楚一致，或間斷又令人迷惑，必須視與冥王星形成相位的行星而定。這些人有時可能出現記憶衰退的情形，因為他們試圖跟上冥王星相位的演化目的，或是此階段本身的目的。

- **六十度——六分相（柔和）**

  這個階段代表他們會透過比較和對照，有意識認識冥王星相位的新演化衝動／目的。他們必須與外界隔絕，才能從內了解自己的個人特質。退縮及隔離，可以帶來內在的省思及理解，然後將其與外界對照。他們現在可以了解過去的議題。這種理解可以讓他們很自然知道，自己該採取哪些步驟或經驗，用個人的方式來發展冥王星相位代表的演化衝動／目的。

● 七十二度——五分相（柔和）

此階段的演化目的，會變得極具個人色彩。他們已經準備好向外採取行動，但是仍然會感受到與過去拉扯的緊張壓力。

● 九十度——四分相（強硬）

這是從初期階段邁向第一個四分階段的過渡相位。人們會試圖建立某些特定的形式，藉此表現冥王星相位的演化導向或目的，因而感受強烈的內在壓迫。在這個階段中，他們必須向外整合或建立一種特定的形式，藉此表現演化的衝動。他們在前面的階段中，會逐步為這些形式劃出界線，對其產生覺知，如今已可以將這份覺知融入意識之中。這些形式或架構，必須能反映出新的演化目的。他們通常很恐懼失敗，害怕自己回到過去的行為模式，因為他們擔心自己無法於外在的環境或社會中，建立這些形式或架構。他們可能會感受到內在的拉扯，階段性讓自己與外界隔離，然後堅定自己在社會中的立場，嘗試或建立已經進入意識之中的新模式、形式或架構。

第一個四分階段：九十度至一百三十五度

這個階段通常與行動的危機有關。這個階段的目的，是建立並落實從新生階段展開的演化衝動。他們需要於外在環境或社會中建立形式或架構，才能整合演化的導向及目的。這個階段也會出現強烈的恐懼，害怕自己重返過去的模式，或遭遇失敗。這種向外實現的慾望，會讓他們陷入不停嘗試之中，希望能發現一個最能反映出的新模式或形式。每種架構或形式，都反映不同的存在方式，而每個方向都有強烈的個人獨特色彩。這個階段代表了行動的危機。

- **九十度——四分相（強硬）**

他們必須用一種新的形式，實現演化目的（根據冥王星相位）的個人意義。換言之，必須透過這種形式，完全發展並整合演化目的，這種特定的形式，會和與冥王星形成相位的行星有關。他們可能會感受到創造性的緊張對立，因為老舊行為模式與新的整合模式，像兩股方向相反的力量，不停拉扯。另外一種造成緊張對立的原因則是，這些人不知道如何建立新的形式。無論如何，他們都必須建立這些新的形式，才能獲得進一步的演化。

- **一百零二點五度——雙重七分相（柔和）**

這意味具有高度個人色彩的特殊目的或使命。他們會重新憶起七分相階段的目的或使命。這個相位的目的，是把演化的目的向外表現出來，並且創造一種自我的現實環境，足以反映演化目的象徵的特殊使命。換言之，他們會為了特殊的使命或目的，創造必要的外在條件，在這個過程中體驗命運的造化。

- **一百二十度——三分相（柔和）**

他們必須用創造性的方式，來實現冥王星相位的演化目的。這個相位象徵他們能有意識完全理解整個實現過程，也能看清導致現在的過去因素。這種意識會激發他們運用天生的能力，來建立個人的生活方式，向外反映出冥王星相位的演化導向或目的，並能從內予以整合。他們很容易可以在社會中整合出自己的生活方式，呈現演化的目的。

- **一百三十五度——八分之三相（強硬）**

這是從第一個四分階段，轉移至突顯階段的過渡相位，也是一個非常有能量的相位。他們會在有意志實現演化目的的過程中，覺得自我受到了羞辱。謙卑或羞辱是必要的，因為他們一切都只為了自己，也沒有將新的演化目的或導向，與社會的需求結合。這種謙虛可以讓他們產生覺知，結合演化的目的與社會的需求。他們如果抗拒將自己的演化目的與社會需求產生連結，或是整體的社會環境無法配合，便可能遭受情感上的震撼。他們必須分析自己為什麼抗拒，然後才能知道自己必須做出哪些調整，才能結合個人的演化目的與社會需求。

突顯階段：一百三十五度至一百八十度

這個階段與學習自我謙虛的功課有關，並且學習融入社會。人們之前展開的新演化目的，必須在這個階段中，用平等的方式與社會結合。自我膨脹的氣球必須被戳破，學習謙虛的功課。

- **一百三十五度——八分之三相（強硬）**

這個相位會持續第一個四分階段的過程。他們如果沒有做出必要的內在改變，結合新的演化目的與社會需求，便會產生負面的結果。這些人將被迫回去重新體驗過去，同時也很困惑要如何實現新的演化目的。他們必須做出必要的改變，才能讓自己融入社會之中。

● **一百四十四度——雙重五分相（柔和）**

他們如果用負面方式體驗這個相位，就必須重新調整自己原始的演化衝動。調整的方式，就是將新的演化目的，與五分相的個體化過程產生連結。他們必須分析如何將新的演化目的，符合整體或社會的需求。他們可以透過服務，賦予這個演化目的更深層的意義。

● **一百五十度——十二分之五相（強硬）**

這個相位，會讓人們對於靈魂的自我概念或新的演化目的，看得更清楚或更加困惑。他們意識到自己必須做點特別的事情，但卻不知道如何讓演化目的符合整體需求。他們必須分析自己必須做出哪些內在的改變，才能達到為整體服務的境界。這些人時常會遭遇一些危機，促進他們進行自我分析，並且學會謙虛的功課。

● **一百五十四度——七分之三相（柔和）**

他們如果能把演化目的與別人或社會的需求產生連結，便能產生清楚的自我概念。這個相位會讓他們分析並清除自恃非凡的妄念，自然表現謙虛，而這種謙虛可以讓他們用平等的方式，將自我的演化目的或導向與社會結合。

●一百八十度——對分相（強硬）

對分相永遠意味靈魂要拋棄所有阻礙演化的行為模式。突顯階段的對分相，是轉移至圓滿階段的重要關鍵，人們必須學會如何用平等的方式，融入至社會之中。對分相也代表了他們會透過社會他人全面的意見及驅策力，學習根本的謙虛功課。這個經驗的目的，是要讓他們知道，別人的驅策力和自己的一樣強烈。他們會感受到別人的驅策力，最常見的方式就是對方會反對他們的價值觀、需求、信仰及導向。這種經驗可能會產生憤怒或恐懼，然後他們便會試圖反對與自己意見相左的人。這種反應會讓他們階段性退縮，與社會斷絕互動，然後更加堅持自我。他們必須學習，如何用平等的方式融入社會之中，否則外界的攻擊及自我退縮的情節，就會不停出現。

圓滿階段：一百八十度至兩百三十五度

這個階段代表必須透過關係，學習如何用平等的方式與別人結合，讓自己更完滿。然而，當我們試圖透過關係來讓自己更完滿時，也會渴望擺脫所有形式的關係，不受其拘束。這兩種慾望的衝突，時常導致極端的情形，他們可能在此時完全投入社會的互動中，然後又從所有的社會互動或關係中退縮。當他們覺得被多數人（以及他們的價值觀、信仰及需求）壓得喘不過氣時，便會產生退縮的念頭，這種完全從社會互動中退縮的狀態到達極限時，可能會覺得自己就要爆炸，而完全失去見解或方向。這又會導致前述的極端情形。無庸置疑地，這些極端的狀態並不健康，而關鍵就在於學習平衡。當這兩種趨力或需求，如本能般出現時，他們必須學會尊重它們，才能學習平衡的功課，一旦學會了平衡，才能展現這個階段的真正目的——自我的意識逐漸社會化。他們可以學習社會對自己的要求，同時也知道如何透過社會化的方式，來整合自己的演化目的。

●一百八十度——對分相（強硬）

他們現在必須為冥王星的演化目的，賦予社會意義。換言之，必須透過社會化的架構或背景，來實現演化的取向或目的。他們必須學會與社會互動，用平等的方式融入社會，尤其是在人際關係之中。這些人必須學會在關係中，聆聽別人的意見，才能評估自己的獨特性。他們現在可以用別人需要或符合社會需求的方式，來實現自我的演化目的。對分相通常會帶來意志或慾望的衝突，因為這些人可能會覺得，在與別人進行必要的互動時，逐漸失去自己的力量及身分意識。就負面的表現而言，他們會抗拒培養必要的社會意識，強硬要求別人接受自己的目的，而只是為了讓自己覺得更有力量或安全。這些人除非能成功結合個人的目的與冥王星的演化導向，否則就會卡在這個演化關卡上。

● **兩百零六度——七分之三相（柔和）**

人們已經在對分相中，將冥王星象徵的個人演化目的，賦予社會意義。他們現在已經準備好，要與社會或集體的需求合作。

● **兩百一十度——十二分之五相（強硬）**

冥王星的演化目的，已經被賦予新的社會意義或目的，這可以激發他們看清個人及社會的限制。他們現在必須知道自己的能力範圍，才能表現社會的目的。換言之，他們必須知道什麼事情能做、什麼不能做，而社會又需要自己做些什麼。如果不能遵守這些限制，便會遭遇強烈的情感對峙或震撼，促使他們學會這些功課。這個相位，可以促進社會的謙虛及完美，而第一個階段的十二分之五相，則著重於個人的謙虛。

● **兩百一十六度——雙重五分相（柔和）**

他們會與透過自己與別人的對比，更加意識到自己天生的潛能及才華，進一步確定社會化的演化目的。

● **兩百三十五度——八分之三相（強硬）**

這是一個從圓滿階段邁向擴展階段的過渡相位。這些人需要擴張自己對於文化、社會、規則、習俗或規範的意識，這是必要的過程，如此才能整合社會化的演化需求。舉個例子，一個人如果想要當醫生，這個相位就會激發他們意識到自己該採取哪些步驟，才能達成目標（例如上醫學院或考執照）。

擴展階段：兩百三十五度至兩百七十度

這個階段就是讓演化目的持續社會化。這種持續社會化的過程，會表現在學習所有社會或文化的規則、規定、規範或傳統。此外，也必須整合社會化的演化目的，實現自己當下的社會義務。

● **兩百三十五度——八分之三相（強硬）**

這個相位會帶來一些危機，讓人們學會社會的規範、規定、規則及傳統。這也代表了他們準備擴展社會化的演化目的，但必須遵守社會的規定，才能有所建樹。

● **兩百四十度——三分相（柔和）**

這個相位代表重新定義抽象或社會化的意識。他們知道社會運作方式，同時也知道該如何在目前的社會背景下，實現自己社會化的演化目的。他們很容易便能知道自己該做些什麼、該如何整合，才能建立社會化的演化目的；同時不會對別人帶來威脅。

- **兩百七十度——四分相（強硬）**

這個相位是進入最後一個四分階段的重要演化關卡。他們會感受到創造性的對立緊張或壓力，因為他們已經學會了社會的規則、習俗及規定，但是卻想要脫離或解除社會的限制，這會導致意識的危機。他們已經在過去學習過社會化的功課，或是學習如何在社會中實現演化的目的。到了這個相位，則會漸漸學習，接受超脫社會主流意識之外的永恆或宇宙法則。他們曾在上一個四分階段中，試圖擺脫限制，而這種念頭會在這個相位中再度出現。但是大多數的人，都無法理解與宇宙法則有關的新思考模式。他們時常對抗社會共識，因為他們覺得社會的信仰、習俗或規範，過於拘束又限制。

最後一個四分階段：兩百七十度至三百一十五度

這個階段與意識的危機有關，也與信仰系統有關。人們必須學會擺脫所有阻礙演化的合群信仰制度，慢慢脫離或解放。這裡的目的就是讓他們學會接受，不受限於任何信仰系統的永恆宇宙法則。他們可以透過這個過程，擴張自我的意識。這些人有時會經歷一些危機，這是要讓他們意識到，自己在前一階段學會的文化信仰及共識的限制，對靈魂的發展已經不具任何意義。當他們試圖認同永恆的宇宙真理時，必然會導致危機。但我再提醒一次，危機是必要的，唯有如此，靈魂才能成長。此階段另外一個目的，就是展開極致化的過程（表現在極致階段）。

● 兩百七十度——四分相（強硬）

人們已經學習社會的法律、習俗及規則，現在開始漸漸轉移意識的焦點，學習以冥王星相位為前提，接受永恆的宇宙真理。這個四分相帶來的創造性對立緊張，會讓他們在意識中產生危機，有可能完全轉移意識焦點，或渴望擺脫自我信仰系統中所有的社會限制。之前的文化信仰或真理，已經不再具備任何意義或價值，也無法作為個人及社會意義的根基。這個相位最重要的議題就是：該相信什麼、該如何面對、該如何思考。

● 兩百八十八度——五分相（柔和）

這個相位的目的，是轉化與社會或個人有關的自我意識，學習認識靈魂的永恆及宇宙身分意識。他們可以透過這種學習及覺知，完全改變內心的態度，意識到終極或本源，並與其建立關係，也可以透過這種關係，漸漸知道自己在宇宙中的角色，以及在這一世必須盡到的責任。

- **三百度——六分相（柔和）**

他們現在必須賦予個人的宇宙身分意識，一種生產性的目的及認知。這種生產性的目標，可以讓他們實現自己的社會與宇宙角色。這個相位也代表了，他們可以很輕鬆從過去過渡到未來。

- **三百零八度——七分相（柔和）**

他們必須採取行動，實現宇宙的目的，並將它視為特殊的使命。這些人的靈魂中，如果仍存有妄念，便很容易誤解或濫用這個使命。靈魂會創造一些必要的處境，糾正自己的濫用行為，同時提醒什麼才是演化追求的真正特殊使命。

- **三百一十五度——半四分相（強硬）**

這是一個轉移至極致階段的過渡相位。他們此時會感受到巨大的內在壓力，因為需要脫離與社會的互動，才能讓宇宙及永恆真理的種子萌芽茁壯。這個相位也代表，實現社會義務的需求，會變得更加強烈。

極致階段：三百一十五度至三百六十度

這個階段象徵了渴望永恆及宇宙的真理法則。所有從最後一個四分階段開始、未完成或實現的東西，都會在這個階段，達到極致或完滿。為達到這個目的，此階段時常會再度出現過去的行為或模式。他們可以透過這種極致，展開全新的演化循環（表現在新生階段）。

● 三百一十五度——半四分相（強硬）

這個相位會讓人們在個人或文化層面上，加速在過去與未來之間轉換，而這顯然會帶來危機。因為未來代表了未知，也意味永恆、宇宙及不受限制。這就像兩種慾望的衝突，一方面渴望能脫離與社會的互動，內化自己的意識，讓新的想法及經驗萌芽茁壯，展開全新的演化循環（這將與靈魂必須學會的永恆的、宇宙性的真理一致）；另一方面，這些想法、形式及經驗，又會與渴望停留在過去的慾望產生衝突，他們會渴望維持過去或已知的行為模式，或是恢復過去。他們必須建立新形式的社會關係。他們想要脫離社會的互動，用全新的方式存在於社會之中，然而仍盡到自己的社會義務。這裡的關鍵在於，無論出現哪一種念頭都順勢而為。

● 三百二十度——九分相（柔和）

他們會開始孕育新演化階段或永恆宇宙法則的種子。這些人忽然可以意識到，即將到來的新演化循環，也準備採取行動，讓這個新的循環成真。就負面的表現而言，這些新的想法或認知，可能威脅到既有的現實及情感的安全感，導致想退縮回到過去或已知的世界。當他們意識到，已展開的演化階段必須往極致發展，可能會因此感到挫折。

● 三百三十度——半六分相（柔和）

當他們試圖在這一世，建立完整的概念及想法時，便能更加了解接下來的新演化循環。他們會試圖在個人的社會架構中，形成一種以永恆宇宙法則為中心的生活方式。當他們把焦點放在永恆及宇宙的願景時，可能會受到外界的挑戰，因為社會中其他人，不知道他們到底想些什麼，因此認為他們很奇怪又與眾不同。新生階段展開的演化循環，正在快速消融。就負面的角度而言，這可能會讓他們覺得空虛、毫無意義，自我的身分意識或目的失去界線。這裡的關鍵在於，必須放下過去，允許新演化階段的想法、衝動及概念自行出現。這些概念、想法及衝動，將會變成一盞指引的明燈，替他們照亮未來的道路。

●三百六十度——合相（強硬）

整個演化循環已經完成。從極致階段的半四分相到合相，自我中心的意識漸漸轉移至宇宙意識。這個相位意味：在以上狀態或相位中所有的冥王星相位（或是任何兩個行星形成的相位），都已經完成，或是正在完成整個演化循環。靈魂永遠不會透過之前的方式，來體驗冥王星的相位（或是任何兩個行星形成的相位）。新的演化循環即將展開。此時，冥王星是一個載具，可以帶領他們穿越永恆及宇宙，有意識感受或表現靈魂，然而也可能感受到隔絕、幻滅或疏離。這些經驗，是要讓他們看清自我妄念及幻想的本質。就本質上而言，他們可以透過幻滅，學習終極意義，而這都是無法從外界或別人身上找到的。

第六章
冥王星相位原則的應用

上述已從演化的觀點，介紹冥王星相位的核心意義及演化目的，同時也解釋了相位性質（強硬或柔和）會如何影響相位的表現。

現在就來分析兩個現實個案的本命盤，綜合整理之前提過的所有原則。個案一，是個人抗拒冥王星相位的負面示範；個案二，則是個人與冥王星相位合作的正面示範。這是要示範，如何以個人的背景，來應用冥王星相位的法則。這兩個例子，也是要強調合作或抗拒的趨力，會如何影響一個人用正面或負面的方式，來體驗冥王星的相位。

個案一：美國前總統尼克森（Richard Nixon）

我們一開始要分析的，是美國前總統尼克森的個案。他最為人所知的，就是利用非常下流的手段奪權、登上總統寶座。之後又繼續利用總統的職權，直到水門案調查時，所有的

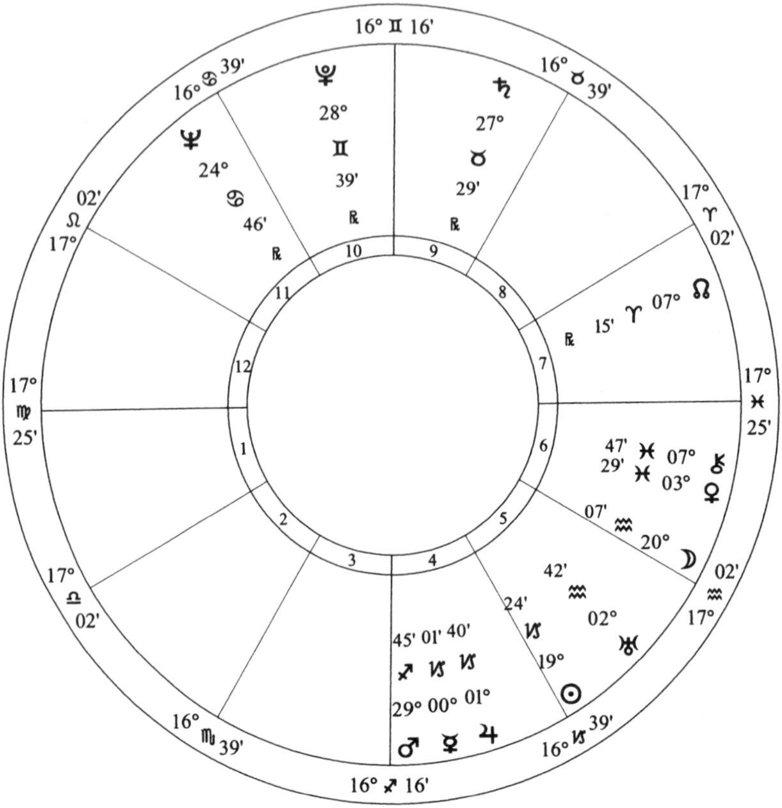

尼克森

出生時間：1913 年 1 月 9 日下午 9 點 35 分
出生地：美國加州優巴林達（Yorba Linda）

謊言、操縱及欺騙才被公諸於世。尼克森在水門案醜聞後立即辭職。他清楚示範了冥王星相位的負面應用，而他完全抗拒冥王星相位所象徵的演化必要性。尼克森抗拒演化的目的，因此遭遇突如其來的災難事件（彈劾），這都示範了冥王星相位的表現，以及冥王星會透過哪四種方式來影響靈魂的演化。

尼克森處於合群演化的第三個次階段。我們是透過觀察他的人生，來判斷他的演化階段，特別是他對於社會運作及結構的知識。這個階段的靈魂，已經在過去的演化中，完整學習過系統或社會的結構及運作方式；因此到了這個階段，通常已經具備能力，同時也渴望建立社會地位崇高的事業。尼克森顯然已在過去的演化中，便對社會的運作及結構，有透徹的了解，而且還延續到這一世。無庸置疑地，他渴望建立極具社會聲望的事業。尼克森對於社會權力，有種強迫性的渴望，這帶來一些非常黑暗又負面的社會經驗，累積至極點的結果，就是被彈劾、被迫下台。

尼克森在他的本命盤中，冥王星是雙子座逆行在十宮。南交點是天秤座在一宮。南交點的主宰行星金星是雙魚座在六宮。冥王星的對面點是射手座在四宮。北交點是牡羊座在七宮。北交點的主宰行星火星是射手座在四宮。火星與水星及木星形成合相，全都是射手座在四宮。

尼克森有很多冥王星的相位，這代表他在這一世會加速經歷演化的成長。由於尼克森非常抗拒演化的目的，因此造成許多突如其來的災難及創傷性的生命經驗（這可以從冥王星許多的強硬相位獲得印證）。這些事件，是要逼迫他用加速的方式，朝著這一世的演化／業力需求邁進。

尼克森的本命盤中，冥王星與交點軸形成四分相。火星／木星／水星同時與冥王星形成圓滿階段的對分相。別忘了火星是北交點的主宰行星，這等於加倍這個相位的能量。海王星是巨蟹座逆行在十一宮，與冥王星形成新生階段的半六分相。土星是金牛座逆行在九宮，與冥王星形成極致階段的半六分相。

這種本命盤組合，顯示了尼克森對事業相關的社會權力，產生迷戀又強迫性的渴望。這種渴望再加上十宮冥王星的目的，代表他必須在社會中培養自己的權威，而且必須遵守社會的規範，透過建立事業在社會中展現權威。冥王星在十宮，也意味成熟的情感，以及為自己行為負責的功課，這顯然都是尼克森在過去世沒有學會的課題。這些功課和趨力，在這一世又重複出現，這都是為了加強必要的演化發生（冥王星逆行）。對於尼克森而言，社會地位及權力，就等同於情感的保障及個人力量，所以他想要當總統，因為從社會的觀點來看，這是最具力量的事業，這種強迫性的渴望，導致了盲目的野心。換言之，尼克森渴望社會地位崇高的事業，只是貪圖其所帶來的社會地位及權力。他會把情感的安全感及自我身分意識，完全與社會地位及事業畫上等號（冥王星在十宮）。

冥王星在雙子座，代表了蒐集的事實、資訊及資料類型，都是為了支持他達到社會地位的手段。尼克森不會接受任何不支持自己既有想法的資訊。任何無法用於合理化自己濫權行為的說法，也被他拒之門外。他會為達目的不擇手段，只蒐集或吸收支持自己合理化或判斷的資訊。再提醒一次，冥王星的逆行，代表再度體驗過去的慾望及趨力，將這些東西徹底了結。我們可以斷言，尼克森在過去世抗拒解決這些功課，所以必須再重新體驗一次這些負面的情境（冥王星逆行）。他應該用正面、非操縱性的方式，表現自己對於社會運作及結構的知識，把社會地位崇高的事業當成一種工具，幫助別人在社會中表達自己的意見或建立權威。他如果能在具有社會意義的事業中建立權威，而非從自我中心為出發點，過度依賴或認同這份權威，便能獲得個人的演化成長。

南交點是天秤座在一宮，這代表他們必須讓社會及個人關係，產生新的演化循環。他們必須有足夠的獨立及自由，才能開啟新的循環（南交點在一宮）。然而，尼克森強迫性抗拒這個演化目的，所以導致扭曲或極度失衡的關係趨力。很顯然地，他統治了社會中的其他人，藉此獲得自己渴望的社會及政治權力。

冥王星與交點軸形成四分相，從演化的觀點來看，這代表他跳過了一些演化的步驟。逆行在十宮的冥王星，象徵他會在這一世重新體驗或重複過去的趨力，因為他不願意為了自己的靈魂演化開啟新的循環。他只是憑著本能，利用過去已知的行為模式，建立社會地位崇高的事業，而這都只是為了追求社會的權力。他必須讓別人依賴他，讓別人成為自己的傀儡，才能滿足自己對於社會權力的扭曲慾望，而這權力與事業有關。關於上述的趨力，都可以從南交點是天秤座在一宮看出端倪。

南交點的主宰行星金星落在六宮的雙魚座，這顯示尼克森必須消弭自己的受害者心態。這個相位的目的，就是他必須認清自我內在的現實，同時知道內在的現實，會如何向外投射在關係及社會行為上面。當水門案被揭露時，他塑造的人格面具就會被揭穿（南交點是天秤座在一宮），而他真正的目的及意圖，更會無所遁形。他必須遭受個人及社會的羞辱（金星及六宮），因為他無論是在個人關係或社會整體的關係中，都只以自己的需求為出發點，試圖掌控別人。當他的謊言和真正意圖被揭露時，他不斷遭受批評，公共形象也蕩然無存。這種經驗的目的，是要讓他學會最重要的謙虛及淨化。這也象徵了自我改善及真正替社會服務的功課（南交點的主宰行星金星是雙魚座在六宮）。

冥王星與月亮的交點軸形成四分相，這代表尼克森正處於演化的關鍵時刻，因為過去與未來沒有解決的功課，都會在這一世出現。這個相位代表了靈魂曾經在南北交點有關的生命領域（過去與未來）面對過這些功課，但卻都沒有做好。因此我們可以從南北交點落入的位置，判斷他們曾經在哪些生命領域中，省略必要的演化功課。他們對於這些省略功課的反應，將決定自己會用何種方式，來體驗這些累積已久的演化功課。所以我才會強調，這個相位意味演化的關鍵時刻。

在尼克森的本命盤中，冥王星是朝北交點（牡羊座在七宮）運行，因為這是冥王星在上一次形成合相的月交點。所以到了這一世，北交點就象徵他的底線或基礎，其中四分相（冥王星與月亮交點軸）代表沒有解決的問題，以及這一世的演化目的，都可以透過北交點來整合或解決。北交點的主宰行星，會促進這個過程的發生。換言之，南交點、南交點的主宰行星，以及冥王星的對應點，都會透過北交點來整合，而北交點的主宰行星，則扮演了推手的角色。

這個四分相代表沒有解決的功課，其中包括情感的平等、學習社會及個人的公平，給予別人真正需要的幫助，而不是掌控別人、利用別人來滿足自己的渴望及需求。基本上，尼克森讓身旁的所有人，都變成自己的奴隸或僕人，而他的手段就是講一些對方想聽的話（金星是雙魚座在六宮）。說得更明確一點，這就是尼克森認為最重要的手段：將社會權力與社會地位結合（南交點是天秤座在一宮）。透過這種方法，他讓身旁所有親信，都變成自己的替身。

在水門案爆發後，尼克森被攤開在大眾的目光之下，反對他的政策（特別是在越戰議題上）的人，也對他提出質疑。這些質疑，是要讓他面對上述的必要功課。他對於個人關係及社會互動的態度，徹底導致了不公平、操控及失衡。別忘了，尼克森的冥王星逆行在十宮，這代表他在過去世沒有學會社會及個人的責任，而這些功課將反映在四分相（冥王星與月亮交點軸）相關的生命領域中。

北交點落入七宮的牡羊座，這意味他必須透過公平對待自己、別人及社會（北交點在七宮），來學習這些功課，唯有如此才能獲得內在的情感平衡，同時也與別人建立全新的關係模式（北交點在七宮）。尼克森是被彈劾下台，換言之，他是因為曝光、與群體對抗，才被迫失去事業。這顯然是一個因為業力報應而導致的災難性事件。

尼克森北交點的主宰行星火星，落入四宮的射手座，與冥王星形成圓滿階段的對分相。這意味在水門案事件期間，所有反對他的公眾勢力，都是要讓他體認個人及社會公平的核心功課，學習為自己的行為負起全部的責任（冥王星逆行在十宮，與火星形成對分相，同時與交點軸形成四分相）。說白話一點，這個圓滿階段的對分相，也代表尼克森將自己的意願及社會命令，強行加諸在社會群眾身上。當群眾反對他的做法時，他就被迫讓步，被迫退出社會互動的領域。他倘若沒有學會平衡的功課，這就是圓滿階段對分相的典型表現方式。

尼克森所有的謊言及欺瞞行為，都在水門案事件中被揭露出來（火星落入四宮的射手座，與冥王星形成對分相）。這個對分相是緊張相位，再加上他抵抗今生的演化目的，所以會透過被彈劾這種災難性的事件，體驗到這個相位的負面能量。他對冥王星與火星的對分相並不陌生，這通常代表了靈魂必須透過之前加強或已經發展的能力，來解決與冥王星相位的相關事件，因為這都是他在過去世特別強調轉化的生命領域。然而，當他抗拒這個演化目的，就會展現這個相位的負面表現。換言之，尼克森拒絕做出必要的改變，只是一味用過去世、強迫性的老舊態度來面對一切。

尼克森的火星分別與水星及木星，在四宮的摩羯座形成極致階段的合相。這代表他必須消除既有的心智模式（水星）及信仰系統（木星），因為他常會利用這些，來合理化自己對於社會權力的濫用（這可以從群星與冥王星形成的對分相中看出端倪）。他會用信仰寬恕自己，而且還會不擇手段合理化自己的所作所為，實現自己的主觀慾望（木星／水星與火星合相）。這個合相處於圓滿階段，象徵這些趨力必須在這一世做個了結。很顯然地，他拒絕順從達到社會與個人平衡的演化功課（圓滿階段對分相的極致表現，再加上北交點在七宮）。所以這個合相，會再一次讓他感受之前未解決的負面趨力及生命情境。

冥王星的對應點落入四宮的射手座，而北交點落入七宮的牡羊座，其主宰行星是火星落入四宮的射手座，形成上述的相位。冥王星對應點落入四宮，代表的演化目的就是學習從內心建立情感的安全感，消弭所有對外的感情期許及依賴。最重要的，就是意識到安全感的形成條件，以及其背後的原因。尼克森必須認識自己的感情，不能仰賴與事業有關的社會聲望及認同，來建立自己的安全感。

對應點是射手座，代表他必須接受別人的哲學及信仰系統，他過去將這些東西視為錯誤或無用的，只因為它們無法支持或融入他自己既有的信仰結構。他之所以創造出這種僵化及刻板的心智結構，主要是因為他必須藉此，來合理化自己對於社會權力的扭曲慾望，而這種心智結構，可以透過冥王星的對應點來轉化（本命冥王星逆行在十宮的雙子座）。學習從內建立情感的安全感，可以幫助尼克森接受這些必要的信仰，與自然法則融合，進而帶來轉化。射手座的對應點，也象徵了他必須誠實面對自己情感的行為及動機，例如在事業上誠實，且正直幫助別人。

北交點落入七宮的牡羊座，代表他必須學習自他平等的道理，學會如何社會化。這也代表必須學習情感的平衡，莫忘己所不欲，勿施於人。尼克森此生注定要與別人從新建立公平、平衡及各自獨立的關係。這些功課，都代表了他冥王星對應點的演化目的，也是冥王星與交點軸四分相的解決之道。

北交點的主宰行星是火星，形成上述的相位。火星落入的位置，再次強調了從內建立情感的安全感、對感情的誠實，以及捨棄所有老舊限制模式的演化功課，因為這些模式，讓他對社會地位及權力，產生強迫性的渴望。火星與木星及水星合相在四宮的摩羯座，同時與冥王星形成圓滿階段的對分相。這些相位都與尼克森用來合理化自己的謊言（木星）及偽善（摩羯座）有關，這些東西都在他與社會群眾激烈且密集的對抗之中顯露出來（與冥王星形成圓滿階段的對分相），目的就是要消除他對職業產生情感上的依賴，這些都會導致明確的主觀慾望（火星）、心智結構（水星）及信仰（木星），進而產生顯而易見的限制。在本質上，這些趨力再次強調了冥王星對應點落入四宮射手座的演化目的：從內在建立情感的安全感，消除所有外在情感依賴的形式（特別是對於社會地位的渴望），以及情感上的誠實。

海王星逆行在十一宮的巨蟹座，與冥王星形成新生階段的六分相。這個相位的演化目的，是消除所有對外的情感依賴，突顯內在的安全感。尼克森妄想可以在用權威方式控制社會團體的過程中，獲得感情上的安全感，他顯然必須拋開這種妄念。過去世的整個演化循環，會在此時畫下終點，他必須客觀看待所有帶來安全感的外在依賴，徹底擺脫這些東西，也可以藉此跳脫自我形象的框架，發展內在的靈性。就本質而言，如果能客觀看待自我的形象，及所有外在的感情依賴，就能終結所有老舊的行為模式。此時，他就可以帶著覺知地（半六分相）、慢慢地表現出新生階段象徵的新方向。他會因為這份覺知的出現，產生明確的行動，然後便能慢慢發現，這個冥王星相位代表的新方向及特殊目的。而客觀化也能讓他看清楚，自己對別人造成的感情創傷。再提醒一次，他必須理解該採取哪些明確的行動，來達成自我形象的轉化或圓滿，這個過程都表現在新生階段的半六分相。海王星逆行，則象徵了他曾經在過去世裡努力轉化這個領域，然後又在這一世再次重演或經歷過去的感情震撼（海王星落入十一宮的巨蟹座），目的就是要徹底解決這個課題。由於這是柔和相位，代表尼克森可以輕鬆整合並認識必要的演化轉變，但是他卻選擇了負面的表現方式——輕鬆抗拒必要的演化功課。無論如何，這個相位代表了他確實知道，自己為何會經歷這些情感的震撼及創傷。這對他而言，是一個比較新的相位，所以他一點也不想了解或解決它所象徵的議題。這最後就帶來了自我中心的震撼（海王星是巨蟹座落入十一宮），目的是要讓他對事業保持必要的感情疏離，客觀看待自己的感情，如此才能消除之前提到的老舊行為模式。

土星逆行在九宮的金牛座，與冥王星形成極致階段的半六分相。這個相位，再次強調他必須建立自己的內在權威感，而非強迫性透過事業及社會地位，來讓自己感受到權力及威望。九宮土星的位置，與他用不誠實的方式追求社會權力有關。他的謊言，是源自於保護自己的慾望，這是一種非常扭曲的自給自足，與土星在金牛座象徵的生存本能有關。對於尼克森而言，金牛座象徵的生存或自給自足，就是維持社會地位及權力的慾望。這個相位象徵了他必須誠實，必須與自然法則融合，也必須自給自足。此外，土星逆行也代表這些在過去世未解決的課題，必須在這一世徹底了結。就極致階段的六分相來看，如果要解決這些課題，就必須讓過去演化循環的行為模式畫上句點，然後他才能知道，如何結束這個演化循環。他必須接納宇宙永恆的自然法則，而非採信以文化為基礎的事實，或是任何表現在冥王星相位上的短暫事物。這個極致階段的六分相，也代表他很清楚，應該如何有覺知地完成本命盤的演化需求。然而，他卻擺明抗拒這些功課（半六分相是柔和相位，尼克森的表現方式，就是很輕鬆抗拒自己的演化需求）。

我們之前提過，所有冥王星的相位，都是要加強冥王星對應點、北交點及北交點主宰行星象徵的演化需求。尼克森完全抗拒這些演化功課，導致了激烈的內在及外在的對抗，最後用一種備受羞辱的方式——被迫下台——讓一切畫下句點（尼克森在自己的所作所為曝光之後，辭去了總統職位）。這個歷史上的例子告訴我們，如果抗拒冥王星相位象徵的演化需求及功課，必然會帶來負面的生命經驗及結果。當然，如果靈魂選擇接受冥王星相位象徵的演化目的，最後當然也會產生完全相反的結果，獲得正面的生命經驗及收穫。這並不意味靈魂不會產生激烈的轉化，有時甚至會經歷一些災難性的事件，但是他對於這些事件的反應，以及對於改變的態度，可以賦予負面的事件一些正面的意義。若能做出必要的改變，靈魂就獲得演化了。

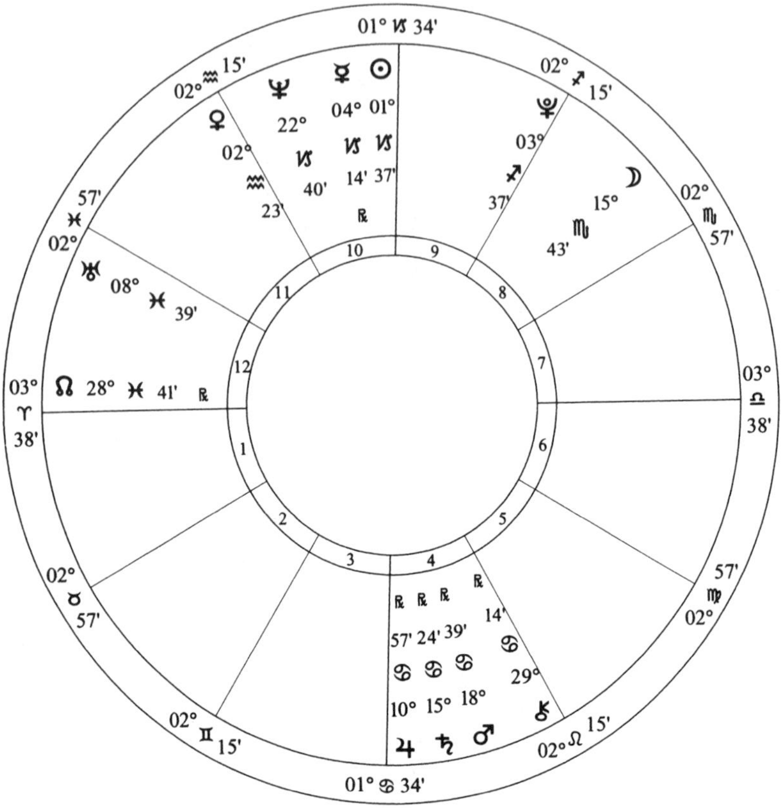

諾斯特拉達姆士

出生時間：1503 年 12 月 14 日下午 12 點
出生地：法國普羅旺斯
（諾斯特拉達姆士的生日以儒略曆 [Julian Calendar] 為計）

個案二：諾斯特拉達姆士（Nostradamus）

接下來，要分析知名又神準的十六世紀大預言家：諾斯特拉達姆士（以下簡稱諾氏）。他預言了法國大革命、希特勒的興起，以及最近的美國九一一恐怖攻擊。根據諾氏的生命事件及能力，可以知道他處於靈性演化階段的第一個次階段。他生於西元一五〇三年，卒於西元一五六六年。那是一個充滿集體創傷及宗教迫害的年代（天主教／新教戰爭）。在他的本命盤上，他的冥王星落入九宮的射手座，與十二宮雙魚座的天王星，形成第一個四分階段的四分相。冥王星又與落入四宮巨蟹座的木星／土星／火星，形成圓滿階段的十二分之五相，而這三個行星都處於逆行的狀態，冥王星也與十宮摩羯座的水星（南交點的主宰行星）、九宮摩羯座的太陽，形成新生階段的半六分相；又與十一宮寶瓶座的金星，形成初期階段的六分相。冥王星與十宮摩羯座的海王星，形成初期階段的半四分相。海王星也是北交點的主宰行星。諾氏的南交點是處女座落入六宮，南交點的主宰行星是水星，落入十宮的摩羯座，與九宮摩羯座的太陽合相。他的北交點落入十二宮的雙魚座，主宰行星是落入十宮摩羯座的海王星，與十一宮寶瓶座的金星合相。

這張本命盤，象徵諾氏對造物主的深刻奉獻，以及對自然法則具有天生的洞悉能力（冥王星落入九宮的射手座）。他已經與造物主培養成熟的關係，一生的目的就是為本源服務

（南交點落入六宮的處女座）。他的名言就是：「萬物來自於偉大的神，神為萬善之源。」他的謙卑來自於很多世對人類的服務。他身處的年代，常有人被視為異類或激進份子，因而受到迫害，特別是在宗教方面（冥王星落入九宮的射手座），這種趨力也出現在月亮交點軸的星座上：處女座／雙魚座，還有落入十二宮雙魚座的天王星，與冥王星（宗教迫害）形成四分相。他經歷過天主教／新教的宗教戰爭，以及天主教的宗教審判，當時他被一些人認為是黑魔術師，而審判者也覺得他的工作有威脅性，因此將他列入審判名單。他為了逃離審判而離鄉背景，儘管經歷不少痛苦，但仍繼續用自己的預言文字來幫助別人。而這些文字徹底改變了我們對於現實的視野及理解（冥王星落入九宮的射手座）。

諾氏的精準預言，都有詳細的記載，經得起時間的考驗。他知道如果能夠警告人們未來可能發生的災難，有些悲劇就可以防範未然，除非人類改變了當下的行徑，否則這些災難無可避免，他寫下的四行詩預言，是要預防自己預視的恐怖景象成真。他強調整個人類，都必須從過去中學習，才不會讓同樣的事件在當下或未來重演，人類可以藉此創造更好的未來，而就演化的觀點來看，也可以達到物種的進化。

本命冥王星落入九宮射手座，意味諾氏渴望透過宇宙／哲學／形上學的背景，來認識自己。這也代表他具備超前的直觀能力（冥王星落入射手座九宮），讓他可以看到未來的景象（冥王星與落入十二宮雙魚座的天王星形成四分相）。這也象徵他與生俱來的教學天賦，能快速吸收知識。他曾經研讀醫學，後來行醫多年（南交點落入六宮的處女座），他的醫學素養及技巧超越時代，所幸在一所知名的醫學院獲得博士學位，讓他能以社會權威的身分，應用醫學新知（南交點在六宮處女座，其主宰行星水星落入十宮的魔羯座，與太陽合相）。很顯然地，他不受限於世俗的宗教來認識自己，他試圖與自然法則產生連結，藉此解釋人類與宇宙的關係，而不會一味採信社會共識或主流宗教。諾氏最為人所知的，就是他的非傳統信仰，例如占星學及東方哲學的教義，這些在當時都被視為異端。

南交點落入六宮的處女座，代表他天生渴望能改善、淨化、精進自己。他會透過菸和水缽等特殊的工具或技巧來預視未來。這個相位也代表他會分析自己信仰中的不完美及弱點（冥王星落入九宮的射手座），並且消除其中不符合自然法則的部分。他必須克服的，是負面及極度挑剔的自我形象，因為這會導致心智的窒礙及缺陷。諾氏的謙虛，也表現在南交點的位置上面，他天生能意識到自己的不完美、過失及弱點，同時渴望能改善。

南交點落入六宮的處女座，也意味必須消除受害者的心態，他在自己對世人的教誨中，特別強調這點。再提醒一次，他寫預言的主要目的，是要幫助世人明白，我們所做的一切，都可以改變未來，而唯一的方法，是從過去的經驗中學習，接受過去遺留下來的責任（南交點的主宰行星是水星，落入十宮的魔羯座）。他非常清楚看到，因為人類拒絕為自己的行為負責，歷史會在當下及未來一再重複或循環。

當他的靈魂在這種演化狀態時，最容易陷入的陷阱，就是永遠覺得自己不夠好、不夠完美，無法執行「本源」賦予的任務。他南交點位置的另外一層意義，就是學習如何調整自己的教誨及實踐方式，足以反映出主流社會的需求及結構（南交點的主宰行星水星逆行在十宮）。他不能一味批評別人或社會，而不了解或調整自己先進的教誨及演化階段，因為如此只會投射出內心對自己的批評及負面評價罷了。他也可能產生懷疑的傾向，破壞自己天生的靈性能力，當靈魂處於靈性演化的第一個次階段時，最容易出現的扭曲表現，就是覺得自己不值得造物主的愛，不夠資格接受造物主的賜福。南交點落入六宮的處女座，也與內在匱乏及懷疑的感受有關。這種不值得被愛的感受，特別會表現在工作領域中。諾氏身處的時代，充滿宗教迫害及歇斯底里的情感，所有試圖抵抗世代規範的人，都會被捲入其中，而他卻堅決完成自己想要與世人分享的工作，實在是令人欽佩、啟迪人心。他的堅決，表現在南交點的主宰行星水星上，逆行在十宮的魔羯座。

南交點的主宰行星落入十宮的魔羯座，又是逆行，代表他必須為自己的行為負責，培養成熟的情感，也代表他天生的老練及自決能力。換言之，他具備一種成熟的天性，同時渴望為自己的行為負責，也必須消除無意識中被文化侷限的受害者心態，才能真正發揮自己的天賦。水星與冥王星形成的半六分相，更加強這個目標及渴望。這個半六分相是比較新的相位，代表他對其所象徵的轉化及趨力也比較陌生。從諾氏的生命本質看來，他顯然接受這個演化目的，所以會透過一種比較柔和的方式，體驗這個相位的能量，很快針對相關的演化趨力來調整自己。當他取得醫學院博士學位後，得到了一份教職工作，但時常因為違背傳統醫療方式而飽受批評，像是拒絕替病人放血（南交點落入六宮的處女座），然而他用玫瑰配方的藥丸，治癒許多瘟疫病患，因而被尊為聖人。他製造的藥丸充滿了大量的維他命 C，這與現代人廣泛利用維他命 C 來增加免疫能力不謀而合。

基於為本源奉獻的慾望及傾向，諾氏很自然地朝行醫、預視未來及改革傳統醫學的方向邁進，他憑直覺分析當代醫學的不足，想出改善的方法。他對於缺失及不足的洞悉能力，不僅限於醫學領域，還包括當代社會的主流共識（南交點的主宰行星水星，逆行在十宮的魔羯座，南交點又落入六宮的處女座）。冥王星／水星的相位，則意味他必須調整自己的想法及哲學智慧，幫助主流社會演化（水星逆行在十宮的魔羯座）。

諾氏在迫害受到的創傷，可以從天王星（落入十二宮雙魚座）與冥王星的四分相（落入九宮射手座）得到印證。天王星特別與創傷有關，意味必須擺脫過去受限的狀態，也就是為何一般人會認為天王星與未來有關，天王星也象徵人類集體需要透過解脫，促進集體意識的躍進。因此，諾氏的這個相位，代表他具有看見未來的天賦，足以幫助人類跳脫過去的錯誤，阻止過去的創傷在未來不斷重演。在迫害時期，諾氏因為說的話不苟同於現狀，也拒絕安於或服從當下，被某些社會權威人士指控是黑魔術師或異教徒。天王星也與投射有關，許多無法理解諾氏的人，都把自己的傷口投射到他身上。他的天王星與冥王星，形成第一個四分階段的四分相，這象徵他的危機來自為社會引進先知灼見，但彼時的社會充滿宗教迫害，並命令人們必須服從主流的信仰及習俗。在這個相位中，諾氏必須學會克服被迫害、被社會整體抗拒的情感恐懼（南交點落入六宮處女座）。

諾氏的水星與太陽合相，而冥王星與太陽及水星形成新生階段的半六分相。冥王星／太陽相位象徵的演化目的，是他必須認清並發展靈魂的創造性目的，或是特殊使命，這個相位也意味他必須轉化自己創造性實現的過程，把個人的特殊使命，與社會需求連結在一起。太陽落入九宮魔羯座，代表創造性的實現必須建構在他從內培養的社會權威之上，必須根據他內心對自然法則的理解。他可以藉由自己的教學天賦，來徹底實現這個演化目標，並且在遵循自然法則的前提下，建立個人的事業。當他開始朝這個演化方向邁進時，他的創造能量和目的，自然就能獲得重生或轉化，這是一個新生又溫和的相位，代表具備理解能力，也能做出必要的改變。諾氏並不熟悉這個相位象徵的演化衝動，但是他只要願意按照演化目的做出必要改變，一切就能進行得非常順利。

冥王星／水星相位象徵的演化需求，就是重新建構心智的架構或組織。他必須消滅所有僵化或過時的心智模式，才能獲得心智上的轉化，因為這些東西都會阻礙進一步的成長。水星是南交點的主宰行星，代表他從過去帶來的重要功課，必須在今生獲得實現。這個半六分相，是一個比較新的柔和相位，代表他會對新的演化循環，產生覺知或意識，靈魂會開始意識到這個演化循環的目的。因此諾氏知道必須繼續自己的演化，也知道必須透過自己的心智能力，以及足以反映自然法則的形上學知識，在社會中建立自我的權威（冥王星落入九宮射手座，水星逆行在十宮的魔羯座）。水星與太陽合相，也代表他創造性的實現過程，都會與個人的理念及資訊有關。

冥王星與落入四宮巨蟹座的星群，形成圓滿階段的十二分之五相，其中包括木星、土星及火星，全都是逆行。這象徵他所面臨的危機（十二分之五相），都來自於自己的預視能力，以及對社會做的一切（圓滿階段），這個相位的目的是意識到社會及個人的限制。他必須知道什麼事情能做、什麼不能做，而別人又對自己有何要求，藉此展現整體的社會目的，他如果不能服從這些限制，就會遇到激烈的抗拒（危機）。這個相位再次強調了，諾氏最重要的演化功課，是必須調整自己的教學及天生智慧，來適應社會的需求，讓世人能理解他的教誨。這個相位的危機，也反映出迫害對於他個人形象的傷害，而他也必須克服在融入社會時的不安全感。

諾氏在瘟疫時期挽救許多人的生命，但卻救不了自己的妻兒，他無法拯救自己的家庭（群星逆行在巨蟹座），這當然會對他的自我形象帶來很大的創傷。這裡的危機，就在於必須透過這類的失去，剷除內心所有的不安全感及負面的自我形象。

南交點落入六宮的處女座，代表社會一開始可能會非常挑剔或傷害他的智慧及能力。當然，這些迫害和攻擊，會對他的自我形象造成巨大的傷害，也會讓他在集體中實現個人的社會目的時，面臨一次又一次的危機，然而這個相位的目的，是要他先在內心建立自己的權威（土星），確信自己的信仰（木星），然後跳出社會限制的框架，開啟自己的方向，表達自己的立場（火星）。群星的逆行，代表這些趨力都來自過去世，必須在這一世解決。諾氏接受了自己的演化功課，他為了在社會中實現理想及教誨，不斷根據需要來改善並調整自己（他之後再婚，據傳擁有非常美滿的第二春，直到臨終）。他用正面的方式，體驗了這個緊張相位，也解決了十二分之五相象徵的危機。這是一個老的相位，象徵他曾經在這些轉化的領域付出努力，也終於在這一世功德圓滿。

冥王星的對應點落入三宮的雙子座；北交點落入十二宮的雙魚座；北交點的主宰行星海王星落入十宮的魔羯座，與落入十一宮寶瓶座的金星合相；海王星與逆行在四宮巨蟹座的土星、火星及木星，形成突顯階段的對分相；象徵了諾氏今生的演化目的，就是向外散播自己對於自然法則的既有信念及理解。任何妨礙成長或不容於自然法則的老舊、過時及僵化信念，都必須徹底剷除，所有受限制的（人為的）信念，也必須被消滅。他對自然法則的信念及認識，並不一定是錯誤或無用的，但在某些方面的確是受限的。這都表現在本命冥王星（九宮射手座）及冥王星對應點（三宮的雙子座）上。

諾氏的演化需求，就是接納其他的哲學或信仰系統，如果這些觀點能反映自然法則，就能促進他進一步的成長。但別忘了，九宮或射手座原型最常見的問題，就是會傾向把個人信仰系統中的部分信念，視為唯一的真理，不斷為自己辯護，認為別人都是錯的。這就是我們最常見的說服、然後改變他人的信仰。看似各種不同途徑的自然真理，都有同樣的目標（神），或是看似不同的道路，最後都走向一樣的終點，或是象徵了同樣的自然法則及真理，而這就是雙子座三宮對應點，必須學會的重要功課。諾氏最重要的功課之一，就是明白可以透過許多不同的信仰或方法，來展現自然法則。他必須以這個為前提，才能整合各種相對性的真理。

這個對應點，象徵了另一門重要的演化功課——辨識能力。他必須要能看出事實與意見的差異、真理與教條的不同。諾氏的確吸收各方的意見、資料及訊息，藉此擴展自我的意識，而這也意味他接受了自己的演化功課。他發表了備受讚譽的年曆，也完成最著名的預言著作《諸世紀》（*the Quatrains*），也周遊列國，特別是從法國到義大利途中，接受不同文化的薰陶，吸收必要的資訊及觀點，促進個人的信仰結構演化，除了旅行他也會研讀在自己原生文化中、被先人視為禁忌或異端的哲學或信仰（當時被發現研讀這些東西，必受死刑），從中吸取不同的觀點及資訊。

諾氏能舉出明確的例證，讓人們知道，如果不能從過去的錯誤中學到教訓，歷史會在當下及未來一再重複。換言之，他可以舉明確的歷史事件為例，證明單一的自然法則或靈性準則，是如何以各種不同的方式，呈現在歷史中（冥王星對應點落入三宮的雙子座）。帶著這份覺知，他也可以證明有哪些同樣的趨力，仍在當下的時代中運作。他也可以把對於自然法則的認識，應用在醫學上，為這個領域帶來顯著的改善、擴展及進步。

諾氏利用之前學習的特定類型資訊，消除阻礙自我成長的老舊信念，延伸天生的智慧（九宮射手座的冥王星，以及落入十宮摩羯座的水星，再次透過三宮雙子座的對應點呈現）。他必須與別人溝通自己的知識，透過別人的觀點來看自己，反映出文化及信仰系統的多元性。他可以透過寫作，或是與患者的接觸，來進行這類的溝通，也可以在與人溝通的過程中，反映出對方及自己的演化階段。

北交點落入十二宮雙魚座象徵的演化功課，就是不斷發展靈性，剷除靈魂的妄念。關於諾氏對神的奉獻，後人有詳細記載，而他一生的功課就是持續專注地朝這個方向努力，這個位置也意味整個演化循環即將結束。因此過去整個循環過程中所累積未完成、未被解決的趨力，都必須在此時了結。他所吸收或與人溝通的資訊，都具備永恆及宇宙性的本質。他所傳達的宇宙性訊息或真理，讓他的寫作超越身處的文化現實。他傳達的靈性知識，強調萬法歸一的需求，特別是在他的信仰裡。

他必須簡化自己的生活，藉此消除所有內在及外在的危機及混亂（南交點落入六宮的處女座），也必須學會寬恕自己，原諒所有自認為的錯誤及不完美，並且無條件愛自己，這些都是他此生非常重要的功課。南交點落入六宮處女座，代表常會過度自我挑剔，變成自己的頭號敵人。他必須學會消除批評性或負面的自我中心，在不過度內在挑剔的狀態下，尋求自我的改善及完美，如此一來，才能用因此獲得的淨化清澈狀態，對別人造成影響。

由於他的北交點落入十二宮的雙魚座，代表必須透過靈性的修練，來延伸或吸收必要的資訊。冥王星對應點落入三宮雙子座代表的資訊，也會具有靈性性質。我們可以從北交點，看出他渴望個人化的小我，能與萬物的本源融合為一，並與造物主建立直接且有意識的連結。他只會吸收一些直覺為真的物質及資訊，因為這些東西與他個人的演化需求有關，不僅能反映自然法則，也可以讓生活更為簡化（南交點的主宰行星是水星，逆行在十宮的摩羯座；冥王星的對應點落入三宮的雙子座；北交點落入十二宮的雙魚座）。

冥王星與海王星形成初期階段的半四分相，而海王星又是北交點的主宰行星。這個相位象徵的演化目的，就是消除所有阻礙靈魂與造物者直接、有意識融合的障礙。當一個人渴望與本源建立直接的關係時，就能覺察到個人夢想、幻覺及妄念的本質，然後消除導致這些妄念或幻想的分離慾望，唯有與造物者建立關係，才能產生這樣的覺知，而這份覺知具備真實且終極的意義，可以為海王星占據的宮位或星座領域，帶來神性的啟發。

諾氏當然在工作中感受到神性的啟靈，儘管有少數人質疑或反駁他的所作所為，但他仍受到主流社會的肯定（海王星落入十宮的摩羯座）。這是一個比較老的相位，代表他在過去世裡，曾經努力在這個領域中進行轉化，紓解了半四分相的壓力。然而，諾氏還是必須學會辨識的功課（南交點落入六宮的處女座），而這裡的核心功課，就是分辨哪些人能傳遞他的想法，而哪些人會是阻力。

這個海王星／冥王星的相位，又再次突顯了迫害的主題，他正努力消融所有老舊的行為模式，剷除所有帶有社會性質的幻想及妄念（海王星落入十宮的摩羯座，與冥王星形成半四分相）。他也必須釋放所有壓抑的感情，根據自己的語言及天生的智慧，而非社會的文化條件，在社會中建立權威。換言之，這個相位突顯的功課，就是他必須根據自己的知識，建立社會性的權威地位。初期階段象徵他必須替冥王星相位象徵的演化循環，賦予個人意義，用自己的方式來實現，並且必須與社會隔絕，才能內化這個循環或演化目的。這個半四分相的壓力，表現於他的工作無法被世人了解，以及他必須剷除自己對於社會本質的妄念。除此之外，他也迫切需要建立一種事業，足以展現他的靈性能力及智慧，並能與社會溝通。

接下來分析海王星的其他相位。海王星與合相且逆行在四宮巨蟹座的土星／火星／木星，形成突顯階段的對分相。這代表他必須藉由社會中所有無法理解他工作的人，學會謙虛的功課，同時也必須學習調整自己的功課，然後成功融入主流社會。這個突顯階段的對分相，也象徵有些人會因為自他的差異，對他提出猛烈的批評。他可能經歷非常痛苦的幻滅，這當然也是他在演化過程中，必須解決的一種趨力。此外，他必須調整自己的工作，與主流社會達成共識，也必須用一種大多數的人能接受的方式，來與別人溝通（冥王星的對應點落入三宮的雙子座；海王星落入十宮的摩羯座）。

這個對分相，還代表他必須拋開所有對於迫害的恐懼，以及自己內心深處的不安全感（群星落入四宮的巨蟹座）。他也必須放下迫害相關的負面自我形象，還有失去親人的創傷，才能繼續接下來的演化。有些社會權威人士，會激烈且不斷反對他，讓他備感痛苦、很難克服（土星逆行於四宮的巨蟹座）。我們可以看出幻滅（北交點落入十二宮的雙魚座）對他而言，是極為重要又痛苦的演化功課，不斷驅策他去實現今生的演化目的。他因為迫害，而對權威及社會產生一些未解決的憤怒，也必須在今生妥善處理。他必須在今生學會如何善用憤怒（火星逆行在四宮的巨蟹座，與冥王星形成十二分之五相位）。這個突顯階段的相位，也代表懂得分析自己工作的不足。他很清楚如果要獲得社會大眾的理解，必須改善及調整自己的工作。當他拋開上述的老舊行為模式時，就能繼續演化，同時也能達到對分相象徵的內在平衡。

諾氏的冥王星與落入十一宮寶瓶座的金星，形成初期階段的六分相。這象徵的演化目的，就是轉化自己內在及外在的關係模式。金星落入十一宮的寶瓶座，代表必須擺脫過去強調的老舊模式，才能轉化既有的內在關係模式。他的南交點落入六宮，再加上之前提到的相位，可以看出他會有負面且挑剔的自我形象，而最重要的演化功課，就是消融所有導致負面自我形象的老舊限制模式。別忘了，他在瘟疫中失去妻兒，而金星落入十一宮的寶瓶座，就象徵他在個人及社會關係中受到的創傷，他必須消弭這些未復原的創傷，才能繼續演化（冥王星與金星的相位）。這是一個比較新的相位，其象徵的演化趨力仍在萌芽階段，而且因為比較陌生，所以往往會帶來壓力。喪親的悲劇當然也會造成壓力，不過六分相本身是柔和相位，代表他很容易整合看待並落實這些演化目的。換言之，這個柔和相位象徵他能克服並走出強烈的情感創傷。

金星與北交點的主宰行星海王星合相，代表諾氏必須克服感情創傷，跳脫過去內在及外在的關係模式，才能實現今生的演化目的，也必須轉化所有阻礙成長的老舊、淘汰或僵化的行為模式。當他能完全展現這些演化趨力後，便能與本源建立直接且有意識的連結。金星與海王星合相，象徵這些趨力會在他的意識中同時展現，或是融合成一種方式出現。

以上個案分析是要讓讀者知道，如何解讀個人本命盤中的冥王星相位（其中包括之前提過所有的調和因素）。很顯然地，冥王星相位的表現方式（緊張或柔和），都取決於一個人是抗拒或接受其所象徵的演化功課。尼克森經歷了非常負面的生命經驗，因為他完全抗拒自己的演化功課，他有非常多冥王星相位，其中包括一些柔和相位。然而，他因為拒絕做出必要的改變，導致了羞辱的結局，在水門案爆發之後，他被迫辭去總統職務，飽受世人唾棄。諾斯特拉達姆士則完全接受自己的演化功課，而且對自己今生必達的使命展現無比的決心，就演化的觀點來看，他的使命就是當本源的使者。我們可以從他堅持不倦治療瘟疫患者，努力完成預言的著作，看出他對他人的服務、對造物者的奉獻。儘管他在生命中，經歷了一些深痛的創傷、極具壓力的蛻變事件，但基於他對成長及演化的態度，最後仍創造了正面性的生命歷練。

第七章
黃道星座的天生原型

原型的象徵

我們將在本章介紹黃道的十二個星座原型。首先，每個星座原型代表意識中的特定功能，這些原型象徵了人類意識的整合，而每個獨立的原型，都代表意識中某種特定的心理作用。如果能對每個原型有深入且透徹的認識，就能理解靈魂意識的結構本質，也能洞悉每個人的心理運作模式。

我們可以把這些核心的原型，應用在本命盤上，同時知道如何在分析一張本命盤的同時，融會貫通所有的原型（五宮宮頭星座是巨蟹座，水星落入二宮的雙魚座等等）。有關這部分我們會在第八章詳細解釋。

每個星座都有其主宰行星，例如木星是射手座原形的主宰行星。射手座及其主宰行星木星的原型意義，其實並無不同。行星代表了靈魂的心理構成，而星座及宮位則可以讓我們看出，行星的原型意義會如何受到宮頭星座的影響。

每個星座原型，都會對應一個天生的宮位（例如金牛座代表二宮，雙子座代表三宮）。星座與其對應的天生宮位，也具有一樣的原型意義。本章的目的，就是清楚介紹黃道中每個星座的原型意義，而且深入討論當靈魂接納自然法則，或當靈魂的意識受到人為法則的限制時，會用哪些不同的方式展現原型的意義。我們可以調整每個原型的核心意義，將其融入靈魂的演化狀態或條件中。這些原型意義的描述，參考自傑夫・格林的《冥王星：靈魂的演化之旅》。

黃道星座的意義

牡羊座／火星／一宮——陽性／火象／基本星座

這個原型代表全新的演化「變成」循環，暗示整個演化循環才剛剛結束或完成。這是火象、陽性的基本宮位。陽性的星座或原型，代表一股由內向外散發的能量模式（靈魂的中心點為起點）。基本星座則象徵開啟新方向，或開啟新行為模式的慾望。換言之，基本星座就意味必須開始改變，才能繼續成長，基本星座的人的表現方式，就是往前跨越兩步，然後向後退縮一步，因為他／她對於「改變」象徵的新方向，缺乏安全感。不過無論是向前或向後，終究還是有所改變。他們也可能出現非常極端的行為模式，因此阻礙了個人的演化和成長。這裡的重點顯然是「一致性」，必須不斷朝基本星座象徵的正面目標邁進，創造持續性的成長。

牡羊座象徵不斷自我發現的趨力，以及不斷「變成」的過程。這些人非常需要自由和獨立，實現靈魂需要的慾望及經驗，藉此了解今生的特殊使命（其他火象星座也有同樣的特質）。牡羊座的特殊使命感與天生身分意識的培養及發現有關，也與即將發生的事物有關，因為靈魂可以透過發展身分意識的經驗獲得成長。換言之，牡羊座可以透過展開新的行動或是對新事物的本能反應，更加認清自己的身分意識。他們可以透過這種方式不斷自我發覺，不斷「變成」新的模樣。牡羊座象徵自我發現的本質，代表必須展開新的演化，牡羊座也與所有的恐懼有關，而星盤上的牡羊座／火星／一宮，可以看出恐懼的本質。

黃道上的火象大三角，由牡羊座、獅子座及射手座構成，這三個原型彼此形成一百二十度，代表容易整合其各自代表的意識功能。我們可以從火象大三角，看出靈魂徹底實現的過程，也可以看出這個人如何完整表現或實現個人的特殊使命。牡羊座的特殊使命，與新經驗、自我發現以及即將發生的事物有關，代表即將開啟一個新的「變成」循環。獅子座則是根據靈魂的特殊使命，用創造性的準則來實現自我。在獅子座的階段，靈魂已經認清並完成今生的特殊使命及創造性的目的。換言之，牡羊座的特殊使命，與不斷自我發現及變成有關，藉此培養出個人性。而到了獅子座的階段，靈魂必須用創造性的方式來實現特殊的使命。

射手座的原型，則代表靈魂渴望透過宇宙、哲學或形上學的背景，認識個人與宇宙的關係，因此射手座也代表我們今生的信仰系統及哲學傾向，信仰系統也與今生的特殊使命有關。由此可知，黃道中的每個火象星座，都與特殊使命有關，只是關聯的性質有所差異。

正如所有火象星座，牡羊座需要高度的自由及獨立空間，讓他們不受限制發現或探索天生的身分意識或新的演化循環。牡羊座的人，可以在選擇投入的領域裡變成先驅者，因為他們天生具備開創能力。這些人多半在行動及反應的模式裡學習，因為他們做許多事情都是出自本能，沒有事前多加思索。換言之，牡羊座可以從對行為產生的反應來學習，他們最扭曲的表現方式，就是極度狂傲自大，以自我為中心，抱著自恃非凡的妄念，並會用這種方式，來實現特殊的使命感，建立個人的身分意識。牡羊座與獅子座形成的三分相，代表這種心態會衍生出扭曲的自戀、偉大妄想，以及自以為高於世人的金字塔型現實。牡羊座的另外一種扭曲表現，就是掌控或壓制別人。這些人會對任何限制個人自由或獨立的事物感到憤怒，因為這讓他們無法實現自認為需要、完全以自我為中心的慾望。最重要的一點，就是判斷這些扭曲的表現，可能是因為他們對於個人優越性欠缺安全感。

牡羊座的原型，也與任何形式的憤怒有關。讓人憤怒的原因很多，而牡羊座的憤怒，常來自於限制了他／她的自由與獨立，而無法成長、無法嘗試他／她渴望的經驗。牡羊座最重要的功課，就是用建設性的方式來表達憤怒，促進靈魂的演化，同時盡可能消滅所有阻礙個人成長的限制。他們的憤怒，與妨礙進化的內在限制有關。牡羊座最糟糕的表現，可能是肢體暴力。

我們可以透過牡羊座的原型，找到內在的勇氣及力量，朝新的演化「變成」之旅邁出重要的第一步，擺脫所有限制成長的老舊行為模式。我們如果能找到內在的力量，就不會讓過去於現在或未來一再重演。牡羊座象徵了我們在主觀意識層面上的慾望。牡羊座與天蠍座形成十二分之五相，而天蠍座與靈魂、靈魂中的雙重慾望有關。我們必須剷除所有的分離慾望，邁向天蠍座象徵的更高層次，才能獲得靈魂的轉化。就本質而言，天蠍座象徵了靈魂與自我的對抗，以及轉化所有限制的慾望，因為這些慾望阻礙了個人的成長。牡羊座則代表了靈魂中的雙重慾望會如何呈現，會用哪種方式實現主觀的慾望，來發展自我的身分意識。牡羊座與天蠍座之間的十二分之五相，象徵了危機，象徵個人必須將自我的意願或慾望，與更高層次的意志結合。就本質而言，必須將個人的意志和自我身分的發展，與靈魂的本質達成協調，與今生的演化目的合作。任何任性或自我中心的行動，或是分離的慾望，都會阻礙個人的成長，遭遇來自內心或外在的強烈對抗，藉此剷除這些行動或慾望。當人們因為內心的不安全感，拒絕改變過去的行為模式時，就會帶來危機。人們會在努力維持過去的當下，又渴望能不斷成長，能擁有更多的自由去改變、發現或恢復自我的身分意識（牡羊座）。

這個十二分之五的相位也代表關係中的感情矛盾。牡羊座代表自由與獨立的需求，而天蠍座象徵陷在關係中的恐懼，而這往往與他人的需求有關。這裡的矛盾在於他們渴望有一段關係，卻又害怕自己會受困其中，會因為對方的需求筋疲力盡，或害怕必須對關係許下承諾。這裡的情感矛盾，來自於兩種對立的需求及慾望：渴望進入一段關係，又嚮往自由。當我們解決自己內在的危機後，這兩種原型就會以完全不同的面貌在意識中運作，化危機及困惑為洞澈，而帶著覺知的慾望（牡羊座），也能與靈魂渴望成長及演化的慾望（天蠍座）融為一體。我們可以利用正面的意志力，去影響持續且無所不在的演化，也會渴望與今生的演化目的合作。我們不再試圖掌控或壓制別人，也不會對別人或生命，抱持自恃非凡或高傲的態度。

此時出現一個問題：在我們的本能反應背後，到底存在哪些趨力或隱藏的動機？火星（牡羊座）是冥王星（天蠍座）的低八度。根據《冥王星：靈魂的演化之旅》，低八度是一種較強烈、壓抑或振動頻率較高的表達方式。就本質而言，靈魂中的雙重慾望，都會透過火星表現。火星代表有意識及主觀的慾望，以及表達或實現慾望的方式，而這些主觀的慾望，都來自於冥王星。因此，我們今生的演化目的，通常會透過不斷的行動呈現，也與

「變成」的新循環有關。這就是火星表達冥王星低八度的方式。牡羊座最純淨的形式，就是慾望中最純潔的本質，藉此讓個人的意志與本源產生連結。牡羊座也反映了我們心中的分離慾望或本能，希望自己能變成獨立的個體。這裡最重要的一點，是牡羊座並不象徵意圖與本源分離的慾望。這種分離慾望是冥王星的意涵，代表了靈魂中兩種共存的慾望。

牡羊座與魔羯座及巨蟹座都形成四分相。四分相在某種程度上會創造緊張及壓力。牡羊座與魔羯座的四分相代表文化條件的限制（摩羯座），會對我們表達真實的自我（牡羊座）帶來緊張及壓力。文化限制會讓我們怯於表達自己的本質，因為外界期待我們遵守（摩羯座）社會的規範、法則、禁忌及規定。這個四分相的負面表現，可能是對原生的文化或社會帶有未解決的憤怒。摩羯座反映了一門最重要的功課，就是：為自己的行為負責。摩羯座與牡羊座形成的四分相，就意味必須為自己的慾望以及因慾望而採取的行動負起全責，也象徵如果我們實現自我中心的慾望，會造成何種結果。就正面的表現而言，憤怒可以展現內在的限制，以及企圖突破這些限制的慾望及勇氣。由此看來，這個四分相也可能代表一種運用壓力的能力，藉此創造正面的改變（紓解靈魂內部的緊張）。

牡羊座與巨蟹座的四分相，則象徵對自我形象的不安全感，以及為了成長而採取行動的慾望，這些都會造成緊張及壓力。新的演化及變成的循環，會為既有的自我形象及情感因素，帶來不安全感。採取改變的慾望，會讓人有不安全感，這種感覺是巨蟹座的原型特色之一。這個四分相，也象徵離開母親子宮（巨蟹座）的最初焦慮（牡羊座）。此外，巨蟹座與魔羯座分別與牡羊座形成四分相，三者形成一個T型相位，這象徵性別的功課。任何文化都對兩性列出有條件的、制定的、以及社會可以接受的規範（魔羯座）。只要願意遵守，這些規範就會變成情感安全感（巨蟹座）的來源，而這也象徵被社會接受的需求。這些與性別有關的限制模式，會對自我形象造成負面的影響，只要不遵守規範，就會產生不安全感，也無法接受或整合每個靈魂天生具備的阿尼瑪／阿尼瑪斯（陰性／陽性）原型（巨蟹座）。這個T型相位象徵的緊張及焦慮，往往是因為靈魂渴望能不受限制發展、探索或恢復自我身分意識，或是性別的認定受到文化限制。再提醒一次，當自我本質的發展或自我形象，受到文化條件的限制，很可能會表現出強烈的憤怒及怨恨。

任何星座原型想要演化，就必須接受其對應點的特質，才能將這個原型轉化成更高層次的表現。牡羊座的對應點是天秤座，這象徵了人們必須學習平衡、融合自他的需求。這代表必須在想獨立又渴望關係的需求之間，取得一個平衡點。此外，這也意味應該選擇一種可以各自獨立、互相鼓勵及支持的關係。關係中的任何一方，都渴望能以自己的方式，實現個人的獨特性，同時也能互相支持。天秤座象徵公平與平衡的功課，而非掌控或壓制別人。天秤座也與付出、分享及包容的自然法則有關，要我們能以他人的立場，來客觀評斷現實，而非一味以自己為出發點。這裡的功課就是，必須客觀聆聽伴侶或其他人的心聲，才知道自己能付出什麼。天秤座也代表必須秉持真正的公平，必須先付出，而非一味接受。當能做到這點時，才能散發牡羊座最真實的美麗，鼓勵或激發別人表現自我的獨特本質（表現出任何他們自認為必須呈現的真實且獨特的個人身分意識）。然後也會知道，必須實現哪些慾望來達到這個目標。

金牛座／金星／二宮——陰性／土象／固定

我們從牡羊座冒出頭後，現在開始一個全新的演化「變成」循環，開始發現或找回自我的身分意識。在金牛座的原型裡，我們會確立或鞏固自我的身分意識（土象星座），與在牡羊座原型中，發現的自我本質，建立內在的關係。金牛座是固定星座，因此這個原型帶有靜態或固定的本質。固定星座可能會非常激烈抗拒改變，因為當被要求改變過去的行為模式時，會有種不安全感。這個原型有個最好的比喻——井底之蛙——這隻青蛙坐井觀天，只能看到天空的一小部分，卻認為這就是整個宇宙。金牛座原型象徵抗拒改變，就像青蛙拒絕跳出井底，看看更大的天空，這種跳出去的需求，表現在對應點天蠍座上。金牛座的人會根據這種生命態度，維持固定的內在關係模式。

就底線來看，金牛座代表我們與自己的內在關係。金牛座是陰性星座，象徵一股重返核心的能量，也代表我們內心振動的頻率、內在的磁性，以及向內聆聽自己心聲的方式（我們內心的對話）。我們內在的頻率波動，構成了吸引外在伴侶的本質（天秤座的原型，也由金星主宰），這種吸引力法則或同類相吸的作用，都與金牛座象徵的內在頻率波動及內在關係有關。

金牛座的原型，也代表渴望用具體的方式，鞏固或確立已經發現或找回的自我身分意識：我們現在必須建立與自己的內在關係。其中最深層的決定因素，就是認為自己必須具備什麼才能維繫生存，因此金牛座也與生存本能有關，這種生存本能，會創造自給自足的需求。因此，當我們看到星盤中的金牛座、金星及二宮時，就象徵必須在情感及生理的層面上自給自足。繁衍也算是一種生存本能，所以金牛座的原型也與性價值有關，象徵性慾的來源。費洛蒙也與金牛座有關，這是一種根據內在頻率波動、從體內向外散發的自然氣味，這種內在的氣味，決定了我們會與哪些人發生親密關係，而這都與繁殖的本能有關。

我們賦予生命的價值及意義，決定自己內在的關係及波動頻率。我們認定的基本生存需求，會影響對生命保持的價值觀、意義及內在態度。金牛座原型最扭曲的表現方式，就是只重視物質的價值，渴望累積大量的物質財富。這些物質的價值，其實與生存有關。另一種扭曲的表現，是會把自己或別人視為物品及財產，利用自己或對方來操縱一份關係（對應點是天蠍座）。最糟糕的情形，就是在關係中把對方變成自我價值的替代品或延伸。

金牛座原型比較負面的面向，還包括抗拒及懶惰，不願意認識自我的價值，也無法持續努力實現靈魂固有的天賦，最扭曲的表現方式，就是為別人的價值而活，變成別人的替身。金牛座與處女座、魔羯座形成土象的大三角，象徵如何建立並鞏固自我的價值，而其創造的生命意義（金牛座），又會如何透過對社會的服務（處女座）或事業（魔羯座）表現出來。

金牛座也與天生的潛能有關。這裡的核心問題，就在於是否能持續不斷實現自己具備的能力。金牛座與獅子座形成四分相，象徵當我們用自給自足的方式（金牛座），來創造性實現自我時（獅子座），常常會感受到緊張及壓力。直到學會這門重要的演化功課之後，壓力才可能消除。當壓力消除後，這個四分相就會以正面的方式呈現，變成一股必要的創造能量（獅子座），努力落實（金牛座）靈魂固有的能力。這裡最重要的一點，就是自立自足，而非依賴別人來替我們實現能力。當然，在實現的過程中，我們也可能淪為別人價值觀的附屬品，這是最扭曲的表現方式。此外，我們必須認清自己的本性，這應該是一種不受限制的價值觀，激勵自己要努力、學習重視自己，同時能幫助別人。換言之，物質主義的價值觀，只能圖利自己，讓我們變得自私，將他人排除在外，最後變成一種自戀式的創造性實現過程（獅子座）。此時就會出現十二分之五相象徵的危機，目的是讓我們能學會自立自足，跳脫社會主流的框架，認清個人的價值。金牛座原型還可能出現負面的惰性或懶散，不願意靠自己的努力來維持生活，也可能會固執抗拒必要的改變（固定星座）。

寶瓶座的原型也與金牛座形成四分相，再加上金牛座與獅子座的四分相，就形成一個金牛座的 T 型相位。與寶瓶座的四分相象徵的危機，就是如何客觀認定與自己的內在關係，接受服務人類的需求，並將這些東西與社會需求產生連結。我們必須客觀看待自己，擺脫社會共識的限制模式，此時如果還沒認清自我價值，還沒建立自給自足的生命態度，危機就會出現了。寶瓶座與同儕團體有關，代表我們在世俗層面上的生活方式。人們都傾向於採納同儕團體中主流的價值觀，但這很容易製造強烈的危機，因為演化要求自立自足，實現個人的天生能力。寶瓶座也與創傷有關，所以這個四分相也象徵還沒學會自立自足的功課之前，可能會面對創傷的危機。靈魂必須重新面對自己，才能真正學習和成長。

金星是金牛座的主宰行星，同時也主宰天秤座。再提醒一次，天秤座的原型代表與別人建立關係，以及融入社會整體。天秤座是金星向外投射的表現，涉及我們與別人的關係；金牛座則代表金星的內在面相，涉及我們與自己的內在關係。金牛座與天秤座之間，有天生的十二分之五的相位，這代表當我們意識到自己擁有什麼而試圖自立自足時，同時也會發現欠缺什麼、渴望從別人身上獲得什麼，而這正是十二分之五相象徵的趨力。這裡存在的另一個危機面向，就是靈魂必須在關係中學習自立自足。再強調一點，這個相位也象徵了吸引力法則或同類相近的現象，而此時靈魂面臨最迫切的危機，就是學習從內滿足自己的需求（金牛座），而不是將這些需求投射在伴侶或關係上面（天秤座）。天秤座代表向外投射的需求，以及這些需求在關係中創造的期許。金牛座則象徵自給自足的需求，以及如何從內來滿足自我的基本需求。因此，當投射過多的需求在伴侶身上，或是過度依賴或需要另一半（天秤座），就會感受到這個十二分之五相的危機。此時會被迫自立自強，才能學會自給自足的重要功課（金牛座）。當然，也可能從伴侶身上，感受到同樣的趨力，因為對方也投射太多需求在我們身上。

我們也可能有另外一種極端的表現（金星及天秤座的原型與極端有關），就是把自己封閉起來，不與社會有任何互動，也可能因為這種封閉傾向的限制，導致內心的大爆發（金牛座）。要解決這個十二分之五相的危機，最重要的就是從內滿足自己的需求，不要再將這些需求投射到伴侶身上，我們必須透過天秤座，學習金星象徵的平衡。當我們能學會從內滿足自我的需求，創造一份自給自足的關係，認識自己根本的需求，不再把需求投射到伴侶身上，就可以化解這個十二分之五相象徵的危機，而且對此產生透徹的洞察力。我們此時會從內散發和諧及平衡的能量，也能用完全不同的態度處理關係。

金星與聆聽的心理有關，也可以看出我們如何傾聽自己（金牛座）或別人（天秤座）的心聲。金牛座反映自我內心對話的本質，而天秤座則象徵根據自己的內心對話，聆聽伴侶或別人的心聲。舉個例子，一個人如果過度批判自己，也會吸引一個喜歡批評的伴侶，在這段關係中，反映出自己內心對話的本質。他／她在聽別人說話時，也會把自己內心批判的聲音，投射到別人身上。換言之，他／她會以為伴侶在批評他，即使事實並非如此。

金牛座與雙魚座形成六分相。雙魚座代表實現終極意義的需求，超越時空的限制，因此雙魚座也象徵與造物者的融合，接納宇宙與永恆性的法則。金牛座與雙魚座的六分相，意味透過與造物主的關係，找到生命的終極意義。海王星是雙魚座的主宰行星，也是金星的高八度。從金牛座與天秤座的十二分之五相，我們最常看到的扭曲表現，就是把終極的意義向外投射，把伴侶變成神／女神的化身。我們必然會透過自己與造物者的關係，找到生命的終極意義，而這種做法只是把終極意義投射到伴侶身上，等於把伴侶放在神聖的高台上。然而到了某些時刻，會發現伴侶其實並不完美，伴侶就會從高台墜落，地位一落千丈。

雙魚座也象徵幻滅，我們必須在關係中體驗幻滅，才能重新與現實融合。這種經驗是要讓我們能從內滿足自己的需求，不再在關係中把終極意義投射到伴侶身上。如此才能看清楚自己和另一半的本質（雙魚座）。此外，這個六分相也象徵必須與造物主培養一段重要的內在關係，才能培養自給自足的能力，從這段關係中找到終極意義。最後才能用一種毋需仰賴別人付出、自我穩固的方式處理關係。

金牛座的對應點是天蠍座。天蠍座基本上與深層的現實意識有關，也象徵演化的過程、轉化及蛻變。因此這個原型，也象徵必須對抗並剷除所有阻礙成長的內在限制。天蠍座也與心理學、心理分析有關，渴望能看穿自己及別人的核心或底線，藉此改變這些限制，意識到自己與別人的動機及目的。天蠍座總是在問「為什麼」。天蠍座的人會不停質疑：為何而生？為何而死？為何自己會有這種表現？為何別人要這麼做？這也就是為何天蠍座與內在及外在的對立有關。這個星座也象徵隱晦不明的動機及計畫。這也就是為何天蠍座代表了利用、操縱及背叛。

之前曾用井底的青蛙來形容金牛座，透過對應點天蠍座，這隻青蛙會因為內在及外在的對抗，被迫跳出井底。這些對抗的目的，是要讓一個人意識到既有生命態度的限制。對應點帶來的覺醒，是要讓我們意識到自己為何會用特定的態度來面對事物，為何會有某些特定的價值觀。我們必須融合自己、自己的資源以及別人，讓彼此都獲得更多的擴展與成長。這必須先達成基本的自給自足。透過天蠍座的蛻變過程，我們才能用更高層的方式，來展現自己內在的關係及價值觀。

雙子座／水星／三宮——陽性／風象／變動

雙子座與從外界蒐集各種資料及資訊有關。這個原型，象徵必須用一種邏輯且根據現實的方式，將這個世界及蒐集的資訊分門別類（風象星座的心智傾向）。我們可以透過自己蒐集的資訊，與世界產生更多的連結，藉此更廣泛認識自己，找到自己在這個巨大架構中安身立命之處。雙子座緊接在金牛座之後，我們在金牛座的階段從內鞏固自己，必須透過退縮，來與自己建立內在關係。但是到了雙子座，我們開始再一次擴展自己，進入實體的外在世界（從核心散發的陽性星座能量）。雙子座原型象徵的資料蒐集，是毫無限制的。它需要在心智上不斷成長，嘗試各種不同的經驗，反映出它的變動本質。這個變動星座的原型符號，是一個同心圓的螺旋，反映出適應變動的能力。雙子座也象徵對表象環境的命名及分類，它強調的是事實，而非其背後蘊含的深層或形上學的真理（對應點是射手座）。

我們蒐集的資料，也反映出自己的心智傾向、態度或所有意見。換言之，這個原型最扭曲的表現方式，就是會排除某些資訊或事實，因為這些東西危害了內心的安全感。雙子座也象徵了我們與別人的溝通方式，這當然也反映出內心對話的過程或模式。雙子座是偏重左腦、理性及經驗導向。雙子座／水星／三宮象徵循序漸進、線性及分析的過程，這是一種推論的邏輯，象徵有邏輯將某件事與另一件事產生連結。雙子座代表必須在意識中有邏輯地、理性地解釋周遭世界。我們需要雙子座象徵的各種經驗，藉此蒐集各類的資訊，讓心智擴張成長，這個星座也代表各種意見及心智上的偏見，以及超越過去的渴望。本命盤上的水星（雙子座的主宰行星），象徵一個人的心智會如何理解周遭的世界，以及這個人整體的心智結構。

水星同時也掌管處女座，這裡代表辨識的過程，也就是該吸收或捨棄哪些資訊。此外，雙子座代表的是在意識中蒐集資訊，而處女座則是分析且組織這些資訊。雙子座與處女座，都與心智活動有關（風象星座）。

雙子座也象徵，必須把學到的東西與別人分享。分享是一種過程，可以讓我們處理心智吸收的資訊（風象星座）。雙子座的危險之處，在於吸收太多的知識或資料，用許多不同的方式產生邏輯性的連結，最後導致心智大爆炸。這種爆炸是必要的，如此才能讓心智進行必要的調整（變動星座）。我們必須能捨棄或消滅，自己內心早已被淘汰或僵化的意見，因為就演化的角度來看，這些都會阻礙成長。由於雙子座是變動星座，所以當需求出現時，通常可以很快隨之調整。雙子座的另一個特徵，就是會出現階段性的浮躁與心智上的乏味或挫折，當得不到需要的資訊時就容易浮躁不安，而這也反映了心智需要持續成長。雙子座原型最扭曲的表現方式，就是不停覺得活著很無聊，如果這種浮躁沒有被解決，很容易一頭栽入一種環境中不停吸收事實，卻沒有將其消化或整合。換言之，我們會讀一本又一本的書、不停上課，卻沒有真正吸收其中蘊含的資訊。基於這些趨力，膚淺的訊息和行為，是雙子座最常見的扭曲表現。此外，當既有的想法或觀點受到挑戰時，也會出現心理或智力上的防衛性。這些人會試圖證明自己的觀點是正確的，而別人都是錯誤的。

雙子座與天秤座、寶瓶座形成天生的大三角。這個風象的大三角，反映出溝通及蒐集各種資訊的過程（雙子座），這個過程會決定我們與誰建立關係（天秤座），透過關係來與別人比較或對照。我們只會與具有同樣心智的人（寶瓶座），產生社會性的連結，因為這些人可以分享我們的意見、觀點及心智傾向。此外，我們吸收的資訊，也會讓自己與別人比較或對照，吸引適合的伴侶，並藉由對方來反映我們的獨特性（天秤座）。也可以與類似心智的靈魂，建立適當的社會團體及連結，透過解放及跳脫框架的過程，不斷表現自我的獨特性（寶瓶座）。雙子座最重要的功課，就是要知道理性及經驗性的心智能力，其實是十分有限的，我們無法靠心智來判斷孰真孰假。雙子座的人，如果能帶有這份覺知，就能觸發往對應點射手座發展的慾望。

雙子座的對應點是射手座。射手座與右腦及直覺有關，也象徵以抽象、宇宙或哲學的態度，來認識生命，因此射手座也象徵信仰結構，信仰決定我們如何闡述生命。雙子座反映從外在的環境蒐集各種資訊，而射手座則代表將這些事實吸收及闡述的過程，最後產生全盤透徹的認知（信仰系統）。我們最後可以透過射手座這個對應點，知道真理就存在於事實本身，無法單用理性去認識它。這裡的關鍵，在於認識不同事實及意見之間的差異，當能做到這點時，就知道如何將吸收的事實，融合成一個更廣泛的藍圖或概念，而這一切都反映在射手座這個對應點上。

透過對應點的射手座，我們可以發展直覺，而這都根深蒂固於右腦裡。我們藉此意識到或把焦點放在，更大的人生藍圖或概念性的整體之上，而非只鑽研於雙子座／水星／三宮的細節及心智分析上。射手座的領域中，只是很單純知道一件事，卻不知道為什麼，而這就是每個人與生俱來的直觀能力。這裡另一個重點就是必須找到這份直觀能力，藉此來穩定忙碌的心智。當學會射手座對應點的功課後，可以選擇一個直覺正確知識系統，然後用一種全觀且一致的方式，解釋自己蒐集的所有資訊。任何不需要的資料、訊息及事實，都會被剔除，之前感受的心智混亂也不復存在。此時右腦與左腦，能在意識中取得平衡。當找到這個平衡點時，就能透過各種事實的呈現，展現傳達自然法則的優越能力。射手座代表每個人擁有的天生能力。

當我們能分辨真理與意見的差異時，演化就產生了，而意見往往都只反映心智上的偏見。我們必須知道，就演化的觀點來看，真理都是相對的。如果想學會這門功課，最典型的方式，就是與別人產生心智或哲學上的對立，藉此突顯個人觀點及心智結構的侷限之處。一旦認清這一點，就不再認為自己是對的，而別人是錯的（對應點射手座）。此時也能學會，反應及回應之間的差異。當能接受對應點的功課時，就可憑直覺看出所有事實的關聯性（對應點射手座），也能對事實產生全盤的認識，也可以非常善於溝通，同時將這份認知傳授給別人。對應點在九宮，與老師的原型有關，也代表我們與生俱來、能傳授別人的天生智慧。當雙子座的原型，以這種純粹的形式呈現時，才能表現出它最真實的光采。

巨蟹座／月亮／四宮——陰性／水象／基本

這個原型與自我形象及自我中心結構有關。靈魂在雙子座的階段，會把自我投射到實體的外在環境，蒐集各種訊息及資料，以供未來演化的需要。到了巨蟹座的階段，我們會與自己已經吸收的資訊產生連結，透過這種方式，形成獨特的自我形象（陰性星座的能量回到靈魂核心）。由此可知，靈魂的自我中心結構及自我形象，會表現在本命盤中月亮落入的星座、宮位及相位上。自我的功能，及其在意識中衍生而出的自我形象，就像投影機上的影片，投影機如果沒有鏡片，只會看到暈散的光影。同理而論，靈魂的自我中心結構和自我形象，也可以有意識透過感情（水象星座），整合所有的演化功課。巨蟹座／月亮／四宮，可以看出所有影響或刻畫自我形象的因素，也象徵個人不安全感的本質，而這往往與既有的感情安全模式有關。

童年的早期環境，會對自我形象有重大影響，這就是為何巨蟹座與童年環境有關，巨蟹座也與母親或重要女性人物的本質有關。這裡最重要的關鍵就是滋養，每個孩子很自然期望能在感情上，獲得需要的滋養和愛。童年時期的感情需求，如果未被滿足或解決，成年後就會產生錯置的情感。此外，巨蟹座也代表滋養自己及他人的能力，它象徵我們在內心深處如何自處，如何時時刻刻、日復一日面對自己的感情。換言之，巨蟹座的原型象徵內在家庭的本質。我們可以從巨蟹座、天蠍座及雙魚座形成的水象大三角，看出一個人整體的感情本質。我們可能會帶著童年時期的錯置情感，進入成人的世界，產生情感上的幼稚或不成熟。

巨蟹座是水象大三角的元素之一。水象大三角代表靈魂的感情本質及感情趨力，反映一個人如何透過與神的結合或融入（雙魚座），讓自我中心的結構或自我形象，獲得蛻變（天蠍座）。就本質而言，當能與本源融合時，將自我的意識中心轉移到靈魂本身時，就能獲得演化。

這個原型還有一個非常深入的面向，就是阿尼瑪／阿尼瑪斯的趨力，或內在陽性及內在陰性的能量。這個原則，點出一個自然的真理：靈魂同時具備陽性及陰性面向（超越性別界線）。巨蟹座象徵如何在感情上整合自己，如何對這兩種性別，同時產生安全感。更清楚地說，這種阿尼瑪／阿尼瑪斯的趨力，與自我形象有關，也代表每個人都必須整合兩性的能量。就演化的角度而言，絕對必須在演化的過程中，接受並實現靈魂中固有的阿尼瑪／阿尼瑪斯趨力，唯有如此，在經過長時間的演化及發展之後，才可以達到雌雄同體的境界。巨蟹座象徵靈魂從內培養感情層面的安全感，同時必須兼顧兩性的能量。巨蟹座處理的，是所有與安全感（感情層面）或自我形象有關的性別議題，而摩羯座的對應點，則代表特定文化的限制模式，對性別定義的影響。我們的社會存在、同時也鼓勵許多明顯的性別限制模式。以美國為例，如果生為男人，難道不會受限於當個「萬寶路」型（美國本土的香菸品牌）的男人嗎？如果生為女人，難道不會受限於當個「貝蒂妙廚」型（擅於烹飪家事）的女人嗎？如果不想受限於這兩種性別角色，很多人必須努力克服自己內心層層的不安全感，才能完全掌控固有的兩性能量，跳脫文化限制的性別框架。唯有如此，才能很自然散發出靈魂蘊含的陽性及陰性本色。當我們能整合阿尼瑪／阿尼瑪斯的趨力時，很自然能將自我形象提升至更高的表現層次（與天蠍座形成一百二十度的三分相）。

還有一種需求，會觸動巨蟹座的不安全感，就是渴望能符合社會大眾的期待，或是遵守社會的共識。別忘了，巨蟹座是基本星座，這意味開創新的方向。巨蟹座必須啟動的改變，與內化感情的安全感有關，藉此創造正面的自我形象。想像一下，如果一味扮演侷限的角色，總是依賴別人提供感情上的滋養及保護，會對自我形象，造成多麼大的傷害。難道我們不會在某些時刻，對這些刻板模式或規定，感到挫折或沮喪嗎？這些感受都會觸發巨蟹座象徵開創新方向的渴望。

再提醒一次，牡羊座與巨蟹座形成的四分相，代表突破文化限制模式的渴望，藉此找到或恢復天生的身分意識。牡羊座代表不斷自我發掘所需的自由與獨立。因此這個四分相，就象徵了一種緊張的趨力：當靈魂渴望自我發現時，往往會威脅與自我形象有關的既有安全感。巨蟹座也與天秤座形成四分相，其最極端的表現，就是極端（七宮）的自我（四宮），完全只認同自己（一宮）。就整體而言，這個T形相位代表個人身分意識的界線（巨蟹座對應點在摩羯座）、自我形象的結構（四宮），還有這個人的本質，以及其所不能的面向（天秤座）。

巨蟹座的人如果有安全感，便是黃道中最具感情滋養能力的星座。他們可以鼓勵或激發別人，用自己需要的方式滋養自己，而不把童年時期的錯置情感，帶到成年人的世界裡。

巨蟹座的對應點是摩羯座，其所賦予的演化功課，就是感情上的成熟，以及為自己的行為負起所有責任。魔羯座代表我們的意識結構，也象徵必須在社會中展現個人的權威。我們必須學習社會的規範、法則、規定及習俗，才能將個人的權威融入社會。因此，魔羯座的原型，也象徵了文化或社會限制的本質，透過魔羯座這個對應點，我們必須學會為自己的行為負責，同時靠自決性的努力來經營人生。這個對應點最主要的功課，就是我們選擇投入的事業，如果想用一種有意義的方式，在社會裡表達個人的權威，就不能選擇一個只是符合社會期待的職業。當我們透過魔羯座這個對應點，建立內心安全感，讓感情趨於成熟，就能用正面的方式，轉化自我形象及自我中心結構。

巨蟹座的人，如果能整合對應點的演化功課，便能展現滋養感情的能力，以及從內紮根的安全感。他們可以按照個人的需求來滋養自己，也可以依照別人的需求來滋養對方。此時如果為人父母，就不會再受限於傳統的模式，用權威的方式教養小孩，或保留對孩子的感情（對應點魔羯座象徵情感的壓抑）。他們將會發現，最好的父母就是當孩子的朋友，以孩子需要的方式，來滋養他們的獨特性。這就是巨蟹座最真實、最美麗的表現方式。

獅子座／太陽／五宮──陽性／火象／固定

獅子座原型的核心，就是創造性實現自我。獅子座象徵渴望掌控自己的命運，憑藉意志力（陽性星座）來實現今生的使命。這是火象星座的原型，反映出其特殊的使命感及目的。在獅子座的階段，必須已經完整了解自己的獨特使命，而且必須創造性實現這個目標（在牡羊座的階段，必須透過自我發掘及身分意識的發展，來表現獨特的使命感）。

獅子座／太陽／五宮，象徵生命本身的目的。在巨蟹座的階段，形成自我中心結構和自我形象；到了獅子座的階段，就該開始創造性實現自我。獅子座原型最主要的扭曲表現，是建立一個現實金字塔的結構，自戀地高高在上、自恃非凡。這種扭曲，多少是因為獅子座固有的獨特目的及使命感，但更多是源自內心深處的不安全感。這裡的關鍵就在於，如果用自我中心的態度，來創造性實現自我，就會把自己封閉在一個自戀的真空狀態裡，到了某個時刻必然會爆發。

自我中心也是獅子座原型常見的問題，因為這些人只為了滿足自己的需求，才對別人付出。另外一個問題，則是他們會根據自我中心的現實而對別人付出，而不是真正給予對方需要的東西，他們也可能把自我中心的形象，投射到別人身上，試圖根據自己眼中對方的獨特性，控制對方表達自我的方式，令對方無法創造性發揮自我。這當然會導致衝突，而最常見的，就是父母與小孩之間的問題。我們必須從獅子座原型的模式，來認識這類的衝突，才能獲得演化及成長。

獅子座與天蠍座和金牛座分別形成四分相，三者構成一個T型相位。與天蠍座的四分相，象徵轉化對於外在肯定的需求，重新找到自己的力量。受到天蠍座強迫特質的影響，獅子座的人其實非常需要外界肯定他們的優秀及特別。換言之，他們欠缺安全感，這就像挖一個看不見底的無底洞，讓他們不斷渴望關注、奉承及肯定，這些人無論得到多少，靈魂深處永遠不滿足，除非能找到內在的自我肯定，學會自給自足（與金牛座的四分相），否則這種情形永遠不會解決。這個以獅子座為頂點的T形相位，反映出所有人都必須根據自己的努力及力量，利用內在的資源（金牛座）來實現自我（獅子座），也象徵如果要達成內在必要的蛻變，必須改變持續需要外在肯定的習性，從靈魂深處（天蠍座）找到自己的力量。如果做出必要的改變，就能以截然不同的方式，以創造性的方式表達自我，如果能夠找到內在的勇氣，便能掌控自己的獨特命運，實現一種創造性的目標，足以反映靈魂本質及真實能力。獅子座象徵每個人都具備的領導特質（這些能力，當然都會反映在靈魂的演化狀態上）。

獅子座與魔羯座形成十二分之五相，這意味如果無法將自己的獨特目的，與社會的需求產生連結，就會不斷感受到社會的阻力（對應點寶瓶座的表現）。魔羯座象徵每個人都必須找到自己內在的權威，並在社會中展現出來。如果被社會排斥，必然會萬分沮喪，而當沒有受到自認為應得的肯定時，也會覺得自己不被接受。再提醒一次，如果沒有把自己獨特的使命感，與社會需求結合，就會出現這些情形。

獅子座的對應點是寶瓶座。這個對應點，象徵必須將個人的獨特使命和創造性目的，與社會需求產生連結，藉此對生命培養客觀的意識，跳脫現實金字塔的框架（獅子座的人總自以為站在金字塔的頂端）。如此一來，我們能認可別人擁有的創造能力及獨特天賦，而不會因此覺得受到威脅。當培養出必要的客觀之後，就能擺脫所有的限制模式，放下自我中心的人生觀，戳破自恃非凡的妄念。

客觀代表超脫情感的能力，不動感情地分析或看待任何行為及情境。寶瓶座代表必須跳脫或去除任何文化的限制模式，這意味渴望表達或實現靈魂固有的個人特質。透過寶瓶座的原型，我們可以從內而知，自己與眾不同的獨特之處，這種突破或超越所有過時、僵化模式的慾望，會讓我們渴望能客觀評斷自己和別人，遠離主流社會的影響力。客觀的意識，可以讓我們知道如何對團體有正面的貢獻，如何利用個人獨特的才華及創造能力，來服務人類。寶瓶座也與個人的無意識有關，代表個人獨有的記憶，其中可能包括過去世的記憶。當意識到個人的獨特性時，就會觸發一種解脫的渴望，意圖超越所有過去的限制模式，因為這些東西阻礙成長，讓我們無法盡情展現個人的特質。

靈魂如果能把特殊的目的和使命，與社會需求結合，就能散發出獅子座最耀眼的天生領導能力及意志力，也可以學會從內肯定自己，不再強迫性需要外界的認同，之前因為不安全感所產生的扭曲行為也不復存在，此時他們可以客觀認識自己及他人的獨特性。獅子座在創造性表達的過程中，可以對別人展現真誠的慷慨、鼓勵及激發作用，也可以根據別人的現實，給予對方真正需要的東西，不再以自己的現實為出發點，也不是出自於任何別有用心的目的或計畫。

處女座／水星／六宮——陰性／土象／變動

處女座是一個過渡的原型。在這個階段裡，將從自我中心（主觀）的利己焦點（從牡羊座到獅子座階段），轉變成共同中心（客觀）的利他意識及發展（從天秤座到雙魚座階段）。共同中心的意識，代表靈魂漸漸與更大的整體、整個宇宙產生連結。

處女座原型，會讓我們意識到自己所有的不足、缺陷及不完美，因此會產生自卑、貧乏及懷疑的感覺。當意識到自己的缺陷及不足時，就能激發自我改善、淨化及調整的趨力。就靈魂的本質而言，我們必須戳破一個從獅子座延續而來的自我膨脹大氣球。這也就是為何處女座的原型，代表必須學習一種最基本的謙虛。

在獅子座階段，主觀意識發展到極限，學會如何實現自我。到了處女座的階段，要學習非我的面向，刺破自我中心膨脹的氣球，處女座最扭曲的表達方式，就是過度負面挑剔自己，最後變成自己最糟糕的敵人。

這個原型也象徵存在的空虛，不只是一種無所不在的孤獨感，這也就是為何處女座，與各種逃避及否認的活動有關。這裡的重點在於，除非能面對空虛，否則就會不停透過外在活動來填補空虛。最常見的例子，就是藥物與酒精的濫用，或是成天忙碌不休，出現「忙碌蜜蜂」症候群。我們可能賦予自己許多外在的責任義務，卻不曾真正為自己做些什麼。最令人悲哀的是，無論再怎麼強迫性地否認，用各種方法逃避，內心的空虛感仍揮之不去。我們會不惜任何代價，消除這種痛苦的現實。

很不幸地，我們常把負面及批判的自我中心，投射到外界環境或整個人生上（總是在意某方面的欠缺或不足）。處女座的原型意識，就是即刻向內觀望，創造一個自我分析及自我批判的焦點，本質上這就是在分析個人的自我，這是非常重要且必須的過程，因為這能讓我們表現一種最真摯的謙虛。

處女座原型，也象徵察覺別人的開始，這最後能引導我們意識到造物者或本源的存在。我們必須透過不斷的自我完美及淨化過程，才可能準備好踏入下一個原型：天秤座。在天秤座的階段，可以學習如何在社會中自處，如何平等對待關係，也可以找到如何從自己的內在，或是與身旁人的相處之中，達到和諧或平衡，這個過程會讓我們社會化（天秤座代表與他人關係的開始，也與融入社會有關）。換言之，批判性的自我分析及自我淨化，可以幫助處女座原型做好準備，接下來與社會融合，與別人建立真正平等的關係。

就廣義而言，處女座的原型象徵必須為整體或社會服務，必須學習如何用一種不傷害自己的方式，為別人提供真正有效的服務。我們必須透過反向金字塔的概念，來學會這些功課，此時的需求處於金字塔的最底端，而在獅子座的階段，我們的需求則是高高在上（沒有任何一個社會只為一個人存在）。透過這種反向金字塔的概念，我們可以學會謙虛及自我淨化的功課，所有自恃非凡或自我為尊的妄念，也會隨之消散。

「辨識」是處女座最深層、最重要的功課。在我們靈魂的最底層，「辨識」意味讓現實脫離任何妄念或幻想，如果學會辨識，就能知道最適當的優先順序。這裡最重要的辨識，還包括工作。我們必須依循本源的指引（對應點在雙魚座），投入一份符合自我業力及演化需求的工作。這代表必須放棄或消除表面形式的工作，不能只為了工作而工作，卻不符合自己的天生能力、演化及業力的需求。

這個原型的另一個面向，就是必須知道自己當下該做些什麼（自我改善），才能實現終極的理想或完美的夢想（對應點是雙魚座）。更清楚地說，每個人意識到的欠缺，在某些層面上，都象徵試圖實現的最高行為標準或理想。

這裡的問題在於，這些終極或理想的基礎何在？這些標準，是否來自於某種錯誤或受限的本源概念，無法包容萬物，卻又要求每個人都完美無缺？毋庸置疑的，如果一味根據無人能及的完美標準，來要求自己及別人，我們永遠都不及格。當下最重要的，就是調整並消除所有不切實際的完美標準，以及其所帶來的痛苦及混亂。我們必須知道，就本質而言，沒有一個人是完美的，而我們都生活在這個不斷進化的星球上。我們必須修正對於本源的概念，本源也（造物者）並不是天生完美的，而是一股不斷演化的力量（對應點是雙魚座）。我們必須不斷演化，才能展現處女座原型最真實的純淨及喜樂。處女座的危機，就在於過度執著於自己的不完美、欠缺及缺陷，最後變成自己最可怕的敵人。最糟糕的表現，就是可能太過失望、無從改起，最後變得動彈不得。

伊甸園神話與這個原型有重要的關聯性。伊甸園神話強調男人優於女人，而女人象徵誘惑，或是男人的墮落。男人若受到女人的誘惑，就會產生罪惡感，因此感到憤怒，女人也會對男人的反應產生罪惡感，而覺得需要彌補這種罪惡。因此導致統治及臣服、施虐及受虐的趨力模式，有些人甚至會有意識地同時有這兩種病態的極端表現。

對於女人而言，伊甸園神話留下受虐的病態模式。受虐者的心態，就是自覺罪惡及卑微，必須彌補這份罪惡感。當一個人出現病態的行為模式時，無論男女，永遠覺得自己不夠好或不夠完美，沒有做好應盡的責任，也無法達成造物者賦予他／她今生的使命。

受虐者會強迫性創造接連不斷的危機，只為了避免受虐帶來的痛苦。這反映出自我懲罰的需求，而這正與罪惡感、彌補罪惡的慾望有關。就正面的角度來看，危機可以產生自我分析、帶來自我認識，到最後就能透過危機，發現必須消除自我性格中哪些趨力及傾向。受虐會產生不斷破壞的趨力，而這又會成為另一種罪惡感的來源，這是因為我們會在某種程度上逃避罪惡感，也是因為無法完全實現自己最真實的才華及性格（對應點是雙魚座）。

對男人而言，伊甸園神話通常與施虐的趨力有關。男人會有罪惡感，但又自覺天生高女人一等，最後會為這種罪惡感而感到憤怒。施虐者通常會先傷害別人，避免自己被對方傷害，並把對別人的懲罰，視為一種自我懲罰的形式。然而，施虐者不會覺得自己應該像受虐者一樣受到懲罰，反而產生相反的心態。男人自覺因為臣服在女人的誘惑之下，必須從女人身上得到彌補。

這兩種極端的心態，會產生非常可怕的行為模式，而更令人震驚的是，這已成為人類現實生活的常態。事實上，施虐及受虐的趨力，長久以來已經成為情感及心理現實的一部分，許多人都無法意識到這種趨力的影響。最明顯的例子，就是幾乎每天都有女人遭男人強暴，或各種虐待的事件不斷發生。

這種趨力的另一個重要面向，就是受害者心態，這導致人們拒絕或無法為自己的行為負責，反而會因為自己做的每一件事情，覺得被他人迫害。受害者心態，也是我們必須克服的一種文化及宗教限制。我們之中有很多人，會感受到一種內心的呼喚，渴望能永久擺脫這種限制，再次體驗到天生自性的喜悅。這種渴望擺脫限制的呼喚，就是雙魚座時代中的處女座次時代所象徵的最深層意義。這也就是為何必須認識這種原型的限制，其實與它最純淨的自然表達方式，形成強烈對比。

處女座的原型是雙魚座。雙魚座象徵整個演化循環的終點。對應點的雙魚座，要求情感與心智上的簡化，藉此消融（雙魚座）所有老舊的心智／情感／精神模式，因為這阻礙了我們與造物者建立直接且有意識的連結。透過這種方式，整個演化循環才能真正畫下句點。這種簡化的過程，會讓我們對自我產生更清晰、更全面的概念，更讓我們學會一門重要的演化功課——辨識。

雙魚座也代表學習原諒自己的需求，寬容自己犯下的所有錯誤、不完美及過失。我們一旦學會這些功課，必然會表現在與別人的互動上。此時我們可以無條件地愛自己和別人，也會有孑然一身的孤獨感，而這是要讓我們體驗到，只有與造物者或本源的關係，可以填補存在的空虛。

雙魚座對應點也會讓我們知道，唯有與本源建立神性的關係，才可以減輕老舊模式的限制，唯有透過與造物者的關係，才能消除或終結所有的孤寂感，然後才能真正替別人服務。雙魚座的原型，也象徵從推論到歸納的轉變，從試圖根據所有獨立的細節來勾勒出整體，變成能一眼看到整體，然後再允許其中每個細節自然揭露。透過這種方式，我們可學會心智及情感簡化的另一個面相，可以對自己（個人的自我概念）及生命產生更透徹、更簡單的認知。雙魚座最純淨的表現方式，就是真誠渴望能為造物主及別人服務。我們會願意成為造物者的管道，一心不二達成其引導的任務。

天秤座／金星／七宮——陽性／風象／基本

天秤座的原型，代表與別人建立各種不同的關係。天秤座會透過與別人的比較及對照，來衡量自己的身分意識，同時在社會中意識到個人的獨特性。關係的開始，我們就會開始想要客觀地聆聽別人，真正認識別人的現實，而非以自己的現實（獅子座的象徵）為出發點。這會讓我們對個人的需求及人生的價值，帶來相對性的覺知。

我們也能透過天秤座的原型，學會如何客觀認清別人的現實，然後根據對方的需求來付出。這也是天秤座最重要的功課之一，我們必須學會融入社會，與別人建立平等的關係，而非在一個掌控／臣服（處女座）的基準上。天秤座代表的，是付出、分享及包容的自然法則。金星則與聆聽的心態有關，代表如何傾聽別人的心聲。我們個人內心的對話，會影響傾聽伴侶的心態，這也就是為何放眼望去，世間許多人都不能真正聽到伴侶的心聲。當我們根據自己的需求、期望及現實來聆聽對方時，便無法真正聽到對方與我們溝通的內容。

在處女座的原型階段，我們刺破了自我膨脹的氣球，而達到一種真正謙虛、內在純淨的境界。到了天秤座的階段，我們已經準備好接受社會，平等融入其中。我們在處女座的階段，不斷準備或轉化，開始意識到別人的存在，消除所有自我中心或過度主觀的生命態度。到了天秤座階段，淨化的靈魂可以公平進入社會，但別忘了，天秤座也代表各種極端及不平衡的心理，以及學習或創造平衡的渴望。與處女座有關的施虐及受虐行為，產生掌控與臣服的狀態，而天秤座則象徵必須在關係中，學會個人性及社會性的平等與均衡（占星學中最常見的迷思之一，就是以為天秤座是天生平衡）。在天秤座的階段，必須面對天性中不和諧及極端的面向，然後試圖將其調和。

天秤座也意味透過關係來讓自我圓滿，而最扭曲的表現方式，就是渴望被別人需要。就本質而言，我們會將錯置的情感需求（天秤座與巨蟹座形成四分相），投射在伴侶身上，透過伴侶來實現。這很顯然會造成相互依賴的關係，除非學會從內滿足自己的需求，否則關係中的極端、不平衡及互相依賴會一直存在。

天秤座原型會有兩種極端的表現。其中一種，就是用自我中心的需求來掌控伴侶，把對方的需求完全排除在外，這種類型的人，期待另一半變成自己的替身。他們會用這種方式操縱關係的趨力，讓伴侶覺得必須有他們的存在，才能感受到愛、接受及肯定，他們顯然製造了一種極度掌控伴侶的情境，很需要讓對方在關係中依賴自己。另外一種極端的類型，就是他們會變成伴侶自我的替身，只滿足對方的需求，完全不顧自己的需要。他們會深受操縱，覺得必須先滿足伴侶的需要。

天秤座還有另一種主要的趨力，就是投射的需求及期望，但最後會變成有條件的愛及付出。這與無條件的愛與付出（海王星是金星的高八度。海王星與無條件的愛與付出有關）極為不同。投射的需要，如果無法在關係中獲得滿足，我們可能就會保留自己的愛與付出。我們也可能無法認清真正的付出，因為自己心中還有許多未解決的情感扭曲。

文化的限制，很顯然影響了兩性在關係中的趨力，也與其中各種的極端有關。女人受限於文化的刻板模式，常覺得自己不如男人，必須臣服在男人之下。女人被期待小鳥依人，依賴男人而活，必須滿足男人的需求，完全不顧自己的需要。男人也被期待自覺優於女人，必須建立一段能讓女人依靠的關係。再提醒一次，無論男女，關係中的雙方，都必須學會從內滿足自己的需求，不要將自己的需求投射到關係上，否則就會不斷體驗關係中的不平衡、極端及不公平。

天秤座最常見的扭曲表現，被稱為「變色龍原型」。當我們接納了伴侶的人生角色，就會不自覺滿足別人投射在伴侶身上的期待，或是伴侶投射在我們身上的期待。情形當然也可能相反。這裡的重點在於，基於一種被需要的渴望，一個人可能在關係中變成各種不同的模樣，而這要視他／她當時的伴侶及關係而定，這也就是為何會用變色龍來形容。很顯然，天秤座原型也象徵自我身分意識的混亂。

之前在金牛座的部分，討論過天秤座與金牛座形成十二分之五分相。再提醒一次，這個相位象徵的危機，就是必須從內滿足自己的需求，而非將需求投射在伴侶的身上。唯有如此，才能在關係中自給自足，鼓勵另一半自我滿足，而非建立一段互相依賴的關係。天秤座也與雙魚座形成十二分之五相。海王星是雙魚座的主宰行星，也是金星的高八度表現。因此這個相位，象徵如果將自己對於終極意義（雙魚座）的需求，投射到伴侶的身上，把對方視為神或女神的化身，就會感受到危機出現。如果把一個人放得高高在上，當成偶像崇拜，當這個人跌落時我們就會體驗到幻滅的危機。這種經驗教導我們，必須從內滿足自己，與伴侶建立平等且和諧的關係。金牛座與雙魚座形成的六分相，象徵必須有意識與本源建立連結，由內心找到生命的終極意義。透過這種方式，可以變得自給自足，同時也會吸引有同樣能量的人靠近。

天秤座的對應點是牡羊座。牡羊座象徵必須鼓起勇氣展現自己，獨立發展個人的身分意識，也必須建立各自獨立的和諧關係，在其中實現平衡與公平。

對應點在牡羊座，也意味必須學習何時應該付出、何時應該保留。最常見的情形，就是伴侶不斷要求我們付出，卻從不善加利用或整合之前得到的一切。此時我們如果學會了保留，其實是一種最高形式的付出。這裡的核心功課，就是必須學會先對伴侶付出，自己的需求便能得到十倍的滿足。我們必須選擇一個能夠自立維生的伴侶，同時還能鼓勵彼此獨立發展。

當我們開始落實這些功課，就會完全改變處理關係的傾向及方法。我們會帶著正面的自我形象，充滿安全感面對關係，不再需要別人來告訴自己，我到底是什麼樣的人、到底該做些什麼、不該做些什麼。我們可以從內心深處，為自己的疑惑找到答案，然後發現或恢復自己的身分意識。當我們實現牡羊座的開創能力，便能讓自己最真實的身分意識，散發前所未有的耀眼光芒，然後便能鼓勵或激發別人，勇敢地展現自己，發掘或恢復自我本色。

天蠍座／冥王星／八宮——陰性／水象／固定

天蠍座原型象徵靈魂、蛻變及演化的過程。我們最常用毛蟲蛹化蛻變成蝴蝶的過程，來展現演化的準則。這個過程反映了轉化，代表從一種形式邁向另外一種形式。冥王星、天蠍座及八宮，代表每個人內心深處無意識的情感安全感，而這正與靈魂有關。這就是為何天蠍座的原型，象徵了強迫、佔有及抗拒成長（固定星座）。

靈魂包含兩種極端且對立的慾望。其中一種是渴望重返本源的慾望，另外一種則是與本源分離的慾望。靈魂必須經過很長一段時間的演化，才能消盡分離的慾望，當徹底清除分離的慾望之後，與本源融合或重返本源的慾望，就會越來越強烈。這兩種慾望的交互作用，決定了我們做的選擇，而任何一個選擇，都會產生業力。業力有好有壞，必須視我們依慾望而做的選擇而定。

在天蠍座原型的階段，如果想要繼續演化，就必須面對自己的極限及弱點，然後將其克服。在這個過程中，可能會體驗到強大的力量或無力感。這個原型，也象徵意識到宇宙的力量，以及與宇宙力量融合的渴望，而深究其源，這些宇宙力量就是上帝與撒旦，或是善與惡，與這些力量融合，可以帶來個人的演化。就某方面而言，天蠍座原型也反映自我與靈魂的對抗，同時也與兩種並存的慾望有關——靈魂渴望成長，卻又害怕未知的東西，影響了先前既有的安全感模式，因此會渴望維持獨立分離的慾望，繼續老舊的生命態度。

天蠍座渴望能洞悉核心、底線或任何阻礙成長的趨力，而這就產生認識心理的渴望，希望能理解自己的動機、目的及慾望，同時也希望用同樣的方式來理解別人。這也就是為何天蠍座與心理學的領域有關。就本質而言，天蠍座的人總是在問「為什麼」。為何而生？為何而死？為何我會這麼做？為何其他人會那麼做？此外，天蠍座象徵的演化及轉變需求，也會促使我們不斷體驗或挑戰世俗的禁忌或社會的限制。

天蠍座也與性有關。神聖的性，可以幫助靈魂演化，因為其具備轉化的本質。性最天生的形式，就是被用來與本源融合的儀式。我們都必須學習如何正確使用性能量，性可以重新賦予我們及伴侶力量，而性的轉化，就是從世俗的、繁殖的目的，轉變成神聖的行為，讓我們與本源融合，與其他人的神性結合。我們都知道，父權社會扭曲了性的表現，性被當成一種暴力的形式，用來征服或統治別人的工具，而這也是當今人類創造最不幸的現實狀態。最糟糕的性扭曲，就是強暴，還有各種的性虐待，這些不幸每天都不斷發生。

天蠍座也與操縱、利用、失去及背叛的趨力有關。這些扭曲，象徵無意識底端的安全感作祟，以及對改變的抗拒。天蠍座原型，反映了被拋棄、背叛及失去的恐懼，這些恐懼會演變成懷疑的心理，猜想哪些人值得信任、哪些人不牢靠。這個原型也象徵承諾的恐懼，然而同時又很渴望能在關係中，對伴侶許下承諾。

天蠍座與牡羊座形成十二分之五相，這象徵了受困的恐懼，以及這份恐懼為關係帶來的感情矛盾。受困、拋棄、失去及背叛的恐懼，都會讓我們不敢許下承諾。前一個階段的天秤座，渴望與別人建立各式各樣的關係，天蠍座則象徵與別人建立許下承諾的親密關係。由此可知，天蠍座原型也象徵了婚姻。

巨蟹座、天蠍座及雙魚座構成的水象大三角，象徵整體的情感，意即當靈魂與造物者（雙魚座）融合時，自我形象及自我中心結構（巨蟹座）的轉化（天蠍座）。此外，這個大三角也意味情感上的安全感，以及當安全感被抽離的經驗。這種經驗目的，是要讓我們學習內化自己的安全感（巨蟹座），才能在有意識與造物者（雙魚座）結合的過程中，讓演化繼續下去（天蠍座）。此後，情感層面的安全感，就與我們和造物者的連結息息相關。

天蠍座的對應點是金牛座，象徵必須學會自給自足。就本質而言，我們必須探索自己的內心，找到內在力量及轉化的象徵。透過這種方式，我們便能轉化對外在的依賴，不再把這些外在的東西，當成個人力量及轉化的源頭，同時還能把改變及成長，視為生命中正面且必須的一部分。

當我們自給自足時，便有能力進行必要的成長及改變，還能用一種非操縱的態度，鼓勵並激發別人，接受必要的成長及改變。靈魂中所有利用、背叛及違反信任的趨力，也會被徹底消除。此時我們也有能力，在一段持續的關係（婚姻）中，信任另一半、許下承諾。金牛座象徵必須認清自己的本質或身分意識，並與融合的對象對照比較。唯有如此，才能用自給自足的方式與別人結合，不會因此消失自我，而讓生命更加豐富。當我們學會了這些功課，就能散發天蠍座最真實的美麗。

射手座／木星／九宮——陽性／火象／變動

射手座原型象徵渴望從宇宙、形上學或哲學的背景，理解自身與宇宙的關係。這種渴望，產生了靈魂的信仰系統及結構。在天蠍座的階段，我們渴望與更高層力量或宇宙力量融合，藉此影響演化。換言之，透過天蠍座的原型，變成巨大的宇宙力量的一部分，同時渴望能與這些力量融合。到了射手座的原型階段，我們已經認識這種連結，此時需要的，是用形上學的方式，解釋或瞭解我們與全體或宇宙的連結。這裡強調的是「更大的藍圖」，以及生命的高層目的。此外，當靈魂跳脫天蠍座，到了射手座的階段，就會表現出心態上的輕浮及幽默感，也能對生命的荒誕一笑置之。射手座原型也象徵直覺，因為我們已經意識到自己是宇宙的一部分。所謂的直覺，就是沒有任何理由，就能知其為何。直覺不是心智或邏輯推演的產物。射手座原型也與右腦有關，具有概念及抽象的本質。我們光憑直覺，就能意識到自然法則或真理的存在，並透過其來解釋萬物的創造。

由此可知，射手座原型最深層的意義之一，就是自然法則。這個原型也象徵我們的教學能力及智慧，但其根深蒂固的問題就是必須用大多數人能理解的方式（對應點是雙子座），與別人溝通直覺性的知識。換言之，由於這種知識是直覺性的，所以射手座原型的人在與別人溝通時，常會覺得非常挫折，因為大多數的人只能理解邏輯性的語言。

就如同所有火象星座，射手座也與自由及獨立的需求有關。在射手座原型的階段中，我們需要自由與獨立的空間，與直覺被吸引的信仰結合。換言之，當想要體驗某種信仰時，這個原型不允許有任何限制。射手座的特殊使命感，源自於選擇的特定信仰結構，我們接納的信仰結構，決定了我們如何看待自己，如何解釋生命中每件事的角度。由此可知這個原型的重要性，以及其所象徵的解釋議題。換言之，如果選擇用負面及挑剔的態度來詮釋人生，就無法接受生命賜與我們的真實禮物，也無法從之前的錯誤中學到教訓。「解釋」

是生命中非常重要的議題，而我們必須確定自己用一種與自然法則融合的態度，來解釋每個生命事件及整個人生。我們的詮釋，必須能反映自然法則，而非受限的教條主義。就最深層的意義來看，射手座與自然法則有關，也代表了解釋造物者如何運作的自然準則。這也就是為何射手座原型，與真相和誠實有關。然而，射手座最扭曲的表現，也可能是不誠實及瞞天大謊。最糟糕的表現就是強迫性的不誠實，如同有些超級營業員，會因為他們相信所賣的產品，而看起來非常誠懇、實在又值得信任。

這個原型的另外一種扭曲表現，就是渴望說服並改變他人來認同自以為真的信仰。這種渴望其實是源自對於自我信仰的不安全感。我們如果堅信自己的信仰，根本不需要去說服或改變別人。這裡最常用的例子，就是牧師在講道壇上傳教。我們也可能對任何威脅或挑戰自己信仰的人，表現心智及哲學上的防禦心，這也就是為何射手座原型常見的普遍化狀態。這裡的普遍化，指的是一個人試圖把自己有限的信仰，應用在所有人身上，還堅持別人都應該接受它。我們必須透過射手座的原型，來認識真正的教導與教條的差異。這也是為何射手座原型，也被稱為「葛培理」（Billy Graham）原型（譯註：葛培理是美國二十世紀知名基督教福音佈道家）。射手座與天秤座形成六分相，這意味對於真相的理解其實是相對性的，而我們不應該把自己的信仰強加在別人身上。此外，這個六分相也反映了，我們能夠且必須融合個人的信仰與自然法則，與自然和諧共處。放眼現今社會，人為的教條顯然已經凌駕於自然之上，我們必須學習重新找到平衡點。

補償的趨力，也是射手座原型的重要因素之一。射手座與彌補不足及自卑的心態有關。射手座與處女座形成四分相，象徵了不足及自卑的感受。為了補償這些感受，我們會不自覺表現出粉飾及誇大的行為，或是情感上的不誠實。這個四分相意味創造性的緊張及壓力，必須學習分辨何者反映了自然法則的真相，何者代表受限的、人為的教條。這個四分相也反映右腦與左腦整合的緊張壓力。處女座與健康議題有關，而我們最後可以透過射手座理解，所謂的健康就是內在生命力的展現。射手座也與雙魚座形成四分相，象徵當我們試圖將自我信仰與宇宙永恆真理結合時所面臨的壓力，我們可以透過雙魚座原型，知道個人的信仰只是宇宙整體真理的一小部分。當我們理解這一點時，就能表現出射手座的擴張特質，接納更多雙魚座象徵的整體真理。就演化的角度來看，如果侷限於自覺有安全感的信仰，這個與雙魚座的四分相，就會創造必要的緊張，讓我們學會接受宇宙性、永恆及終極的真理。再提醒一次，我們必須將個人堅持的信仰或真理，與反映自然法則的宇宙真理產生連結。

射手座另一個重要的面向，就是「戴蒙」（Daemon）原型，或是「戴蒙的靈魂」（Daemon Soul）。這裡的「Daemon」，指的是人類的意識與其他生命形式結合，包括植物與動物，在意識中產生煉金術式的融合，讓靈魂成為神或本源的使者。父權主義的基督教常把Daemon這個字或其所代表的靈魂誤解成「惡魔」（Demon），而動物也常被視為魔鬼或撒旦的代理者（這都源自於人類的妄念，自以為優於大自然及宇宙萬物，可以統治地球）。射手座原型最好的教導，都可以透過知名的心靈導師（戴蒙的靈魂）傳授，讓大自然當我們最好的老師。

射手座的對應點是雙子座，意味我們必須認識真理的相對性，同時透過不同的方法，達到同樣的目標。我們必須接受展現自然法則的各種觀點。唯有如此，才能剷除過時及僵化的信仰（這些東西妨礙了成長），接納不同的心智及哲學系統，為自己帶來更多的擴張及成長。這裡最常見的，就是心智或哲學上的對抗，藉此揭露個人心智或哲學系統的缺失。這並不代表個人的信仰一定是錯的，而是有其侷限之處。我們如果能學會這些功課，就不會再想去說服或改變別人。所有情感上的不誠實，或是誇大及粉飾的需求，也會隨之消失，我們將依循自然法則，在信仰及資訊中有所取捨。自然法則也會取代人為的教條，成為靈魂的信仰基礎。此時我們也能展現射手座象徵的優秀教學能力，用各種不同的方法、舉各種不同的例子，來證明同樣的自然法則，也能用大多數人能懂的方式，表達自己擁有的知識。

摩羯座／土星／十宮——陰性／土象／基本

我們在射手座原型階段，建立個人的信仰系統，將其與自然法則及宇宙準則結合。到了魔羯座的階段，我們要建立一個內在的架構（陰性原型），讓所有的信仰具體化，表現於外在的現實中（土象原型）。

這個過程可以透過社會的法律、規範及規定（任何一個社會或國家，都需要法律及規範，否則就變成獨裁狀態）實現。這也就是為何摩羯座的原型，象徵國家及社會的誕生，也與所有文化規範、規定、禁忌及國家習俗的出現有關。由此不難聯想，這個原型象徵社會的主流或共識，也代表了時間與空間的現實。

摩羯座原型也象徵意識結構。摩羯座／土星／十宮，與意識的功能有關，最好的比喻就是杯子裝水，水會適應其所倒入的容器（杯子）形式。同理而論，我們的意識也會受限於原生社會或國家的本質，而這往往與社會的文化規範及禁忌有關。意識的現象與雙魚座／海王星／十二宮有關。而意識的結構（或容器），則與摩羯座／土星／十宮有關。摩羯座與雙魚座形成六分相，之前已經介紹過這兩個星座之間的關係。

這個原型也反映了文化限制模式的本質，其最扭曲的表現，就是壓抑或遏止自然的情感，而這都與文化限制模式有關。遵守社會及文化規範的趨力及需求，導致我們壓抑天生的情感。對人為教條的服從，則與射手座象徵的信仰系統有關。宗教性的教條規則，也會讓我們產生受限的罪惡感。

我們都會感受到兩種罪惡感：其中一種是養成的罪惡感，另一種則是受限的罪惡感。養成的罪惡感，與過去錯誤的行為有關；受限的罪惡感，則與人為或宗教的教條有關。我們必須認清這兩者的差異，因為它們會對意識帶來極顯著的影響。我們顯然必須分辨（摩羯座與處女座形成一百二十度）罪惡感的本質，才知道如何將它從靈魂中剷除。任何被壓抑或遏止的東西，都會被扭曲。當集體共識的限制模式，影響了展現天生的情感和個人特質，我們就會覺得沮喪、挫折、一無是處又悲觀。

摩羯座原型，也代表控制或需要去控制的趨力，對象可能是外在環境、周遭的人，或是自己的情感（壓抑）。我們害怕對生活環境失去控制，才會產生這種反應。摩羯座最重要的面向之一，就是對混亂或失控的渴望。

人為的教條，也會產生扭曲又主觀的批判，這與根據自然法則判斷的是非對錯，是截然不同的兩種結果。透過教條鼓吹的道德觀念是有限的，這並非建立在自然法則之上，反而會激發每個人都有的受限罪惡感。批判是一種非常自然且固有的人類意識，我們必須判斷自己行為的對錯，才能從過去的錯誤中學習，獲得進一步的成長。我們必須認清哪些是批判的本質、哪些是用來批判的工具，這兩者之間有極大不同。

摩羯座象徵必須在社會中表現自己的權威。這個原型，與外在社會的權威有關，也代表透過事業，來遵守社會的規則及習俗。魔羯座最重要的功課，就是從自己的內心找到權威，而非仰賴外在的社會角色，來讓自己產生權威感。

摩羯座象徵渴望改變或消滅任何已經具體成型、老舊或阻礙成長（基本星座）的意識元素。這個原型最常見的問題，就是對既有的意識結構產生高度的安全感，所以如果要試圖改變或消滅阻止成長的意識趨力，就會覺得非常恐慌、頓失所依。這會讓一個人想要維持之前的文化限制模式。摩羯座最常見的扭曲表現，就是從自我中心為出發點，過度認同事業或社會角色。這種趨力會讓人渴望追求社會地位。此時我們基於對社會地位的渴望而去追求事業，卻忽略了社會地位象徵的責任（每個人忽略的程度及範圍可能極為不同）。

摩羯座另一個重要的功課或目的，就是必須為自己的行為負責，培養成熟的感情（摩羯座與牡羊座形成四分相，代表必須面對自己行為的結果，而且當我們壓抑自我的本質時，必然會感受到挫折）。這也就是為何摩羯座原型與道德有關。

摩羯座讓我們從自我中心的角度，意識到道德感。換言之，我們會發現自己必須在有限的時間內，完成演化的目標。這種意識會促進感情的成熟。當我們激勵自己展開必須的內化功課，用一種正面的態度改變內在或外在的結構時，就會產生自立自決的心理。我們都渴望改變阻礙成長的意識觀念，所以會反思內在或外在的過去條件。這種反思，可以發現自己需要改變什麼，或是必須採取哪些適當的方式，來進行必要的改變。「反省」是摩羯座原型的正面表現之一，與沮喪成為強烈對比。千萬別忘了，沒有任何一種情感的表現是負面的。

摩羯座的對應點是巨蟹座，象徵建立內在安全感的基本功課。我們不能仰賴社會地位或建立事業來獲得安全感，否則就會有超出事業範圍的個人意見。

建立內在安全感的另外一個面向，就是整合阿尼瑪／阿尼瑪斯趨力。這種整合只會出現在較進階的靈魂演化階段，然而無論任何階段的靈魂，都必須學會擺脫社會規範的性別角色。巨蟹座的原型也象徵必須意識到自己的情感趨力，知道自己為何會用特定的方法表達情感，也必須放開自己天生的情感，允許自己真情流露，才能在情感上更成熟。唯有如此，我們才能消除所有情感的壓抑及遏止，或是隨之而生的扭曲表現。這個對應點也是要我們學會表現脆弱，然後才能滋養自己，最後還能滋養別人。當我們學會這些功課，就可以在社會中實現有意義的事業，而不會從自我中心為出發點，過度認同這份事業。從內建立安全感，可以讓我們用一種有益的方式來建立事業，支持自我繼續必要的演化。

巨蟹座與家庭及家庭環境有關。由此可知，家庭在上述的必要功課中，扮演極重要的角色，我們必須當家庭的感情支柱。因此摩羯座原型，也代表必須學習在社會及家庭義務中取得平衡。換言之，可以透過家庭這個管道，來整合並實現這些功課。當我們能自然展現魔羯座的原型時，往往會讓別人覺得深受尊重及敬仰，然後就能幫助他們在社會中表達自己的心聲。

寶瓶座／天王星／十一宮——陽性／風象／固定

我們在魔羯座的階段，建立具體的意識結構，建立自己在社會中的權威。魔羯座象徵的就是文化限制的本質，以及遵守社會共識的趨力。我們已經知道，這些限制模式如何影響個人及集體，也已經理解社會運作方式，以及個人意識結構的本質。

到了寶瓶座階段，我們必須擺脫並清除所有限制的模式，才能揭露自己的獨特本質。佛家有所謂的「金剛之身」（diamond self），而個人化的過程就像剝洋蔥皮，一層一層剝開後，才能看到核心。「限制」是一種生生世世延續的漸進過程，而非只影響今生。因此，寶瓶座也反映了我們必須擺脫過去世的限制，免於過去對今生行為的影響。天王星在本命盤的位置，寶瓶座落入的宮位，以及落入十一宮或寶瓶座的行星，都展現靈魂意圖在今生擺脫的趨力。

基於對解放的渴望，寶瓶座也象徵了演化的加速。舉個例子，天王星落入九宮的人，十分渴望擺脫所有限制成長的世俗宗教信仰，不受限制表現個人的獨特性。此外，寶瓶座也意味必須消除所有不誠實的感情。當我們接納自然法則時，很自然就能產生解放及擺脫，同時也能透過象徵自然法則的信仰，來展現個人真實的本質。

寶瓶座顯然需要解放，因為主流共識的限制模式，往往會阻礙成長，抑制我們固有的個人特質。然而，基於前一個魔羯座原型，我們可能會壓抑這種解放的需求，因為很害怕與眾不同或不跟隨主流，就會遭到放逐排斥。處於合群演化階段的靈魂，最容易壓抑擺脫文化限制模式的慾望，也很害怕特立獨行的感覺。這些人會試圖維持現狀，抗拒任何偏離當下社會規範的表現方式。這是一種恐懼與欠缺安全感的表現，所以才不願意改變存在內心、限制成長的社會限制模式。

處於個體化演化階段的靈魂，通常都非常抗拒任何試圖塑造個人性格的外力，這些外力會不斷告訴他們應該怎麼做。這些人自覺與社會主流截然不同，非常渴望跳脫文化限制的模式。他們會覺得自己與主流越來越疏遠，然而處於個體化演化第一個次階段的靈魂，仍想要掩飾或彌補自己的與眾不同，因而去遵守社會主流規範。

寶瓶座是個非常重要的原型概念，因為它觸發了個人及集體層面的轉化。我們所有人如果都只遵守社會規範，演化永遠不會發生。我們必須質疑社會規範、習俗及禁忌，才可能獲得解放，展現個人特質。要試著找到內在的力量，勇於做自己，不要依循文化限制模式行事。寶瓶座原型最深層的功課之一，就是在必要的情形下自成一格。就世俗的觀點來看，寶瓶座也象徵了生活方式。

我們必須培養客觀看待現實的能力，才能達到解放的境界，因為唯有如此，才能消除所有阻礙成長的行為趨力，也必須捨棄所有無法反映自我真實本質或個人性的文化限制模式。我們必須先將感情抽離，才能冷靜且客觀找到需要被消除的趨力，藉此獲得解放，不受拘束展現個人特質。這也就是為何寶瓶座原型強調抽離環境與感情的能力。就本質而言，我們必須在寶瓶座原型中，學會抽離當下自我（對應點是獅子座）的能力，以非個人及客觀的態度，來面對自己及人生。

寶瓶座的負面表現之一，就是感情疏離，不與別人進行感情上的互動。此外還有少數的例子會參與社會活動，但會透過改變現有社會結構的方式，來促進社會演化。

寶瓶座原型的另一個重點，就是創傷。創傷的目的是要讓我們產生必要的客觀，擺脫過去模式的限制，帶來進一步的成長。創傷如果沒有獲得解決，就會導致情感的疏離，造成情感／心智／精神層面的分裂，讓我們無法活在當下，融入現實環境。未解決的創傷，常會導致創傷後壓力症候群。傑夫・格林曾經在二〇〇四年的授課中提到，地球上八成的靈魂，都有創傷後壓力症候群。

如果沒有將創傷撫平，就會產生投射現象。我們常會在無意識中，將創傷投射到別人身上，同時害怕再一次體驗到過去的傷痛。這裡的核心問題就在於，我們總是把過去，向外投射在目前的現實，導致永遠無法融入當下。我們會因為投射的存在而一再重複過去的模式，其中包括過去的創傷。我們也很容易不自覺表現出投射的批判（土星），直到自我解放才能徹底剷除這類的批判。解決這種惡性循環的目的，是要我們有意識地為自己的過去負責。我們必須學習擺脫過去創傷的影響，清除源自於過去的投射，才能融入當下的時空，徹底脫胎換骨，擺脫阻礙成長的過去。

寶瓶座原型，也讓我們發現自己與周遭大多數人的不同，意識到自我內在的獨特性。我們必須帶著這份覺知，挖掘內在的勇氣及力量，堅持自我的特質，同時還能發起必要的內在大掃除，擺脫過去的文化限制模式，實現自我的本色。這也就是為何寶瓶座象徵志同道合的連結。當我們與同樣與眾不同的人產生連結時，就能找到天生的力量及支持，這些人也勇於與主流社會劃清界線，展現自我的獨特性。

以下是最常見的三種社會結盟：

1. **第一種就是壓抑內心改變的衝動（土星）**。這些人會用老舊淘汰的過去模式，來解決當下的問題。我們可以把這一類的人，稱為「社會恐龍」。他們不停抗拒內心想要解放及向前進步的衝動，也會覺得外在的改變，深具威脅性，因為這些東西引發了恐懼及不安全感；而這又與跳脫過去文化限制模式有關。許多這一類型的人，會堅守主流社會的種種，因為任何改變，都會破壞他們個人的安全感及力量。
2. **另外一種類型的人，則會不知所以然一味抗拒**。表面上跳出主流社會的框架，其實卻不停追逐社會中最新的潮流，只跟隨最尖端族群的腳步。他們會因為渴望獲得同儕的認同，才會出現這種行為模式。

3. **最後一種類型的人，會實際付出努力，發起個人及社會層面的改變**。這種類型的人，常被稱為「社會的改革者」，通常都走在時代的尖端，在個人及集體的層面上，發起必要的改變，擺脫過去文化模式的限制。

我們現在可以了解這三種類型的差異，認清同類相近的吸引因素為何。寶瓶座原型其實就象徵「物以類聚」的意義。

就解剖學角度來看，寶瓶座原型也與大腦內的樹狀突結構有關。樹狀突結構就是大腦內的神經接觸功能，可以觸動電脈衝。較為先進或演化的意識，會具備更多的樹狀突結構，形成大腦內較為活躍的區域，該區域與意識的演化有關，進而產生解放的心理。寶瓶座原型，就象徵了整個大腦的電子結構。任何大腦內的失衡或官能障礙，都與寶瓶座有關。

這個原型就像電腦主機，有許多個人電腦與它連結。就象徵意義而言，我們可以把本源比喻成電腦主機，而每個靈魂就像個人電腦。而將個人電腦連接到主機的插頭，就是寶瓶座原型。我們從造物者接收到的訊息，本質而言就是一種電，我們可以透過寶瓶座，接收到造物者的想法，在個人及集體層面上，感受到自我解放及革命的需求。

寶瓶座也與天才有關，意味大腦比較活躍，發展較為完整（大部分的人，只發展百分之十的腦容量）。我們可以透過心理上的解放，來培養改造意識結構的能力。當我們具備這種能力後，很自然能轉變既有的社會結構，此時我們不會再受限於主流社會（土星）的限制模式，或是當下的種種規範。換言之，就能跳脫身處的環境，客觀看待個人及集體必須面對的功課。我們可以把自己投射到未來，實現必要的改變，革新社會及個人的生活型態。

水星是天王星的低八度。天王星主管長期記憶，而水星代表短期記憶。天王星象徵解放的過程，以及與其相關的想法。水星則代表在解放過程中，採取的實際行動。換言之，如果具有教學或當作家的天賦，水星就象徵了實際的寫作或說話過程，藉此促進必要的轉化及解放（天王星）。此外，水星也代表心智應對及分析的能力，以及如何針對解放來整合自己吸收的所有資訊。

寶瓶座／天王星／十一宮，也代表個人化的無意識，代表獨特的個人記憶，其中也包含了未來的整張藍圖。別忘了，任何被壓抑的東西（土星），都會被存在無意識裡。儲存在個人無意識裡的東西，包括了過去世的記憶，以及曾經受過的創傷。當我們擺脫或解放被壓抑的記憶或情感創傷時，這些東西就會周期性出現在顯意識領域。此時我們就會知道，在必要的情形下自己該採取哪些行動，來轉化內在及外在的現實。我們也能克服這些創傷記憶，徹底清除這些過去記憶對現在造成的負面影響。

寶瓶座的對應點是獅子座。這個對應點象徵的需求，就是每個人都要創造性實現固有的個人特質。最常見的問題就是，我們對於表現與眾不同這件事，常常欠缺安全感。這種不安全感，與必須遵守社會規範的壓力有關，我們常會被迫順應社會主流的限制模式，屈服於社會及當下的情境。

很不幸地，很少人會提到該如何展現個人特質。另外一個問題則是，很多人會仰賴同儕團體來創造性地表達自我。如果所屬的團體沒有先起帶頭作用，這些人通常不敢輕舉妄動。對應點在獅子座也象徵必須掌握自己獨特的使命，根據自我意志來塑造它。唯有如此，才能實現自己與生俱來的創造性目的及特殊使命，反映出靈魂最真實的個人本質。

我們如果能將有關解放和去除限制的念頭，化為實際行動（創造性的實踐），就能獲得個人及集體的演化。若能轉化了自己內心意識的本質和結構，必然會在社會中展露解放的過程，一旦找到了內心的安全感，勇敢擺脫主流社會的限制模式，自在表現個人的特質，必然會用截然不同的方式，與別人進行社會互動。

我們此時必然會吸引氣味相同的人，這些人通常也顯得與眾不同，努力實現個人的獨特性。他們能接受內在或外在的改變，並將改變視為生命中必然的一部分，因為改變能帶來演化。我們此時不再覺得孤單，反而發現改變社會的價值不在於結果，而在於過程的本身。當能認同自己真正的獨特之處，並能在個人生活及社會中努力將其實現，就會發現寶瓶座原型最美麗的一面。這就是寶瓶座原型，最自然的表現方式。此時我們便能深摯欣賞並鼓勵別人，表現自我靈魂的特質，擺脫過去形式的限制。

雙魚座／海王星／十二宮——陰性／水象／變動

我們在寶瓶座的階段，學習擺脫並去除老舊的文化限制模式，因為這些東西阻礙更進一步的成長。我們可以透過這種解放及個人化的過程，找到如鑽石般堅硬（金剛之身）又絕對的自我，也可以透過轉化的行為，改變靈魂先存的意識結構，同時促進社會轉變及演化。

到了雙魚座的階段，我們正要結束一個完整演化的章節或循環，才能展開新的階段（牡羊座象徵新的循環）。此時所有老舊、未被解決的趨力都會再次出現，直到被圓滿解決為止。雙魚座就像是之前所有星座原型的綜合體。就靈魂兩種既有的共存慾望（雙魚座與天蠍座形成三分相）來看，所有與本源分離的慾望，都必須在這個階段中畫下句點。

在雙魚座的階段，所有妨礙我們與本源建立有意識、直接連結的自我中心障礙，以及過去的情感／肉體／精神的阻礙，都也必須被徹底清除。就本質而言，任何以自我中心為出發點、或靈魂過度認同的趨力，也必須被一一消滅。唯有如此，靈魂才能體會到自己在宇宙中的身分意識，以個人化的方式來呈現本源。

雙魚座也代表與意識層面的超越衝動，超越意味跳脫時空的限制。超越的衝動，象徵重返本源的慾望，促進靈性的發展。這也就是為何雙魚座原型，常會與永恆、宇宙的真理、絕對及無限畫上等號。我們可以在雙魚座原型中，體驗到靈魂的不朽。本命盤中的海王星、雙魚座或十二宮，指引靈魂朝最能自然展現靈性的方式發展（舉個例子，一個人的海王星如果在七宮，開始一段關係，就是他發展靈性最自然的方式）。雙魚座也代表追求終極意義的慾望，因為靈魂都渴望與本源融合。這也就是為何雙魚座原型象徵各種類型的理想。在靈性發展的前提下，當靈魂在演化時，雙魚座原型也代表各種通靈的天賦及能力，例如心電感應、千里眼及萬里耳。

雙魚座代表意識的現象。之前曾經提過，摩羯座／土星／十宮，與時間及空間的現實、意識的結構、死亡及有限之物有關。因此，這兩個原型之間的關係，就是必須消融（海王星）源於自我中心或主觀靈魂意識的障礙（土星）。再提醒一次，對於大多數人而言，意識的重心在自我，而非靈魂；而靈性生活的最終目的，就是讓我們將重心，從自我轉回至靈魂。

我們可以將意識比喻成水。這裡最重要的一點，就是意識不僅限於人類所有，而是存在於所有形式的生命之中。特定的生命形式會創造某種結構（土星），而限制意識（海王星）的發展，就像水被倒入一個容器內，會適應容器的形狀。唯一的不同，就是意識內還有自我的覺知（最簡單的例子，就是動物可以意識到，自己是某種特別的生物；但石頭及植物，顯然沒有自我的覺知）。生命整體的意識，以及各種生命之間的關聯性，讓人類創造了大地之母蓋婭的說法。這種說法反映了每種生命形式，都源自於一種宇宙性的本源，這也剔除破壞性的觀念，認為人類是高居於大自然及萬物之上。

雙魚座原型有一個重要的面向，就是幻覺、想像及妄念。造成幻想及妄念的原因，就是終極意義相關的分離慾望。換言之，靈魂中的分離慾望，變成一個人在生命中追尋的終極意義，才會產生這些夢想及幻覺。靈魂在演化之旅的某些關鍵時刻，會看清這些幻想的本質，讓人們覺得比自己想像中少了什麼。此時就會產生幻滅，迫使靈魂重新與現實產生連結（對應點是處女座）。這裡的關鍵在於，必須用正面的態度去解釋幻滅。我們可以學到最重要的功課，就是自己其實是本源的共同創造者，而我們必須與造物者建立直接的連結，才能從其中找到靈魂蘊含的終極意義。

幻滅的痛苦經驗，是要讓我們產生智慧，當無法落實妄念及幻想時，往往會產生崩解、毫無意義及空虛的感受。這些經驗，也是要讓我們意識到先前演化過程中，出現過的某些特定趨力，讓這些趨力獲得圓滿的解決。

雙魚座原型的負面表現，就是逃避現實的心理。最常見的逃避行為，就是物質的濫用（藥物或酒精）。當然，這些類型的行為，程度輕重各有不一。任何的逃避行為，都會對人造成負面影響。我們必須將這種心理從靈魂中消除。造成這種扭曲表現的原因，就是了無意義、毫無價值及空虛的感受。

這裡最核心的議題，就是我們會向外投射終極意義，這當然會導致幻滅，而我們又想逃避幻滅帶來的痛苦情緒。雙魚座另外一種扭曲的表現，則是積極創造一種幻想的生活，以試圖逃避現實的一切。這就是俗語說的，玫瑰色眼鏡會創造幻覺，讓一切看起來都很完美。再提醒一次，對於雙魚座原型而言，最重要的功課就是學會接受及承認現實，還必須消除受害者的心態（對應點是處女座）。如果能從與本源建立的關係中，找到生命的終極意義，便能消除受害者的心態，也不會再想要逃避現實。

雙魚座也與睡眠循環及做夢有關。夢有三種類型：垃圾夢、過去世的夢，以及超意識的夢。睡眠及夢，到底在意識中扮演什麼角色？意識像是海綿，對於周遭環境的刺激，極度敏感。電視、收音機及噪音，都會被吸收到意識之中。我們必須為意識清除過度的刺激或內容，才能保持肉身的穩定。睡眠就可以達到清除的功能。

垃圾夢是毫無意義的。睡眠會在大腦內製造再生，縮小受到的刺激。過去世的夢，則圍繞過去世的事件打轉，通常會在關鍵的人生時刻出現，與今生有直接的關聯。這些夢通常會出現光圈，而其中有個黑洞。超意識的夢，則是靈魂進入另一個更高的境界（星光界的或因果的），其中含有某些神性的知識或建議。當靈魂向造物者尋求指引及幫助時，最常出現這類的夢，其中當靈魂進入更高境界時，常有飛翔或墜落的感受。

就人體結構而言，雙魚座與褪黑激素有關，這種物質是由腦部的松果腺分泌。褪黑激素掌管我們的睡眠循環，唯當瞳孔周圍的光線非常微弱時，才能發揮活躍的效用。這就是為何冥想總會刺激褪黑激素的分泌。這種物質有利於靈性的發展，因為它可以消融靈魂中自我中心或主觀意識障礙。褪黑激素最負面的表現，就是各種的心智失調，例如精神分裂症、變態及精神官能症。傑夫・格林曾在精神治療機構進行過一項調查，發現百分之九十病患的本命盤，都有極度強烈的雙魚座／海王星／十二宮能量（二〇〇四年在美國科羅拉多州波爾德城〔Boulder〕教授的占星課程內容）。瘋狂其實就代表無法分辨現實與幻覺／幻想之間的差異。這些人通常都無法在意識中認清，哪些是無意識的幻想或幻覺，而哪些又是真正的現實。而這些現象，都與褪黑激素的作用有關。

雙魚座原型也代表集體無意識。集體無意識包含人類現世以來的專屬記憶。我們身為人類，所以會共享這些記憶，而這些記憶也存在每個人的腦海裡。雙魚座也與集體意識有關。集體意識反映了當下地球上，所有人的思想及頻率震動。我們可以透過海王星的功能，融入集體意識之中，與自我產生共融現象，這是因為雙魚座與天蠍座形成一百二十度的和諧相位。集體意識大致可以分為三種。第一種種族意識；非裔美國人與歐洲白人，天生就有不同的意識。第二種國家意識，其中包含所謂的區域意識；美國人與歐洲人的集體意識，必定有差異；而區域意識，就像住在德國北方的人的集體意識，必然與住在德國南方的人有所不同。第三種集體意識，是自人類現世以來的記憶，這是地球上所有人共享的意識。

雙魚座的對應點是處女座，象徵我們必須創造特定的儀式、技巧及方法，透過實際的方法來發展靈性。處女座也與為社會服務的慾望有關，換言之，就是日復一日的工作。業力瑜伽是一種東方用語，講的就是如何透過工作，與造物者的意志結合，讓靈魂成為神性（雙魚座）的管道。靈魂的工作可以擴展個人的意識範圍，帶來淨化的效果。我們必須讓服務的形式，符合靈魂在今生的演化及業力目的，如此才能真正造福別人。工作也可以是一種工具，讓雙魚座失焦或擴散的能量找到焦點。

處女座象徵自我改善及自我完美的需求，因此必須消除任何妨礙靈性發展、老舊的心智／靈性／肉體的行為模式，因為這些東西阻礙我們與本源產生直接且有意識的結合。在靈性發展的過程中，我們必須逐一分析或消除自我的不完美及不足。

對於雙魚座原型而言，如何分辨現實及妄念，是非常重要的事。如之前提過，這個原型必須消除被害的妄想。我們可以透過分辨來與現實結合，其中一種方法就是認清自己的感情現實和趨力。雙魚座原型最常見的困難或困惑，就是無法認清當下的感情現實或趨力。另外一種常見的困惑及分裂，就是會無意識融入或重複別人的行為。

雙魚座原型的人，如果可以學會上述的功課，就能展現出神性的啟發，靈性持續的成長。他們也可以展現幫助別人發展靈性的優異能力。這些人已經消除或看透自己的妄念，也可以幫助別人清除自我的妄念。這個原型最高境界、最耀眼的表現，就是散發天生的純潔、貞潔及無條件的愛，這都反映造物主對萬物的愛。他們也可以表現出神性的啟發和宇宙的揭示。最進階的演化階段中，雙魚座的原型會透過當代靈性導師或上師，呈現在世人面前。

第八章

本命盤解讀：行星及宮位的分析

解釋本命盤有兩種方法，一種是根據行星，另外一種是透過宮位制。行星的方法是一種線性、循序漸進的過程，主要根據行星落入星盤的位置，找出其特定的順序。宮位制，則按照每個宮位宮頭星座的主宰行星，針對宮位找出特定、個人特色的實現或表達方式。如果可以結合這兩種方法，就能深入解讀任何一張本命盤，提出不可思議的見解。

這兩種方法的運用，當然也是以冥王星的方法及原則為基礎。換言之，冥王星、月亮的交點軸，以及其主宰行星，仍是分析本命盤時的底線。我們會以靈魂主要的演化及業力目標為前提，分析本命盤中其他所有的相關因素。在本章中提到的方法，都是要示範如何全面性分析本命盤。我們可以從中培養正確且完整分析本命盤的能力。其中許多深度的解讀，都是根據許多未曾被揭露、卻一再重複或一再發生的生命主題。當認清這些主題時，就能找到靈魂在意識中最核心、最基本的原型，而這也是一張本命盤發展的基礎。

我們可以透過這兩種方法，解決占星入門者在解讀本命盤時，常遇到的以下這些問題：

一、被本命盤中的五花八門的符號淹沒，理不出頭緒；二、找不到正確的起點，不知如何開始分析；三、不知道如何整合所有獨立符號代表的意義。如果將行星、宮位及冥王星的方法結合，就能實際開始解釋一張本命盤，同時還能揭示其中一再重複的核心議題，做為接下來分析的主要依據。

宮位、星座及行星的解讀與關係

在討論這兩種解讀本命盤的方法之前，必須先知道如何解讀本命盤中獨立的符號。請記住，分析一張本命盤前，必須先分析行星落入的宮位，接著分析宮位落入的星座，然後才找出這個星座影響的宮位，進而產生正確的解釋。用占星學術語來說，我們會說「星座**影響**宮位」。每張本命盤中，落入每個宮位宮頭的星座，的確會影響該宮位的表現。宮位也會影響落入宮頭星座的行星表現。宮位及星座的位置也是同理而論。這裡最重要的一點，就是行星的原型意義，其實與其主宰星座的原型意義並無差異，例如海王星與雙魚座的原型意義並無不同。因此，我們可以將上一章中，對於黃道星座的原型意義，應用在每個星座的主宰行星上。

然而，在解讀一張本命盤時，最重要的還是根據宮位及星座來解讀行星，這與靈魂的實際心理結構或面具有關（再提醒一次，十二星座的原型象徵了人類全部的意識）。星座落入的宮位，代表這些天生的星座原型會如何被影響，如何用特定的意識形式加以表達。

舉個例子，本命盤中二宮宮頭星座是巨蟹座，而二宮內沒有任何其他的行星，也無任何行星落入巨蟹座，我們就可以判斷，這個人會透過二宮的領域，來表現巨蟹座原型的特色。而巨蟹座的主宰行星月亮，代表了靈魂在今生的自我中心結構，表現的方式也會與其落入的星座及宮位有關。如果一個行星主宰了兩個星座，例如金星主宰金牛座及天秤座，我們就會把兩個星座的意義，結合在一個行星上面，該行星也會表現出兩種星座的原型特徵。由此就不難理解，為何金星不僅象徵了靈魂的內在關係，也與靈魂外在關係的本質有關。金星內在的功能或面向，與金牛座有關（內在關係）；而外在的功能或面向，則與天秤座有關（外在關係）。

接下來舉個例子，太陽落在一宮的射手座。我們該如何獨立解釋這個位置？首先必須綜合太陽、射手座及一宮的原型意義。太陽最核心的目的及意義，就是創造性、自我實現特殊的目的（太陽是五宮及獅子座的主宰行星）。太陽也代表了如何整合今生的演化目的，如何賦予其意義。因此簡言之，太陽就代表我們今生的目的。

我們現在把太陽放入一宮來檢視，這種組合會產生何種意識運作？簡單地說，太陽在一宮的人，會按照本能、創造性地實現特殊的使命及目的。這種特殊的使命及目的感，以及想要實現目的的本能慾望，都會十分強烈。這種人需要自由及獨立的空間、創造性實現這種特別的目的、體驗必要的經歷、進行必要的自我發掘。太陽落入射手座，就代表這種整合的過程，會以形上學、宇宙或哲學的方式呈現。他們在發展本能的獨特性或自我發掘時，都必須找到其哲學的意涵或解釋。他們在創造性實現自我的過程中，會不斷用哲學或形上學的方式，找到自己與宇宙的連結。他們表達創造性目的的方式，都會與一宮及射手座的原型有關。

我們現在把各種原型之間的關聯性，與靈魂的演化狀態結合。舉個例子，靈魂如果處於個體化演化階段，在表達或發掘自我的過程中，就會不停試圖確立或表現天性的特質，並且跳脫遵守主流（共識）社會的老舊限制模式。這些人會試圖賦予生命抽象的意義或解釋，而主流社會的宗教，無法再滿足他們。因此當他們本命盤的太陽落入射手座時，就會根據自己對哲學和形上學的認知，來整合生命的目的及意圖，藉此滿足個人化的需求，表現個人化、創造性的目的。而太陽落入一宮時，代表這個靈魂如果受到限制，無法用自己的方式表達創造性的生命目的，或是無法表現個人自由，就會感到無比的憤怒。

靈魂如果處於合群階段，而太陽落入射手座，這些人通常會接納主流的宗教，而且會固執地把這些信仰，強加在別人身上（一宮的原型，以及說服並改變他人的趨力）。

現在假設太陽是射手座，但是落入一宮的對宮七宮，會有何不同的表現？這些人會透過關係來創造性地實現自我，不停與別人比較或對照。關係就像是一種工具，他們可以透過關係，創造性地實現今生的特殊目的及使命，達成今生的演化目標。

他們的哲學信仰，或是今生的演化目的，都是學習平衡及公平，學習如何接受及付出，同時在社會中發展出客觀的個人意識。他們可以透過一種彼此獨立、誠實溝通的關係，來創造性實現自我。他們與伴侶必須對生命有共同的哲學觀，也必須學習在創造性展現自我的過程中，消除任何依賴、補償或極端的趨力。接下來，可以用同樣的技巧來解釋本命盤；簡單地說，結合行星、宮位及星座的原型意義，同時考量靈魂的演化狀態。

無論如何，當開始解釋一張本命盤時，都該把冥王星及其對應點當成起點，然後再檢視月亮的南北交點，以及南北交點的主宰行星落入的宮位及星座，藉此判斷這張本命盤最主要的演化及業力趨力。冥王星、冥王星的對應點、月亮南北交點，以及南北交點的主宰行星，就是整張本命盤的基礎，幫助我們判斷靈魂的主要演化及業力趨力。而我們以這種趨力為基礎，進而解釋本命盤中其他行星或相關因素。而宮位則可以看出演化及業力的趨力，會如何在意識中運作或呈現。

當用行星的角度來分析本命盤時，便能清楚理解每顆行星的表現方式，深入解釋整張本命盤的意義。這就像用線性、按部就班的方式，慢慢找出每個行星之間的關聯性及互動模式。宮位則可以提供更深入及清楚的見解，找到專屬這個靈魂的表現及應用方式。我們在解釋宮位的領域時，必須參考宮頭星座、宮頭星座的主宰行星，以及該行星落入的宮位及相位。

如果綜合宮位及行星的解讀方式，便能驚人地詳細解讀一張本命盤，找到其獨特、個人化的意義及表現方式。接下來以實例來示範，如何綜合運用這兩種方式。我們在解釋本命盤時，也必須考慮其他的調和因素，例如性別、演化狀態，與原生國家或社會有關的文化及宗教限制，以及個人的經濟狀態。

接下來利用宮位及行星這兩種方式，找出一張本命盤裡最核心、最重要的趨力及主題，然後再綜合或反映上述的調和因素，來調整對本命盤的詮釋角度。

根據行星解讀星盤

這是一種線性的方式，按部就班逐一解釋本命盤中的所有行星，讓讀者不會被一堆符號及相位淹沒，而能從中找到基礎，做出正確的解讀。這是以推論的方式來得到歸納的結果，正如以單一線性的順序，拼湊出整張本命盤強調的核心主題（從處女座到雙魚座）。

以下介紹這個方法的順序。最好的方式就是，在討論每一個行星原型之後，簡單記錄該原型象徵的核心意義。介紹完順序之後，我們將會透過一張假設的本命盤來示範。一旦找到本命盤的核心主題，便能根據其他的調和因素（靈魂的演化階段、文化限制及經濟狀態）來調整解讀的方向。

1. 冥王星（A）及其對應點（B）

如果想正確解讀一張本命盤，首先要探索的符號，當然就是冥王星，包括它落入的宮位及星座，以及它與其他行星形成的相位。冥王星勾勒出靈魂最核心的趨力、過去世的目的、慾望，以及身分意識關聯的模式。它就如生命最自然的傾向。冥王星對應點落入的星座及宮位，則與今生演化的原因或目的有關。冥王星及其對應點象徵的趨力，就代表整張本命盤的底線或核心主題。

我們先姑且不論演化的狀態，以冥王星落入三宮天秤座的靈魂為例。接下來將解釋，這個位置象徵的原型表現，示範如何著手分析。你如果不知道如何將這些原型，與個人的演化狀態結合，請參見第三章〈靈魂的四種自然演化進程〉部分。

以下先簡單描述，冥王星落入三宮天秤座的核心意義及關聯性。之後就會用同樣的方法，來解釋落入九宮牡羊座的對應點。我們會先透過冥王星，解釋靈魂過去的慾望、目的，以及無意識底端最深層的安全感，然後再根據對應點，來探討靈魂今生的演化目的或原因。冥王星與所有的限制、窒礙及弱點有關。冥王星的對應點，則與改變的方法有關，也代表一些我們必須接納的領域，如此才能剷除老舊的行為模式，因為這些模式限制了我們的成長，導致停滯不前。我們亦須在冥王星落入的生命領域（宮位）裡不斷轉化，終其一生往冥王星對應點象徵的方向努力。如果有意識地努力，與冥王星有關的生命領域，就會產生或轉化成更高的表達方式。

（A）冥王星落入三宮的天秤座

冥王星落入三宮，象徵一個人渴望且必須從外界蒐集各式各樣的資訊，才能對這個世界及自己與世界的關係，產生有邏輯又理性的認識。這個人會根據所蒐集的資訊，看待自己與世界的關係，或是在這世界所處的位置。這裡特別強調周遭環境、想法及事實的蒐集（三宮），而非形上學的東西，或是信仰系統的構成（對應點在九宮）。換言之，這些人不會專注探討更深層的真理、形上學的法則或心靈吸收的事實。基於過去世的演化目的，這些人非常渴望發展心智能力，雖然他們今生已經具備了高度發展的心智能力。就本質而言，他們的演化限制，往往來自於蒐集資訊的本質，這些資訊通常都與他們過去認定的真假是非有關。他們靈魂既有的信仰系統，就像一張濾網，過濾自己吸收或排斥的資訊，因此為演化帶來限制及阻礙。冥王星落入三宮，象徵他們必須學習，轉化自己所有的心智意見或偏見，不要試圖捍衛自己的觀點是對的，認定別人的想法是錯誤的。

冥王星落入天秤座，代表必須透過建立關係，看清自己在社會中具備的個人特質。他們可以在關係中，與別人對照及比較，藉此來衡量自我的身分意識。就演化的觀點來看，他們最需要學習的核心趨力，就是平衡及公平，以及如何接受與付出，任何極端或不平衡的個人行為或關係表現，都會妨礙他們更進一步的成長。就本質而言，冥王星在天秤座最主要的扭曲表現，就是需要被別人需要，這往往會導致互相依賴的關係模式。

此外，他們也很容易會有投射的需求，渴望對方來滿足自己。當這些投射的需求沒有辦法被滿足時，他們的關係就會出現強烈又深刻的衝突。他們會在關係中加入許多投射的需求，常會把對方變成自己的神或女神。他們的演化功課，就是不要依賴對方來滿足自己投射的需求，不要試圖告訴對方該做什麼樣的人，或是該有什麼樣的行為表現。唯有如此，才能轉化互相依賴的關係。

冥王星落入三宮的天秤座，代表靈魂會與別人建立關係，藉此溝通及吸收知識。他們也很渴望伴侶能有與自己共同或共享的心智想法。他們很渴望透過關係，來擴張自己的心智能力。當他們在蒐集或溝通資訊時，伴侶扮演了重要的角色。

冥王星落入天秤座，代表他們的關係會有掌控與被掌控的模式，而掌控的東西多與想法、意見及觀點有關。他們渴望捍衛自己既有的心智結構，試圖證明自己是對的，伴侶是錯的，也可能會依賴伴侶或關係，來判斷資訊的真假，決定自己的思考內容及方向。當然，我們還是要參考靈魂的演化狀態，才能知道他們會建立哪種類型的關係、吸收哪些類型的資訊。舉個例子，靈魂如果處於合群狀態，可能傾向於吸收外界的主流意見、想法及觀念。他們會很渴望這類的資訊，希望藉此了解社會運作的方式，攀上社會制度的頂端。基於冥王星落入天秤座，他們會排斥任何不願意遵守社會共認規範的人。他們會與傾向主流社會、能夠一起分享人生觀及意見的人建立關係。

靈魂如果處於個體化階段，可能就會渴望與伴侶一起在心智上成長，也會抱持開放的心智態度，接受各種不同於主流的社會觀點。當他們打開心智的大門，接受任何能表達個人特質的觀點及資訊時，而非採納以一概全的共識想法，就能產生個體化的演化。他們會比較或對照自己蒐集的各種資訊及觀點，藉此發現最能反映靈魂真實身分或個人性的部分。

冥王星天秤座的靈魂，如果處於靈性演化階段，最重要的功課，就是與處於同樣演化階段的人建立關係，或是吸收自然靈性法則的知識，藉此與造物主融為一體。

（B）冥王星對應點落入九宮的牡羊座

這意味今生的演化原因或目的，就是與一種綜合性的形上學／哲學／宇宙學系統結合，給予所有事實及資訊，一種一致性的詮釋。當他們接納自然法則的系統時，就能發現所謂的真理，都只是相對性的，而且可經由不同的道路，通往同樣的真理。透過這種方法，他們就不再堅持證明自己是對的，認為不同意自己說法的人，都是錯的。

冥王星落入三宮的人，很容易陷入各種觀點的旋轉門中，而停不下來。他們如果能根據一種綜合性的形上學系統，來解釋周遭所有的事實及資訊，就能獲得轉化。對應點在九宮，象徵他們必須知道經驗性的心智是有限的，而且無法根據智力來判斷真假。他們必須發展直覺能力，從中產生覺知及理解，才能讓演化繼續，也必須知道真理並非理性思考或心智建設的產物。

冥王星的對應點落入牡羊座，代表這個靈魂必須學習仰賴自己，從內心尋找答案，解答自己的疑惑。他們也必須跳脫關係之外，獨自建立一種人生方向。他們如果能朝這些演化功課努力，就能建立彼此獨立且公平的人際關係，也會學會公平和平等，知道自己何時該付出、何時該接受，該如何並理解別人的心聲。

對應點落入九宮，靈魂必須透過形上學或哲學的準則，憑直覺培養出自我的身分意識及獨特觀點。他們非常渴望自由與獨立，不受拘束在信仰中發掘自我。換言之，他們必須具備足夠的自由與獨立，才能盡可能體驗與直覺相互呼應的信仰，也必須把自然法則當成一盞明燈，指引自己培養身分意識，依據它來解釋自己蒐集的所有事實及資訊。他們的伴侶，也應該支持他們進行這樣的演化，讓他們可以在關係中獲得成長。懂了這些核心的關聯性之後，就能將其應用在不同演化階段的靈魂上面。

2. 南交點

接下來要探討的，是南交點落入的宮位及星座，以及它與其他行星形成的相位。南交點象徵靈魂過去的自我中心結構及自我形象，透過它來有意識實現冥王星象徵的慾望及目的。南交點也與靈魂天生傾向的趨力有關，就像冥王星一樣，代表已經知道且熟悉的趨力。靈魂在過去世，會基於情感層面的安全感，很自然表現出這些趨力，而且到了今生還會延續。接下來再繼續透過前面的例子，列出與南交點、南交點相位有關的重要關聯性。

最重要的一點，就是不能獨立分析南交點，必須以冥王星為背景來解釋它（換言之，我們會透過與南交點有關的趨力，來表現冥王星）。

接下來繼續前面的例子，假設南交點落入四宮的天蠍座，這代表靈魂會透過原生家庭及感情，來發展冥王星象徵的目標。當南交點落入天蠍座時，人們會很自然透過心理分析的方法，來認識自我形象及感情的本質。

他們也會試圖用同樣的方法來探索別人，特別是家人及出現在私人生活裡的人（南交點落入四宮）。他們如果想帶著覺知實現冥王星落入三宮天秤座的慾望及目的，最重要的就是要轉化自己的感情及自我形象。這些人很渴望與別人建立關係，希望對方能提供自己深刻的感情及感情上的滋養。

最常見的情形，是他們會非常沒有安全感，試圖在家裡或私人領域中操縱別人，藉此獲得無法從自己內在找到的滋養、關注及肯定。他們非常需要從內心建立安全感，消除所有形式的感情依賴，因為這些東西妨礙了進一步的成長。基於南交點落入四宮，這些依賴通常會出現在家庭裡。此外，當冥王星落入三宮的天秤座，也代表他們很習慣家人來告訴他們，該如何思考、如何分辨真偽，這是一種非常根深蒂固的習性。他們也很容易吸引一些喜歡在感情上操弄及掌控別人的人，特別是在心智的成長及形成上面。這些人很容易被原生家庭的心智模式及關係類型同化，會不斷捍衛這些模式及其衍生的心態，試圖證明別人是錯的。

這些人還可能有另外一種極端的表現，就是會無意識讓別人依賴自己，試圖在情感上操縱對方，影響對方的心智發展。這就像一面鏡子，反射出他們童年時期在家庭中學到了什麼。他們也可能在感情上極度不成熟，這都是源於童年時期的錯置情感，因為他們在當時沒有獲得渴望的滋養。

南交點落入天蠍座，也象徵他們必須解決拋棄、背叛及失去的課題，才能表現內在的安全感，也會因為一些無意識的恐懼，導致扭曲的心理。他們其實只是期待能被滋養，但卻未能獲得滿足，只好帶著這些錯置的感情成長，進入成人的世界。由於冥王星落入天秤座，他們必須認真面對關係的議題，以及這些錯置的情感。這些限制顯而易見，他們必須進行轉化，才能讓演化繼續。

3. 找出南交點的主宰行星

接下來要找出南交點主宰行星落入的宮位及星座，以及它與其他行星形成的相位，與這些條件有關的趨力，可以幫助靈魂發展南交點涉及的領域。正如靈魂可以透過南交點來發展冥王星，也可以帶著覺知透過南交點的主宰行星，來呈現南交點的內涵。再提醒一次，我們必須以南交點為背景，來詮釋南交點主宰行星的表現方式。

在這個例子中，南交點的主宰行星，就是落入三宮天秤座的冥王星。這個靈魂將會透過關係，從外界吸收的知識、想法及資訊，來落實南交點落入四宮天蠍座的表現。他們會不自覺尋找一位老師類型的人（冥王星落入天秤座），提供他們心智性的資訊，告訴他們該如何思考、如何判斷真偽對錯（冥王星落入三宮）。他們會基於這樣的趨力，創造各種互相依賴、極端或不平衡的關係。再提醒一次，他們只是想從伴侶的身上，獲得感情的滋養，也常會根據伴侶給的資訊及想法，或是從社會中吸取的知識，來解釋感情層面的心理。他們吸引來的伴侶，通常可以反映出他們在童年時期的遭遇，也會表現出他們的重要家人的身分意識、心態及感情波動。

就正面的表現而言，這些人會吸引一位能提供深度的感情滋養、同時具備心靈力量的伴侶，也會努力吸收這方面的資訊。他們可以透過這種方式，獲得期望的感情滋養，同時消除被拋棄、背叛及失去的恐懼，也可以在這個過程中，創造正面的自我形象，也能從內而外滋養自己，不再需要仰賴別人。

我們已經解釋過冥王星、冥王星對應點及南交點，這些都象徵靈魂從過去帶到今生、或是在今生即將展現的核心驅力，同時也清楚點出靈魂在追求進一步的成長時，可能會遇到的限制。

4. 找出北交點的位置

接下來，將會依照北交點的宮位、星座及相位，描述靈魂如何有意識發展、實現冥王星對應點象徵的演化目的。

上述的例子中，北交點是落入十宮的金牛座。靈魂會有意識透過北交點，來實現冥王星對應點（落入九宮的牡羊座）象徵的演化目的。簡單地說，靈魂必須透過培養自給自足的態度，建立正面的內在關係，實現今生的演化目的。他們必須認清自己天生的資源及能力，才能維繫在感情及肉體層面上的生存。認清個人價值，建立正面的內在關係，都有助於靈魂培養自給自足的能力。北交點落入十宮，代表必須透過在社會中建立個人的權威，來學會這些功課。靈魂如果能學會為自己的行為負責，就能發展出成熟的感情及自決能力。當他們能消除內心的不安全感，建立正面的內在關係之後，便不會再像過去一樣，對關係有許多的感情期待。當然，如果能學習向內認清自己的資源及能力，就會表現出自給自足的成熟態度。他們必須與外界保持距離，才能發展出自給自足的生命態度，改變外界對自己的影響。

他們可以透過以上的方式，有意識實現冥王星對應點象徵的演化功課。唯有如此，才能從內建立最重要的自給自足，以及正面的內在關係，然後勇於表現自己，勇於在社會中，展現個人的特質及身分意識。由於冥王星的對應點落入九宮，他們必須接納自然法則，藉此培養出個人的身分意識，也必須接受一種綜合性的形上學或哲學制度，透過其來解釋所有的事實。這種制度，必須建立在自然法則之上，有助於靈魂發展直覺能力。他們也可以透過這種方式，展現成熟的感情，學會為自己的行為負責（北交點落入十宮）。

實現這些功課後，就會改變自己面對關係的態度，或是蒐集或詮釋事實的方式。北交點落入十宮的金牛座，象徵他們必須在社會中建立自己的權威，在關係中自立自強，而且透過事業，來表現天生的能力及自我價值。

5. 北交點主宰行星

北交點主宰行星落入的宮位及星座，象徵靈魂用來實現或發展北交點的趨力。在這個例子中，北交點的主宰行星是金星。

假設金星落入三宮的處女座（並未與冥王星合相），代表靈魂渴望從外界或重要關係人的身上，蒐集各式各樣的事實、資訊及觀點，也可能吸收別人的訊息。他們會根據這些東西，來分析個人的心智結構，然後判斷自己欠缺了哪些東西。

人們可以透過自我分析學會謙虛，同時也在從外界蒐集想法、事實及訊息的過程中，達到自我改善及淨化的目的（金星在處女座）。他們會基於對社會服務的慾望，吸收並與他人分享資訊。他們之中有很多人，在內心對自己非常挑剔、極度批評，並在對外的關係中，表現出施虐或受虐的行為模式。

基於北交點落入十宮的金牛座，靈魂只能吸收一些與演化需求有關、或是能反映個人價值的資訊。他們的危機，往往在於如何分辨資訊的真假是非。事實通常能反映現實，然而他們個人內在或外在現實的本質，必然會表現出自己吸收的資訊全貌。他們必須捨棄任何無法反應自己內在或外在現實的資訊，尤其是一些會加強受害者心態的訊息。

再提醒一次，冥王星落入三宮天秤座，象徵他們很容易依賴關係，渴望別人來幫自己辨認資訊的真偽是非。再加上金星落入三宮處女座，這意味他們必須學會分辨誰是誰非，辨識從不同的人際關係獲得的各種觀點。唯有如此，才能學會金星落入處女座象徵的最重要功課——辨識。

這些人也必須學習吸收能鼓勵自給自足、感情成熟的資訊，幫助自己勇敢在社會中表現個人的權威。這些人也要學習自我改善及分析，去除所有脫離靈魂本質、無助於個人成長的資訊，也必須學會知道該與誰溝通，該從誰的身上擷取資訊，或是應該把誰拒之門外。他們也應該學習與一些想建立相互依賴關係的人，或是想依賴自己的人保持距離，不要讓這些人進入自己的生命。再提醒一次，他們可以透過以上方式，帶著覺知實現北交點落入十宮金牛座的目的及功課。

以上描述該命盤象徵的主要演化及業力趨力，而這就是宮位的基礎。換言之，我們可以根據這個基礎，解釋本命盤中其他的符號，賦予它們精準的意義。請謹記在心，冥王星、南交點及南交點的主宰行星，就像構成一個過去的大三角。而冥王星的對應點、北交點及北交點的主宰行星，則形成一個未來的大三角。另外一個有關南北交點的深入解析，則是南北交點的主宰行星，象徵了靈魂傾向的意識原型。舉個例子，一個人的月亮交點軸，如果落入雙子座及射手座，靈魂的意識就會表現出高度發展、特別強烈的木星及水星原型。

6. 太陽

太陽落入的宮位、星座及與其他行星形成的相位，可以看出我們會用何種態度去創造性實現以上的趨力。之所以會去創造性實現某個特殊目的，就是為了整合今生的演化功課，而太陽的位置，就與我們今生的特殊目的有關，其象徵如何整合這個目的，如何透過創造性的方式，終其一生來實現這個目的。

再提醒一次，用行星來解釋星盤的方法，最重要的就是根據現有的結構，或是前面提到的所有趨力及過程，按照順序來解釋每個行星的意義。換言之，必須根據適當的背景及順序來解釋行星。經過上述的介紹及背景分析之後，我們現在可以從演化的觀點理解，為何每個人的太陽會落入不同的位置，這是因為太陽的位置跟星盤上的所有行星一樣，都是要為了幫助靈魂完成今生的演化目的及需求。

假設太陽落入一宮的獅子座，根據上述的個案背景，來討論其可能的表現。這個靈魂會用哪些創造性的方式，來實現或整合上述的主要演化及業力趨力？這個靈魂今生會有何特殊的目的？靈魂如何整合這些主要的演化及業力趨力？

這個靈魂必須獨立於其他人事物之外，獨自發展與生俱來的身分意識，這對創造性的實現過程而言，是非常重要的一件事情。當他們在整合今生的特殊目的時，必須要有足夠的自由及獨立，才能盡情體驗任何探索自我的經驗。他們創造性實現特殊使命的方式，與個人獨立意見的發展及表達有關。這些人會把創造性的能量，用在發展及表達個人的身分意識上。唯有如此，才能整合今生的演化需求及目的，賦予其適當的意義。

7. 月亮

月亮代表在今生的自我中心結構及自我形象。月亮落入的宮位和星座，可以看出我們會用哪種個人化的方式（自我形象），表現今生的演化目的，如何日復一日、有意識實現或整合這個目的。我們會發展一種獨特的自我形象及個人形式，從中建立感情層面的安全感，然後才能有意識實現今生的演化目的。月亮就象徵了在這一世中，如何從過去轉移到未來，如何轉化既有的情感安全感模式。

假設月亮是巨蟹座落入十二宮，靈魂在今生的自我中心結構及自我形象，是由哪些特定的趨力構成？這些人在感情上極度敏感，渴望能在感情層面上與造物者融合。他們渴望透過與造物者的結合，找到人生的終極意義。在私人或親密關係中，他們也很自然會渴望能與對方建立感情滋養的連結。

然而，他們必須消除這種個人情感的需求，以及被滋養的渴望，而這些都與家庭環境中的不安全感有關。他們必須學會如何向內找到感情的安全感，並能表達自己真正的感情需求。月亮位於這個位置的人，最常見的問題，就是無法與別人在感情上建立真實的連結，因此會出現感情退縮的傾向。月亮落入十二宮的人，可能會把自己藏起來，藉此逃避感情的現實狀態，也可能不斷重複過去的不安全感模式，產生負面的自我形象。

十二宮的月亮，也象徵靈魂在向外尋求感情的保障時，時常會被欺騙或產生幻覺。他們常會把任何能夠提供感情滋養或安全感的人，當成自己一生的伴侶，或是終極的另一半（the ultimate other）。再加上月亮落入巨蟹座，這些人可能會在家庭或親密關係中，找尋感情的滋養及最根本的安全感。

他們可能會透過整體的感情表現（月亮落入巨蟹座），整合今生的演化目的，也必須接納永恆的宇宙真理，才能與本源建立直接的連結。他們如果能內化感情層面的安全感，有意識與本源建立連結，創造一種內在的安全感，就能產生改變。他們必須以永恆的宇宙法則為基礎，來整合這些改變，而靈魂的自我中心結構及自我形象，也必須建立在與造物者的連結之上。如果能發展出這些趨力，就不會對改變感到忐忑不安，也可以讓負面的自我形象，或是過去的不安全感模式，都畫下句點。

月亮會如何支持靈魂實現今生的演化目的，如何幫助靈魂創造性地實現太陽象徵的特殊使命？簡單地說，靈魂如果能學會內化自己的安全感，試圖與本源結合，找到永恆的宇宙法則，就能消除過去的負面感情模式。此時靈魂可以培養出正面的自我形象，反映出自己與本源的關係。這時靈魂就可以透過在日常生活中表現的自我形象，展開必要的演化，用創造性的方式實現今生的特殊使命（太陽）。

8. 水星

水星與心智結構或構造有關，也象徵我們蒐集資訊的本質。水星主宰雙子座及處女座。大致而言，雙子座代表蒐集資訊及想法，以及與別人溝通這些資訊及想法的過程。雙子座象徵水星的外在本質或面向。處女座則代表如何組織或分析蒐集的所有事實、資訊及想法。處女座象徵水星的內在本質或面向。

簡言之，我們可以從水星落入的星座和宮位，以及水星與其他行星形成的相位，觀察我們內在的思考過程和心智結構，以及與別人溝通的方式。水星是推論、線性、經驗導向的思考方式，與左腦的理智有關。水星在意識中負責的功能，就是替實體環境貼上標籤及分類（就像指出一張椅子、一根湯匙或是一張桌子）。

水星也代表在心智上，如何看待前面所述的所有演化趨力及過程。水星象徵如何透過心智能力，來看待或建構周遭世界，如何用一種特定的方式，從中找到演化的原因。舉個例子，水星落入一宮與水星落入八宮的靈魂，兩者的心智組織、思考過程及溝通本質，肯定截然不同。

現在舉個例子，水星處女座落入二宮的人，會如何理智看待周遭環境？蒐集或吸收哪些資訊？如何與別人溝通？會具備何種內心的思考方式？這些人通常會蒐集一些與演化目的及傾向有關的資訊（水星落入二宮）。他們通常只對與自己有關的資訊感興趣，這些資訊必須能反映他們的個人價值，讓他們能有所依據，在感情及肉體層面上維持生存。他們很自然會思考自給自足相關的議題，也會蒐集能滿足這種需求的資訊。

這個位置最常見的問題，就是他們會排斥一些訊息及觀點，只因為這些東西無法支持靈魂既有的想法或真假標準。換言之，他們會用自己對生命的侷限觀點及認知，排斥所有可能威脅或破壞既有心智結構的資訊，此時就會出現問題。舉個例子，水星在二宮最扭曲的表現，就是非常重視物質、財產及財富，藉此感覺自給自足。這些人會拒絕或批評任何無法反映這種傾向及價值觀的資訊。

水星落入處女座，代表擅長分析，傾向左腦的理性處理及組織能力。即使沒有表現出來，這些人傾向分析自己蒐集的觀點、想法及資訊，找出其中的缺失及不足。他們也對促進自我療癒、自我改善或對社會他人服務的資訊，十分感興趣。

這些人如果發現，無法再認同（水星在第二宮）從外界蒐集的資訊時，就會產生危機感（水星落入處女座），因為他們之前會認為這些資訊都是正確無誤、具有關聯性。他們會發現其中的不足或缺失，這多少都會引發危機，因為對他們而言，一切都失去價值了。這種危機，是要讓他們分析自己，針對自己的心智結構，進行必要的調整。靈魂如果執著於物質的財產及財富，從中滿足自給自足的慾望，此時就會覺得這些東西沒有價值了。這個危機，就是要讓他們調整自己的心智結構，認清自己天生的資源及能力，才能從內心達到真正的自給自足。他們之後也可以認識自己真正的價值所在，透過對社會服務的形式，建立自給自足的人生。

這些人內心深處，必須堅守並肯定自己的心智能力及觀點，不再隨波逐流，為了別人的觀點及意見而活，淪為別人想法的替身（水星落入二宮）。他們此時吸收的資訊，會與促進自給自足的能力有關，藉此滿足自我改善及為社會服務的慾望。這些人時常批評一些與自己意見或價值觀不同的人。他們必須學習消除心智結構中的受害者心態、施虐或受虐的心理。

我們現在可以把水星落入二宮處女座的核心意義，放入整個演化趨力或過程中來討論。

試想看看，水星落入二宮處女座的人，會如何理智分析或透過心智，來認知之前討論過的主要演化／業力趨力及過程？

簡單地說，這些人會用線性、推演的方式，來分析演化過程，可以透過這樣的心智分析，改善演化過程中的不足、缺陷或過錯。他們會基於對自我改善及自我完美的需求，不斷在內心調整，試圖改掉經由分析認定的缺失或不足。這些人必須學會除去批評、負面及破壞性的訊息。再提醒一次，他們必須讓自己的心智結構，只接收一些與個人演化目的有關的資訊，其餘的都該捨棄。

9. 金星

金星代表與自己的內在關係，以及與別人的外在關係。我們可以透過外在關係，反映內在關係的模式。換言之，金星具有一種內在本質，反映於我們的內在關係上；而它的外在本質，會表現於我們的外在關係之上。金星是天秤座及金牛座的主宰行星，而它的兩個面向，也會表現在這兩個星座的原型之中。換言之，我們的內在關係，與金牛座和金星的內在面向有關。

我們的內在關係，會產生內心波動的頻率或內在的磁性，然後變成吸引外面的人的因素之一。我們的外在關係，與天秤座和金星的外在面向有關；而我們的價值觀，以及賦予人生的意義，則可以從金牛座的原型看出端倪。

任何形式的極端，都與金星的天秤座面向有關。因此金星也象徵極端中的趨力，以及渴望找到平衡的需求。正如之前提過，天秤座代表透過與別人的對照與比較，評估自我身分意識或獨特性的過程。人們時常在關係中渴望被對方需要，這種渴望會讓一個人不斷嘗試各種表現方式、價值觀及信仰，卻往往無法反映靈魂真正的身分意識。這種趨力，讓一個人不斷在極端的心理中擺盪。

金星也代表如何傾聽自己內在的聲音（我們內心的對話），而這是由金牛座象徵的內涵。一個人內心的對話，會決定他／她聆聽別人的方式。我們如果只透過自己的過濾網，來聆聽伴侶的心聲，或是自己內心的對話，就很難客觀真正理解對方想與我們溝通的東西。我們投射到關係中的需求及期望，可以從金星在本命盤中的位置，找到蛛絲馬跡。也可以從金星落入的宮位及星座，判斷關係的本質。金星也象徵關係中的基本需求，其中包括靈魂的需求及性的觀念。

當我們透過整個演化及業力的背景，看待與金星有關的趨力，就能理解為何每個靈魂，都會創造不同的內在關係及外在關係模式。再提醒一次，每個人的價值觀及內在關係，會決定他／她如何與別人相處、形成關係。

在這個例子中，金星落入三宮的處女座（沒有與冥王星合相），同時又是北交點的主宰行星。我們現在可以清楚知道，金星在這個靈魂的演化之旅中，扮演非常重要的角色。當北交點的主宰行星是金星時，意味靈魂會透過關係，來進行演化、擺脫過去的限制模式，因為這些模式會讓靈魂的成長停滯。

10. 火星

火星是冥王星的低八度表現，所謂的低八度，是一種較高頻率的密集表現。這代表冥王星的慾望，會透過火星呈現出來，意即靈魂會透過火星，有意識滿足冥王星的慾望。換言之，火星就是冥王星意識的具體化身。火星與我們所有的主觀慾望有關，也代表我們會如何實現或向外呈現這些慾望。火星也是牡羊座的主宰行星。

火星象徵我們對於自由及獨立的需求，藉此實現意識中的慾望。火星代表一種不斷變成、不斷自我發掘的過程。火星落入的星座和宮位，以及與其他行星形成的相位，都可以看出一個人主觀或有意識的慾望本質，以及實現這些慾望的方法。此外，火星也象徵憤怒及恐懼的本質。當我們在自我發掘及成長的過程中受到限制，就會感到憤怒。當我們把火星的特質，融入之前討論過的背景條件中，就能知道所有的驅力或過程，會如何持續性地被實現、展現出來，變成一種持續性的行動。

假設火星落入十一宮巨蟹座，靈魂最重要、最核心或最主觀的慾望為何？這張本命盤的所有趨力或過程，將會透過哪種方法實現？

火星落入十一宮，代表靈魂渴望擺脫或除去所有過去的限制模式，因為這些東西阻礙或限制他們表現個人特質的能力。他們會不斷想要擺脫或切割任何老舊、僵化或阻礙成長的生命面向。他們也會渴望展開解放及除舊，擺脫所有限制自己展現個人特質的過去模式。

這些人需要創造一些經驗，讓自己發掘或表現個人的獨特性。十一宮的火星，也象徵因為過去的創傷，害怕有任何個人性的表達，同時也很害怕被社會放逐。因此最常會出現的情節，就是他們渴望能展現個人特質，卻被其他要求遵守社會規範的人傷害，因此對與眾不同這件事感到恐懼。最後就會因為受到遵守社會主流的限制，而不敢表現個人的特質。他們也可能受到許多來自主流社會的傷害。當然，這些人也可能把這種心態投射到別人身上。無論是哪種情形，火星落入十一宮的靈魂，都必須解決創傷的議題，才能擺脫創傷帶來的負面影響。

火星落入巨蟹座，也代表靈魂渴望創造內在的安全感，建立獨立的想法，從內而外自我滋養。他們必須培養正面的自我形象。這些人很自然會把社會當成一種工具，從中展開許多經驗及行動，藉此創造正面的自我形象。

這些人通常非常害怕被傷害，也不敢表達自己真正的感情需求（火星落入巨蟹座）。他們如果沒有學會從內而外滋養自己，渴望別人提供感情層面的安全感，就很容易表現出極不成熟的感情。此外，他們如果沒有積極發展內心的安全感，一旦沒有得到預期的感情滋養時，就會十分憤怒。他們可能因為童年時期的錯置感情產生憤怒，然後把憤怒投射到別人身上。火星落入十一宮巨蟹座的靈魂，期望與一些渴望解放或志同道合的人（志同道合的人的本質，將會取決於靈魂的演化狀態）建立情感聯繫。他們需要學習客觀判斷靈魂的慾望本質和感情趨力，如此才能帶來必要的解放過程及擺脫限制。這些人因為過去創傷所產生的感情憤怒，如果沒有獲得解決，就會產生感情的疏離。他們很渴望能接受自己的感情，或與感情產生連結，如果沒有辦法做到這點，就很容易憤怒、沮喪。再提醒一次，他們很容易在試圖表現自我獨特身分意識的過程中，受到創傷。這些過去的創傷經驗，會讓他們心生恐懼，不敢在當下表現自我的獨特性。這裡最核心的趨力，就是靈魂想要解放。

火星落入十一宮巨蟹座的靈魂，到底會如何實現整個演化過程。對他們而言，最重要的核心趨力，就是擺脫過去的限制模式，因為這些東西已經僵化或過時，阻礙目前的成長。唯有如此，他們才能實現今生的演化目的。他們也必須在解放的過程中，根據正面的自我形象，建立內在的安全感，這些核心趨力就是整個演化及業力過程的基礎，靈魂可以有意識加以實現。正如之前提過，火星如同一種工具，可以為我們一生的演化過程，帶來持續的成長。

11. 木星

木星與靈魂的信仰系統或結構有關。信仰決定了詮釋生命的態度。木星象徵我們如何透過哲學、形上學或宇宙學的背景來看待生命，它也代表一種意識層面裡的持續擴張。木星是射手座的主宰行星，與真理或誠實的議題有關，也代表渴望透過哲學或形上學的背景，來理解真理。木星可以幫我們意識到自然法則的存在，這些自然法則可以解釋萬物創造的過程及存在。由此可知，自然法則與木星有很深的關聯性。木星的宮位、星座及相位，可以看出靈魂的信仰系統或結構，以及因此對生命賦予的哲學或形上學意義。因此，我們可以透過木星的位置及相位，看出一個人如何解釋生命。同理而論，我們也可以透過它，理解一個人會如何詮釋演化的過程及趨力，賦予其何種哲學意義。

假設木星落入四宮天蠍座（並未與南交點合相），靈魂會有哪些哲學意義或傾向？會如何詮釋生命？四宮的木星，代表靈魂必須根據主觀意識，建立信仰系統，滿足情感層面的安全感需求，建立正面的自我形象。當木星落入天蠍座時，靈魂必須學會直接看穿信仰系統的合理性。這些人通常會透過感情及心理層面，來詮釋生命。

木星落入四宮，代表家庭環境會對他們的信仰發展有極大影響。這些人會因為欠缺安全感，不敢表現自己的真實信仰，因此表現妥協或彌補。他們通常會接受父母或早期成長環境的信仰。

木星比較負面的表現，就是靈魂會不自覺想要操縱別人的信仰系統，藉此得到感情上的滋養或安全感。這尤其會表現在家庭或個人關係中，或與親近的人的相處上。操縱會導致情感上的不誠實，或試圖說服或改變別人。他們的安全感，與既有的信仰系統有關。再提醒一次，這些人的信仰系統，通常都是家庭或早期成長環境的延伸。

更清楚地說，這種為了追求安全感而產生的信仰，就像一種彌補作用，只會造成成長的停滯及阻礙。然而，木星落入天蠍座，代表靈魂渴望剷除任何造成阻礙的信仰，渴望透過直接的洞察或經驗，與自然法則融合。他們也很渴望在心理層面上，直接看穿既有信仰系統中的所有限制。當他們能看穿一切時，就不會再出現彌補的行為。

這些人的信仰系統，必須能幫助他們轉化靈魂的自我形象。當他們能培養內在的安全感後，就能消除所有的不安全感，放下對外界的依賴，不再依靠外界的信仰系統，來獲得感情上的滋養及保障。他們必須轉化任何阻礙成長、或對外界產生依賴的信仰，才能創造正面的自我形象，建立內在的安全感。這些人也必須學習不再仰賴家庭或周遭環境，來幫助自己判斷信仰的真偽。就正面的表現而言，這些人最後能把自然法則，當成安全感的來源，並從中找到感情的力量。

我們現在可以解釋，木星在整張本命盤中象徵的意義。換言之，也可以了解靈魂賦予整個演化過程及趨力的哲學意義及背景，而這正是靈魂的信仰結構。靈魂的信仰結構決定了一個人如何詮釋整個演化過程。

12. 土星

土星與意識中的結構順序或定義有關，也代表意識結構的本身。它象徵我們所有有意識的覺知，也代表在當下可以意識到的東西。土星的宮位和星座，以及它與其他行星形成的相位，代表靈魂固有的意識結構。

舉一個簡單的例子來比喻土星在意識中的運作，這有如杯子或容器盛水。水可以根據杯子或容器的形狀改變。在這個比喻中，意識（海王星與意識的現象有關）是水，而土星就是容器。

土星象徵本命盤中其他功能（行星）因為意識結構受到的限制，它也與文化及意識限制的本質有關，所以它不只與我們目前的內在及外在現實有關，也與過去有關。它也代表靈魂建立自我權威的渴望，想當然爾這會透過事業或社會角色來表現。我們也可以透過為自己的行為負責，培養出成熟的情感。

假設土星落入三宮的天蠍座（並未與冥王星合相），靈魂會具備何種意識結構？土星落入三宮，代表一個人會透過從外界蒐集的各種資訊，來組織自己的意識架構，藉此理智且務實地解釋自己與世界的關聯性，或自己在世上的位置。土星落入天蠍座的靈魂，會蒐集心理性質的資訊，轉化所有心智上的限制。他們喜歡接觸具有深刻形上學色彩的資訊，讓自己從中再次獲得力量。

就負面表現而言，這些人會試圖操縱別人的心智組成，強迫性合理化負面的心理趨力，而這會限制更進一步的成長。他們也會拒絕接受一些無法支持自己既有意識（包括觀點、意見及真假是非觀念）的資訊。他們可能濫用權力或操縱別人，藉此在社會中展現自己的權威，站上控制及權勢的位置。就正面的表現而言，這個靈魂會把資訊當成賦予力量的來源，轉化意識中阻礙成長的心理因素。當他們能洞穿心智結構及心理層面的限制時，就能不斷超越轉化自己既有的意識形態。他們在社會中的權威，會建立在心理知識的基礎上，也能將這些知識傳遞給別人、與別人分享。

再提醒一次，土星落入的星座及宮位，會限制本命盤中其他行星的表現。我們可以根據土星的宮位、星座及它與其他行星形成的相位，來判斷如何建構及組織這些功能的表現。

13. 天王星

天王星與靈魂的轉化衝動有關，象徵靈魂渴望擺脫或解放土星象徵的限制模式。基於轉化既有意識結構的渴望，天王星彷彿不停敲著土星的大門。這是因為既有的意識結構，變得僵化或過時，讓靈魂停滯、無法繼續成長。靈魂可以透過激烈改變既有的意識結構，擺脫過去的限制模式，加速成長的腳步。

天王星也象徵靈魂渴望表現個人特質，擺脫與原生社會或文化有關的過去限制模式。這種解放及個人化的衝動，會激發反抗主流社會共識的叛逆心理。我們可以透過天王星落入的宮位及星座，以及它與其他行星形成的相位，來判斷靈魂在今生會如何進行轉化。

天王星也代表個人的無意識，這包含了僅限於個人的內容（包括過去世的記憶）。當靈魂積極轉化阻礙成長的行為模式時、或獲得解放時，這些無意識的東西，就會慢慢進入顯意識的層面。換言之，我們可以透過個人化及解放的行為，啟動個人化的無意識。

假設天王星落入五宮射手座，靈魂必須解放哪些特殊的趨力，才能促進演化？哪些趨力會在他們今生的意識結構中，發揮作用、創造轉化？他們會在哪些領域或透過哪些趨力，表現個人化的特質？

五宮的天王星，象徵過度主觀的過去世模式，這些人基本上必須消除自戀的人生觀。換言之，靈魂必須學會瓦解金字塔的現實結構，同時必須轉化創造性實現自我的過程。他們必須將自己的特殊使命，與社會需求產生連結，也必須根除自恃非凡的妄念，才能帶來真正的解放，表現靈魂的個人特質。這些人最常見的表現，就是從自我中心為出發點，過度認同自己的創造性目的及特殊使命。天王星在五宮，象徵靈魂可以透過創造性的實現過程，擺脫限制並獲得解放。他們也可以透過創造性實現社會需求的特殊目的，來表現個人的特質。

天王星落入射手座，代表靈魂可以透過信仰系統獲得解放，必須學習擺脫所有人為的信仰及教條，因為這些東西，會限制或壓抑個人特質的展現。他們必須把自然法則當成指引的明燈，才能正面進行個人化和解放。這些人也必須改掉說服別人的傾向，不要試圖去改變別人的信仰系統。他們也必須放下以一概全的信仰系統，去除所有感情不誠實的模式。這些人必須學習、接納一種能夠培養或實現個人特質的信仰系統。他們天生具備獨特的教學能力，以及創造性實現自我的潛力，而這往往與社會需求有關。

靈魂必須透過天王星的解放衝動，轉化土星象徵的僵化及過時的生命領域。現在這個例子中，靈魂必須透過一個以自然法則為基礎、支持個人特質實現的信仰系統（天王星落入五宮的射手座），轉化個人心智相關的意識結構。他們可以透過靈魂的特殊使命或目的，以及創造性實現的過程，轉化阻礙成長的行為模式（由土星象徵）。根據上述的整理，我們現在可以把天王星象徵的關聯性，融入整個演化趨力的背景裡。

14. 海王星

海王星與意識中的超越衝動有關，也象徵靈魂與本源建立直接且有意識連結的渴望。海王星代表為自己一生創造的終極意義，也意味如何從靈性的角度，看待生命的目的（我們的靈性目標）。由此可知，海王星落入的宮位及星座，以及它與其他行星形成的相位，點出靈魂在今生的終極意義，以及靈魂發展靈性的天生傾向。

海王星是雙魚座原型的主宰行星，象徵終結的過程，以及整個演化循環的消融。因此之前每一種尚未被解決的趨力，都必須在此時獲得解決或畫上句點，才能開始新的演化循環。終結或完成的過程，可以開啟一個全新的演化循環（由火星／牡羊座／一宮象徵）。

就負面的表現而言，靈魂會在本命盤海王星涉及的生命領域裡出現毫無意義、空虛及瓦解的表現。海王星代表最容易產生妄念的領域，也象徵我們能從中獲得靈性的啟發，帶著覺知體驗到自己與本源的連結。

這裡的重點在於，當我們把終極意義投射到外界環境時，很容易產生妄念。這種趨力，是因為尚未終結自己的分離慾望，沒有將其從靈魂中徹底清除。當發現這些妄念不過是一場夢時，就會覺得幻滅。這是因為靈魂在實現妄念的過程中，發現一切都不如自己的想像。我們必須理解一個核心原則：唯有與本源產生直接且有意識的融合，才能找到靈魂的終極意義。

海王星也代表集體無意識，或與當下世界所有生命形式的整體思想及頻率波動有關。我們可以透過海王星的宮位及星座，看出靈魂會如何回應集體的需求。透過海王星在意識中的作用，所有人都能融入集體無意識之中。

假設海王星落入六宮的射手座，這意味哪些趨力必須完整結束？靈魂傾向哪種靈性發展？靈魂在今生會有何種靈性目標及終極意義？靈魂最容易受哪些事物欺騙或產生幻想？

海王星落入六宮的人，很自然渴望透過替別人服務，來發展靈性。這必須透過工作來實踐。對他們而言，最重要的，就是從事一份能結合靈性目標的工作（業力瑜伽）。

海王星落入六宮的人，常常會從事一些無法反映靈性身分意識或能力的世俗工作。這是因為持續的自我破壞活動，尚未畫下句點。這些人總在替自己找理由，解釋當下行為表現的原因。他們總覺得自己不夠好，或還沒有準備好，無法跟隨本源的指引採取行動。這種自我懷疑、缺乏信心及卑微的心態，會讓靈魂無法完全發揮靈性的能力，反而成為另外一種罪惡感的來源。

這些人必須學會消融所有過去的投射模式，不再向外投射自己負面及挑剔的態度。他們常出現施虐或受虐（或兩者都有）的病態模式。這些模式，當然也表現在個人的靈性傾向或服務的形式（工作）上，直到靈魂徹底清除這些趨力，把一切做了結。他們也必須終結受害者的心態，以及任何與否認及逃避有關的行為，才能展開全新的演化循環。

這些人會一直從事世俗型態的工作，直到能正確辨識（海王星在六宮）什麼才是靈魂注定的工作。此外，除非他們能理解自己的首要之務，是與造物者建立連結，否則會終日忙碌，彷彿總有責任義務在等著自己。這些人必須學習透過靈性的發展，消除因為孤獨而產生的深刻空虛感。他們必須解決這種孤寂，才不會藉由永無止盡的外在義務及工作，來否認或逃避這種感受。

海王星落入射手座，象徵人為限制的信仰（教條）必須被瓦解，靈魂才能與自然法則融合。靈魂必須學會辨識（六宮）及消滅所有造成自卑、欠缺、懷疑、施虐及受虐心理的受限信仰。

他們的工作必須建立在信仰系統之上。這些人的靈性發展目標，將與信仰有關，也必須與自然法則融合。他們必須把自然法則當成基礎，藉此正確分辨自己該發展哪種信仰。唯有如此，才可以透過服務的形式，在現實生活中實現真正的靈性能力或潛能。

以上是他們必須發展到極致的趨力，以及發展靈性的自然方式。他們必須先解決這些必要的趨力，才能展開新的演化循環。

我們已經按部就班分析、詳細解釋，如何透過行星來解讀本命盤，從星盤上看出一再重複的主題，同時也知道如何透過整體的角度，綜合詮釋這些獨立的符號。只要我們決定一張本命盤最主要的演化／業力趨力，然後根據對這個趨力的理解，逐一解讀本命盤中的每個行星，就能理出一個完整的分析，同時也會知道這些行星如何相互影響，支持主要演化／業力趨力發展。

透過宮位詮釋星盤

用線性的方式，逐一解釋每個行星在本命盤中的意涵。再提醒一次，行星的解讀方法，是讓我們透過推論的分析，對本命盤產生全盤的理解。宮位的解讀方法，則是用來更進一步認識個人的應用及獨特的表達方式，換言之，可以讓我們更深入知道，一張本命盤會受到哪些獨特的限制、會有哪些獨特的呈現方式。傑夫・格林曾經在演化占星學的通訊課程中，教導過宮位的方法。這個方法，主要是分析每個宮位如何受宮頭星座的影響，而這可以從宮頭星座的主宰行星看出端倪。當我們在分析某個宮位中的行星時，也必須參考該行星主宰的星座落入哪個宮位（譯註：例如火星落入三宮，而火星是牡羊座的主宰行星，就必須參考牡羊座掌管本命盤的宮位）。這些因素或元素，可以提供許多額外的資訊，也可以讓我們更認識每個宮位象徵的生命領域，會如何受到特定的影響及限制。

為了解釋這個方法，我們舉雙魚座落入一宮為例（上升點是雙魚座），透過分析雙魚座的主宰行星，也就是海王星的宮位及星座，看出該宮位（一宮）會如何受到限制。我們也必須把海王星的相位列入考慮。在此假設海王星落入八宮的天秤座。

1. 首先分析該宮位的原型意義（本例中就是一宮）。
2. 接下來分析落在一宮宮頭的星座（本例中就是雙魚座）。這個星座可以看出一宮的原型，會受何種限制、會如何呈現。
3. 第三步要分析該宮頭星座主宰行星的宮位及星座（本例中就是落入八宮的海王星）。
4. 假如有行星落入分析的宮位（本例中就是一宮），就必須用該行星的原型分析它會如何影響宮位的表現。我們在此舉木星為例。
5. 最後找出該行星（本例中就是木星）主宰的星座，落入本命盤中的哪個宮位。我們假設木星主宰的射手座落入十宮。

我們現在已經抽絲剝繭，找出所有的元素，現在可以從中梳理出這張本命盤最核心、最基本又一再重複的主題，作為接下來諮詢的依據。我們如果可以綜合行星及星座的方法，再結合冥王星，便能深入、完整且精準解釋任何一張本命盤。

宮位詮釋法的應用

舉雙魚座落入一宮宮頭，海王星落入八宮天秤座為例，而木星落入一宮的雙魚座，射手座落入十宮。

第一步，就是分析一宮。一宮與獨立及自由的需求有關，靈魂藉此發掘自我、發展自我的身分意識。靈魂會渴望透過各種經驗，來發掘自我、發展身分意識。因此我們必須參考落入一宮宮頭的星座，它會影響一宮象徵的生命領域：靈魂需要自由創造各種經驗，從中發現自我。在這個例子中，一宮的宮頭星座就是雙魚座（上升點是雙魚座）。

由上述解釋可知，雙魚座的原型會影響一宮的表現方式，意即影響靈魂追求自我發掘、發展自我身分意識的方法。這個例子中，靈魂會用宇宙性的態度，透過靈性的發展，來理解自己天生的身分意識。這是一種本能的表現（一宮）。這個靈魂會渴望嘗試任何經驗，再從中根據宇宙性、永恆及超越的準則，發展出自我的身分意識。

雙魚座與建立生命的終極意義有關，也代表渴望清除靈魂內所有的幻想與妄念。當靈魂在發展天生身分意識時，如果能與造物主融合，就能產生清晰的洞見，也可以清除所有的幻想與妄念。

接下來，要找出雙魚座的主宰行星，就是落入八宮天秤座的海王星。還有什麼特定的原型，會影響一宮的表現（意即自我身分意識的發展、自我發掘的過程）？

我們先從海王星落入的宮位分析，再分析海王星落入的星座。海王星落入八宮，象徵靈魂渴望對自己的動機、目的及慾望，進行深入的心理分析，同時會用同樣的方法來分析別人。他們會把這種深刻的心理分析，以及其對限制造成的轉化，應用在發展自我身分意識的過程中，而這也會變成所有妄念及自我中心限制的底線，阻礙了他們與造物者建立有意識的結合。

當他們把終極意識，投射到自己發起的靈性活動時，必然感到幻滅（雙魚座落入一宮，海王星落入八宮）。他們會覺得象徵感情安全感的地毯，從腳底被抽走，然後因此害怕被拋棄、被判、操縱及失去，而且這些情緒都會發展到極致。這可以讓他們在靈性發展的過程中，開啟全新的演化循環，也影響自我身分意識的形成。這個靈魂，會不停提出八宮的典型疑惑：這些經驗為何會發生？

而海王星落入天秤座，象徵靈魂會在關係中體驗到背叛、拋棄及失去，而且非常渴望與另外一個人的靈魂結合（海王星落入八宮的天秤座）。他們在培養自我身分意識和靈性發展的過程中，發展深入且付出承諾的關係，將是很重要的一部分（雙魚座落入一宮）。

這些人會對關係抱持很深的感情期許，這往往會變成衝突的來源。導致衝突的主要原因，就是他們期待對方提供，自己向內遍尋不著的生命終極意義（雙魚座落入一宮，海王星落入八宮的天秤座）。當這種投射的期待沒有被滿足時，他們可能覺得遭伴侶背叛，而把憤怒發在對方身上。

他們必須徹底了結這些趨力，才能建立正面且健全的關係，用健康且積極的態度，建立自己的身分意識、發展靈性。在他們解決這些趨力模式之後，就能出自本能意識到自己及別人的動機及目的（海王星落入八宮的天秤座，雙魚座落入一宮）。

本例中的木星落入一宮，所以接下來要考慮木星的原型。木星與靈魂的信仰系統有關，也代表如何透過形上學、宇宙及哲學的背景，來看待自己與宇宙的關係。我們的信仰決定了詮釋生命的態度。

木星的核心原型，提供額外的元素，幫助我們分析這個靈魂會如何發掘自我、發展靈性。木星與上升點合相，象徵靈魂渴望與自然法則融合，藉此發展自己的身分意識，找到生命的終極意義。他們會用形上學及哲學的方式，發展並理解靈魂的身分意識。這也會讓他們渴望能與自然法則融合。

基於海王星落入八宮，這個人對心理層面的洞悉及分析，也會以形上學為底線。

接下來，我們要討論射手座（木星主宰射手座）落入的宮位。在本例中，射手座落入十宮，象徵靈魂渴望在社會中發展身分意識及靈性。他們會希望自己能透過事業，在社會中建立權威，藉此反映自己的身分意識，以及發展靈性的需求。這些人也可能渴望確立自己在信仰系統中的靈性地位（雙魚座落入一宮，木星與上升點合相，射手座落入十宮）。他們的演化狀態，將決定傾向哪些信仰、會如何發展靈性。就負面的表現而言，這些人可能會出自本能想說服或改變他人，而這顯然是他們必須在今生解決的核心趨力。此外，基於木星落入一宮雙魚座，與上升點合相，再加上射手座落入十宮，海王星落入八宮的天秤座，這些人很容易落入靈性導師的圈套，而對方會意圖控制他們。

這個簡單的例子，是要示範如何透過宮位來解讀本命盤。我們可以用同樣的方法，來分析本命盤中的每個宮位，依此詳細且正確解讀一張本命盤。最後，必須結合行星、宮位及冥王星這三種方法，才能得出最完整的詮釋。

參考書目

傑夫・格林（二〇一一）。**冥王星：靈魂的演化之旅**（韓沁林，譯）。台北：積木文化。（原著第一版出版於一九八五年）

尤伽南達（Yogananda, Paramahansa，一九四六）。**瑜伽士的自傳**。New York: The Philosophical Library, Inc.。

國家圖書館出版品預行編目 (CIP) 資料

演化占星學入門：從冥王星看你的業力使命 / 蒂瓦．格林 (Deva Green)
著；韓沁林譯．-- 二版．-- 臺北市：積木文化出版：家庭傳媒城邦分公司發
行, 2019.01
面；　公分．-- (Light ; 8)
譯自：Evolutionary astrology : Pluto and your karmic mission
ISBN 978-986-459-172-5(平裝)
1. 占星術

292.22　　108000531

LIGHT 08

演化占星學入門—從冥王星看你的業力使命（暢銷紀念版）

原著書名／Evolutionary Astrology: Pluto and Your Karmic Mission
著　　者／蒂瓦．格林（Deva Green）
譯　　者／韓沁林

總 編 輯／王秀婷
主　　編／洪淑暖
責任編輯／余品蓁
版　　權／向艷宇
行銷業務／黃明雪

發 行 人／凃玉雲
出　　版／積木文化
台北市104中山區民生東路二段141號5樓
電話：(02)25007696　傳真：(02)25001953
官方部落格：www.cubepress.com.tw
讀者服務信箱：service_cube@hmg.com.tw
發　　行／英屬蓋曼群島商家庭傳媒股份有限公司
城邦分公司　台北市民生東路二段141號11樓
讀者服務專線：(02)25007718-9　24小時傳真專線：(02)25001990-1
服務時間：週一至週五上午09:30-12:00、下午13:30-17:00
郵撥：19863813　戶名：書虫股份有限公司
網址：城邦讀書花園　www.cite.com.tw
香港發行所／城邦（香港）出版集團有限公司
香港灣仔駱克道193號東超商業中心1樓
電話：852-25086231　傳真：852-25789337　電子信箱：hkcite@biznetvigator.com
馬新發行所／城邦（馬新）出版集團
Cite (M) Sdn. Bhd.
41, Jalan Radin Anum, Bandar Baru Sri Petaling,
57000 Kuala Lumpur, Malaysia.
電話：603-90578822　傳真：603-90576622　電子信箱: cite@cite.com.my

封面設計／唐壽南
內頁排版／辰皓國際出版製作公司
製版印刷／中原造像股份有限公司

城邦讀書花園
www.cite.com.tw

Printed in Taiwan.

2012年7月3日　初版一刷
2019年1月28日　二版一刷

Translated from EVOLUTIONARY ASTROLOGY: PLUTO AND YOUR KARMIC MISSION

Published by Llewellyn Publications
Woodbury, MN 55125 USA
www.llewellyn.com

售　　價／500元
ISBN 978-986-459-172-5